Rupert Neudeck

EXODUS AUS VIETNAM

Die Geschichte der Cap Anamur II

BASTEI-LÜBBE-TASCHENBUCH
Band 60 150

Der Abdruck der Auszüge aus: Albert Camus »Der Fall«,
rororo 1044, © 1968, erfolgt mit freundlicher Genehmigung der
Rowohlt Taschenbuch Verlag GmbH, Reinbek

Originalausgabe
© 1986 by Gustav Lübbe Verlag GmbH, Bergisch Gladbach
Printed in Western Germany
Einbandgestaltung: Manfred Peters unter Verwendung eines Fotos
von Gérard Klijn
Satz: ICS Communikations-Service GmbH, Bergisch Gladbach
Druck und Bindung: Ebner Ulm
ISBN 3-404-60150-5

Der Preis dieses Bandes versteht sich
einschließlich der gesetzlichen Mehrwertsteuer

Für Hans Voss, Reeder der Cap Anamur I und Freund der Vietnamesen in Hamburg und anderswo, durch Unfall ums Leben gekommen am 14. Februar 1985.

Für den Philippino John Morco, Dritter Offizier der Cap Anamur I, wegen seines besonderen Einsatzes für die Flüchtlinge.

Für Kapitän Max Behrens und die Besatzung der Cap Anamur II.

Für Antony Selvam, seit August 1979 ununterbrochen und zuverlässig für das Komitee Cap Anamur in Singapur tätig.

Inhalt

**Die Vorgeschichte: Vor der CAP ANAMUR –
die französische »Ile-de-Lumière«** ... 9

Die Geschichte der CAP ANAMUR II ... 31
   Die dramatische Aktion: 52 Flüchtlinge im
leckgeschlagenen Boot ... 102
   »boat women« – Opfer des Meeres und der Piraten ... 120
   Das »Orderly Departure Program« und
warum es nicht ausreicht ... 135
   Warum fliehen sie (immer noch)? ... 136
   UNHCR-Vertreter gibt CAP ANAMUR-Ergebnisse
nach Genf ... 137
   77 »boat people« nach 4 Tagen, 4 Nächten und
9 Stunden gerettet ... 140
   Hilfe auch in Vietnam? ... 143
   Collegium Augustinum nimmt 20 Flüchtlinge auf ... 154
   Jetzt schon 222 Flüchtlinge und nur 111 Plätze ... 166

**Flüchtlinge hinter Schloß und Stacheldraht:
»boat people« in Hongkongs *closed camps*** ... 183
   von Friedrich Schütze-Quest
In letzter Minute ... 203

Literatur-Empfehlungen ... 223

Die Vorgeschichte

Vor der CAP ANAMUR —
die französische »Ile-de-Lumière«

1979

Freitag, den 30. Juni. Auf dem Flughafen von Kuala Lumpur, der Hauptstadt Malaysias. Nach einer guten Woche, die ich mit den Flüchtlingen Vietnams auf der Insel Pulau Bidong zusammengelebt habe, treffe ich auf der Rückfahrt den französischen Staatssekretär im Quai d'Orsay, Olivier Stirn, den Staatspräsident Giscard d'Estaing nach Südostasien geschickt hat mit der Mission, sich ein genaues Bild von den Flüchtlingsproblemen zu machen. Der Politiker, der noch am Beginn seiner großen Reise steht, antwortet mir auf einige Fragen. Wie immer bei Politikern sind die Antworten sehr allgemein, man läßt Bereitschaften erkennen, ohne zu sagen, worin sie konkret bestehen werden. Meine erste Frage gilt dem Aufenthalt Stirns auf der Flüchtlingsinsel Pulau Bidong, auf die am nächsten Tag mit einem Hubschrauber der malaysischen Luftwaffe geflogen wird.

Olivier Stirn: Ich komme nach Malaysia von Thailand, weil die französische Regierung, insbesondere der französische Staatspräsident, mich hierher in einer persönlichen Mission geschickt hat, um zugunsten der Vietnam-Flüchtlinge auf internationalem Feld Erkundigungen einzuholen. Und es war ganz natürlich, daß ich mich nach meinen Begegnungen mit den politischen Autoritäten in diesem Raum selbst auf den Platz begebe, einmal um die dramatischen Bedingungen zu erleben, unter denen die Flüchtlinge gegenwärtig leben, zu gleicher Zeit um diejenigen zu beglückwünschen, die sich dort um sie kümmern, vor allem die Ärzte auf dem Hospitalschiff »Ile-de-Lumière«.

Ich frage: Die Weiterarbeit des Schiffes im Südchinesischen Meer ist abhängig von einer diplomatisch-politischen Unterstützung durch europäische Regierungen. Können Sie Garantien für diese Weiterarbeit abgeben?

Olivier Stirn: Ich muß erst konkrete Projekte kennen, die man dann untersuchen muß. Das, was ich Ihnen im Moment sagen kann, ist dies: Das Transport-Ministerium in Paris hat zugesichert, daß, wenn die »Ile-de-Lumière« Flüchtlinge auf hoher See retten wird, diese dann nach Frankreich gebracht würden und daß wir offen sind gegenüber jedem neuen Projekt, das dazu da ist, die Lebens- und Überlebensbedingungen der Flüchtlinge zu ermöglichen.

Frage: Das betrifft auch die Flüchtlinge auf den indonesischen Anambas-Inseln?

Olivier Stirn: Das kann sie betreffen, sicher. Es gibt ja keine Unterschiede unter den Flüchtlingen, es sind alles Menschen, die Hilfe nötig haben. Europa kann nicht alles machen. Nichtsdestotrotz sind wir bereit, alle Vorschläge zu prüfen, die uns gemacht werden, um die Situation zu entspannen.

Frage: Die Regierungen Europas, warum kooperieren sie nicht stärker, um diesem Flüchtlingsproblem beizukommen?

Olivier Stirn: Sie arbeiten schon zusammen, viel mehr als Sie denken. Sie sind gerade dabei, ihre gemeinsame Politik gegenüber diesem Problem zu definieren. Sie haben dies bereits in drei Punkten getan. Sie waren für eine gemeinsame, internationale Konferenz, es muß bei diesem schweren Problem eine Konferenz unter der Ägide der UNO geben – darin waren alle neun einig. Man war der Meinung, daß man jetzt erst diese Konferenz abwartet, daß die Südostasien-Staaten aufhören, die Flüchtlinge auf die hohe See zu werfen. Schließlich war man gemeinsam der Meinung, daß man Vietnam stellen sollte, um von ihm Erklärungen zu verlangen, bis zu welchem Punkt es gehen will. Die neun in der EG agieren also gemeinsam, sie machen es von Mal zu Mal gemeinsamer, auch wenn es zu der Konferenz in Genf kommt.

Frage: Ist man sich auf der Ebene der Politik und der Administration wirklich bewußt, daß von einem Tag auf den anderen und von einer Woche auf die andere Tausende im Südchinesischen Meer ertrinken und auf den Camps verhungern?

Olivier Stirn: Wir sind uns dieser Tatsache leider allzu sehr bewußt, deshalb verlangen wir dringlich diese Konferenz in Genf. In jedem Fall hat Frankreich für seinen Teil Wichtiges beigetragen zur Linderung der Not. Wir haben immerhin bisher 51 000 Indochina-Flüchtlinge beherbergt, ohne dabei 20 000 Vietnamesen mitzuzählen, die über andere Kanäle gekommen sind. Wir haben jetzt erneut wieder 5000 zu unserer regulären Quote hinzugenommen, wozu noch 1500 kommen, die allein die Stadt Paris aufnehmen will.

Sind Flüchtlinge auf den Anambas verhungert?

Wir führen dieses Gespräch in der Nacht vom 30. Juni auf 1. Juli 1979 im Pressecenter des Flughafens Kuala Lumpur, die Genfer Internationale Flüchtlingskonferenz beginnt erst am 20. Juli, also über 20 Tage, wertvolle Tage später. Inzwischen werden mindestens 40 000 Menschen in der Südchinesischen See ertrunken sein, in den Flüchtlingslagern können jeden Tag Epidemien ausbrechen, in der Zwischenzeit können auf den indonesischen Anambas-Inseln 36 000 Flüchtlinge verhungert sein, die dort seit Wochen schon ohne reguläre Nahrungsversorgung leben, besser: überleben müssen. Macht nichts, sagt die große Politik, Hauptsache, wir haben einen Termin gemacht, an dem immerhin 72 Staaten dieser Welt zusammenkommen werden, um alles zu beraten.

Zwischendurch wird bekannt, daß 40 000 Kambodscha-Flüchtlinge von der thailändischen Regierung in das Land, aus dem sie gerade geflohen sind, zurückgetrieben wurden. Erschütternde Pressefotos von diesen Menschen in herzzerreißenden Szenen gehen um die Welt, lösen aber nur eine ›durchschnittliche‹ Betroffenheit aus. Der UN-Hochkommissar für Flüchtlingsfragen, Poul Hartling, gibt in diesen Tagen Journalisten in Paris zu verstehen, daß die großen internationalen Organisationen mit ihrem Latein in Kambodscha am Ende sind, nur noch private Organisationen könnten hier etwas erreichen, wie die »Médecins sans frontières« – »Ärzte ohne Grenzen«, eine französische Ärztevereinigung, die bisher immer dort präsent war, wo alle anderen Organisationen schon nicht mehr hinzugehen wagten: in Biafra, in Libanon, in Eritrea, jetzt auf dem Hospitalschiff »Ile-de-Lumière«, wahrscheinlich demnächst in Kambodscha und auf den indonesischen Anambas-Inseln. Könnte es nicht auch, frage ich mich, auf deutscher Seite eine ähnliche Organisation hilfs- und einsatzbereiter Ärzte geben, damit solche private Hilfe noch schneller und wirksamer erfolgen kann?

Am 22. Juni 1979 komme ich zum ersten Mal auf die Insel Pulau Bidong, auf der Malaysia die Hauptmasse der Vietnam-Flüchtlinge wie in einem Ghetto konzentriert hat. Die Insel liegt 28 km von der ostmalaysischen Küste entfernt. 42 505 Menschen leben hier nach der genauen Registratur durch die Lagerverwaltung an dem Tag, an dem ich abfuhr.
Wie kommen die Flüchtlinge hierher, welche Gründe und Motive haben sie, auf welchen offenen und verschwiegenen Fluchtwegen kommen sie? Diese Fragen versuche ich mit diesen Menschen in Hunderten von Gesprächen zu klären, wobei diese überlebenden Flüchtlinge für mich Träger einer Wahrheit sind. Sie haben mit dem größtmöglichen Risiko ihr Land verlassen. Wenn in Vietnam ein Flüchtling ein Boot betritt, weiß er, daß er eine Chance von eins zu zwei hat zu überleben. Für das, was sie sagen, zeugen sie mit dem mögli-

chen Opfer ihres Lebens. Der Dozent für Pharmakologie an der Universität in Saigon, Huynh Vinh Lam, erzählt mir sehr lebhaft von seiner Flucht:

Fluchtpreis: 13 Luongh pro Person

»Ich habe mehrmals versucht, aus Vietnam herauszukommen. Zum ersten Mal versuchte ich es im Juli 1978. Sie wissen, ich war Professor der Pharmakologie an der medizinischen Fakultät der Universität Saigon, und ich hatte einfach nicht genug Geld. Einer meiner Freunde, der ein Bankfachmann und vormals in der Regierung Minister für Wirtschaftsfragen war, hat mich mit einem reichen Mann bekannt gemacht. Dieser Mann hat sich bereit erklärt, für mich und meine Familie die Flucht zu bezahlen. Dazu muß ich sagen, daß wir zu viert sind in meiner Familie: meine Frau und meine zwei Kinder. Wir hatten für die Flucht jeder 13 Luongh zu zahlen.«

Man zahlt in der heimlichen Währung Vietnams, in der Goldwährung. Sehr viele Familien haben diese schmalen, kleinen Goldplättchen, die den Gegenwert von 200 US-Dollar ausmachen. Man nennt diese Plättchen Tael oder Luongh. Es gab nur sehr wenige Flüchtlinge, die erzählten, daß sie die Flucht in der normalen Landeswährung bezahlt hatten. Die Preise – so bekam ich heraus – hielten sich in folgenden Grenzen: Die »billigste« Flucht mit einem ganz schlechten Schiff kostet zwei Tael, die teuerste geht bis zu 40, manchmal 50 Tael. Diejenigen, die soviel zahlen können, gehören natürlich zur Großbourgeoisie. Nur macht die Hauptmasse der Flüchtlinge die Gruppe aus, die zehn Tael und weniger zahlen kann. Manche Familien schicken auch aus Geldnot erst einmal eines ihrer Mitglieder mit mühsam zusammengekratzten zwei Tael, um wenigstens schon einen der ihren in Freiheit zu wissen. Deshalb trifft man viele Flüchtlinge, die allein gekommen sind, ohne ihre Frauen, ohne ihre Eltern, ohne ihre Kinder, die auch in besonderer Erwartung und Angst beobachten, wenn Flüchtlingsboote sich der Küste nähern und von der malaysischen Küste abgedrängt werden. Es könnte sich ja einer ihrer Familienangehörigen gerade auf diesem Boot befinden ...

Doch lassen wir uns vom Pharmakologen Huynh Vinh Lam weiter vom Verlauf seiner Fluchtreise berichten, die pro Person 13 Luongh, also 2600 US-Dollar, kostete:

»Man hat diesen Preis an einen chinesischen Unternehmer gezahlt, der der Besitzer dieses Schiffes war, mit dem wir die Flucht antreten wollten. Er hatte es bei einer Versteigerung erstanden. Es war eines der Schiffe, die die Kommunisten für den Fluchtzweck versteigerten. Der Besitzer hat dieses ersteigerte Boot repariert und hat es dann zur Verfügung gestellt für den Preis von, wie gesagt, 13 Luongh pro Person. Aber ich muß dazu sagen, daß die kommunistische Regierung bei diesem Fluchthandel von jedem Fluchtwilligen in der Regel nur 6 Luongh bekommt. Das heißt, dieser Schiffsunternehmer profitiert ebenfalls von diesem Fluchthandel, der offiziell geduldet wird, er verdient nämlich 7 Luongh pro Person. Es ist wahr, dieser Schiffsbesitzer muß noch an andere Stellen einige Gelder zur Genehmigung der Flucht abführen, z. B. an die Polizei. Also, meine Abreise war für die Zeit *vor* Weihnachten vorgesehen. Aber plötzlich – ich weiß keinen Grund dafür – hat die vietnamesische Regierung alle offiziell genehmigten Fluchtreisen annulliert und gestoppt. Das heißt, alle offiziellen und halboffiziellen Fluchtreisen wurden gestoppt, nicht natürlich die heimlichen, die aber sehr schwierig sind. Deshalb begann meine Flucht erst am 15. April 1979.

Saigon haben wir am 7. April 1979 verlassen. Am Abend dieses Tages sind wir in Rach Ghia angekommen, eine Stadt, die ein Hafen ist im Süden von Saigon. Wir sind dort geblieben während einer Woche. Am 15. April sind wir dann schließlich auf unser Boot gestiegen, aber wir Vietnamesen unter einem falschen Namen, weil die Kommunisten nur den Chinesen die Flucht erlauben.«

Ich frage: Sie haben also Ihren Namen geändert?

Huynh Vinh Lam: Sicher. Wir alle. Ich, meine Frau, meine Kinder haben chinesische Namen angenommen.

Frage: Und wie kann man das arrangieen?

Huynh Vinh Lam: Wir hatten falsche Ausweise. Ich habe diesen falschen Ausweis noch bei mir, wenn Sie den sehen wollen, kann ich Ihnen den zeigen. Ich sage Ihnen gern den falschen Namen: Ich hieß Fu-Mieh und war Unternehmer von Beruf. Meine Frau war nach diesem Ausweis ebenfalls Händlerin, und meine Kinder trugen auch chinesische Namen. Wir waren also plötzlich alle Chinesen. Die Kommunisten wollen ja nicht, daß die Intelligenz das Land verläßt. Und zwar nicht deshalb, weil sie Mitleid mit uns haben, sondern weil sie uns nötig haben. Und weil es einige Zeit braucht, bis man eine neue Intelligenz formiert hat. Das heißt, sie mußten uns einige Zeit lang beschäftigen, fünf, sechs Jahre. Wir Intellektuellen wissen sehr gut Bescheid über die Rolle, die uns die Kommunisten reservieren. Wir sind ja nicht naiv.

Wir sind dann an dem Nachmittag des 15. April an Bord gegangen. Wir haben dann bald den Küstenbereich verlassen, und am 17. April wurden wir von Thai-Piraten attackiert. Wir waren etwa 500 Personen auf einem Schiff von 22 m Länge und 4 m Breite. Wir waren in diesem Schiff wirklich zusammengepreßt wie Sardinen in einer Sardinendose. Wir konnten uns auf diesem Schiff überhaupt nicht bewegen, wir saßen eingezwängt auf diesem kleinen Boot von 22 mal 4 Metern.

Also, am 17. April nachmittags sahen wir ein thailändisches Boot, ein Fischerboot, wie ich glaubte, mit 20 Personen an Bord. Wir faßten sofort den Plan, dieses Schiff um Wasser zu bitten. Wir gaben ihm ein Zeichen mit einer leeren Flasche, um damit anzudeuten, daß wir etwas Wasser brauchten. Als sie näherkamen, zeigten sie uns, daß sie bewaffnet waren mit Schwertern, Pistolen und Säbeln, keine Gewehre.

Wir haben schnell unsere Verteidigung organisiert. Auf dem Flüchtlingsboot waren besonders viele Ärzte, allein 18, darunter waren drei Professoren der Fakultät. Ich ging ans Heck und befehligte von dort, ein anderer Mediziner übernahm den Bug, drei andere übernahmen Stellungen an Deck.
Die Piraten versuchten, unser Boot mit einem Seil zu entern, aber wir schlugen das Seil entzwei. So hatten wir sie abgeschlagen, das Piratenboot machte sich aber schnell an ein anderes Boot heran, und es gelang ihm, auf dieses Boot hinaufzukommen. Von weitem mußten wir diesem grausamen Spiel zusehen, das sich vor unseren Augen ereignete.
Dann verfolgten uns drei weitere Piratenboote, denen wir bis zur Nacht entkommen wollten, weil wir glaubten, daß sie uns in der Nacht nichts anhaben könnten. Aber darin hatten wir uns geirrt, denn gerade in der Nacht attackierten sie uns; auf einem der Schiffe war nämlich ein starker Scheinwerfer. Diese Piraten waren sehr gut bewaffnet mit Pistolen und Gewehren und überfielen uns. Am 18. April erreichten wir die malaysische Küste bei Babirati, dort blieben wir für ungefähr drei Wochen, dann wurden wir über das Camp in Meran hierher nach Pulau Bidong gebracht.

Es ist im Verhältnis eine der angenehmeren Fluchtgeschichten, die der vietnamesische Arzt Vinh Lam erzählt, die Fluchtreisen sind nur bei glücklichen Umständen schon nach drei Tagen beendet.
Werner Bringolf, der Schweizer Offizier des Hospitalschiffes »Ile-de-Lumière«, berichtet von einem Boot, das in der ersten Nacht nach dem Eintreffen des Hospitalschiffes vor Pulau Bidong ankam:
»In der ersten Nacht haben wir einen Fall gehabt, den möchte ich sehr herausheben. Da ist ein Schiff mit Maschinenschaden angekommen. Es waren 18 Personen an Bord, und die waren 17 Tage auf See. Während der Nacht wurden sie sogar von der malaysischen Polizei gejagt. Die sind ungefähr drei oder vier Kilometer von hier in Bidong bei Nacht aufgefahren. Trotz der

Verwarnungen von der malaysischen Polizei sind Dr. Körner, eine Besatzung von unserem Beiboot und ich dort angefahren. Weil wir zuviel Tiefgang hatten, haben wir geankert und sind an Land geschwommen. Dr. Körner hat mir erklärt, daß die ganze Besatzung total erschöpft war. Einige waren sogar ohnmächtig, und die haben wir auf unser Schiff gebracht, und Dr. Körner hat mir gesagt: Wenn wir dort nicht geholfen hätten, hätte es am nächsten Morgen bestimmt 5 oder 6 Tote gegeben.«
Ich frage Werner Bringolf, ob es so etwas öfter gegeben hat?!
Er antwortet: »Nein! Daß Schiffe 17 Tage auf See gewesen sind, das hat es nicht öfter gegeben. Später sind einige Schiffe angekommen, die von Piraten zwischen 10- und 15mal geplündert worden sind, und alle jungen Mädchen und Frauen wurden vergewaltigt. Die Ärzte hatten einige Schockfälle, und vor allem die 13- bis 14jährigen Mädchen wurden an Bord behalten zur besseren Erholung.
Später ist ein Schiff mit sechs Schwerverbrannten gekommen. Da möchte ich gleich erklären, warum: Dieses Schiff wurde von thailändischen Fischern überfallen, und das thailändische Fischerboot hat ein falsches Manöver gemacht und ist zu schnell an das »boat people«-Boot herangefahren. Das »boat people«-Boot hat Schlagseite gehabt, und in der Küche stand ein großer Topf mit heißem Wasser zum Reiskochen. Dieser Topf ist übergeschwappt, und weil sowieso nicht viel Platz war, standen Frauen und Kinder um den Topf. Diese sind verbrüht worden, und nach drei bis vier Tagen kamen sie hier an. Die Brandwunden haben geeitert. Manche hatten zwei bis drei Zentimeter dicken Eiter drauf, und es hat natürlich auch stark gerochen. Zwei Frauen hatten 24 Stunden vorher ein Kind bekommen. Ich habe eins der 24 Stunden alten Babys gesehen, das war noch nicht gewaschen und voller Blut.«

Pulau Bidong 1979

Die Lebensbedingungen im Camp möchte man lieber Sterbensbedingungen nennen. Den Menschen in Pulau Bidong drohen mehrere Gefahren. Zum einen kann täglich eine Epidemie ausbrechen, denn die Insel ist ein einziger Bazillenherd. Über dem Gewimmel von eng aneinandergeklebten Hütten liegt ein fast unerträglicher, faulig-süßer Gestank. Kot und Abfälle sorgen in dem Camp, in dem sich kein einziges Wasserklosett befindet, für diesen Geruch. Schon hundert Meter vor der Küste schlägt einem dieser Pesthauch entgegen. Man fühlt sich in eine Peststadt verschlagen, so wie sie Albert Camus in seinem Roman »Die Pest« beschrieben hat. Als Westler möchte man sich einen Schutz vor den Mund binden, weil man sich als hygienisch Überbeschützter bedroht fühlt.

Europäer aus den sterilen Bereichen unseres Erdteiles wären hier schon zu Zehntausenden gestorben, sagt mir der Arzt Pierre de la Garde, der auf dem französischen Hospitalschiff »Ile-de-Lumière« (»Insel des Lichts«) Dienst tut, das vor Pulau Bidong wie ein übergroßer Schutzschild liegt und von den Flüchtlingen auf der Insel auch so empfunden wird.

Das Schiff wurde von einem privaten Komitee in Frankreich und Deutschland finanziert und wird gemeinsam verwaltet. Auf dem Schiff ist ein vollständiges Hospital mit einem Operationssaal, einem Röntgensaal, einem Kreißsaal und 102 Klinikbetten installiert worden. Für Hunderte, die total erschöpft und oft schwer verletzt ihre Flucht überstanden, war das Schiff die einzige Überlebenschance.

Werner Bringolf, Offizier auf dem Vierzehnhundert-Tonnen-Schiff, erzählt mir, wie es kam, daß er auf das Schiff kam und wie es am 10. April 1979 hier empfangen wurde:

»Ich habe mich freiwillig gemeldet. Für mich ist das ein einmaliges Erlebnis und eine einmalige Lebenserfahrung. Ich bin verheiratet und habe drei Kinder, und ich habe meiner Frau gesagt, ich fahre mit bis Singapur. Und statt zwei Wochen wurden es drei Monate.«

Ich frage Werner Bringolf, wie es zuging, als das Schiff vor der Insel angelegt hat?
»Die Ankunft und die erste Woche und vor allem der erste Tag, als wir gelandet waren mit dem deutschen und französischen Fernsehen, das war unbeschreiblich. Alle 35 bis 40 000 Personen auf der Insel waren an der Beach und haben Applaus gespendet. Ich habe einige Ärzte und sogar Seeleute gesehen, die hatten vor Rührung Tränen in den Augen.
Vor allem die erste Woche war dann spannend, weil fast jeden Tag drei bis vier »boat people«-Boote angekommen sind, wovon einige gleich bei uns angelegt haben, weil sie sich bei uns an einem Spitalschiff sicherer fühlten als in den Händen der malaysischen Behörden. Sofort am ersten Tag hatten wir ungefähr zwanzig schwere Fälle, die wir an Bord gebracht hatten. Der Operationssaal wurde sofort am ersten Tag sozusagen in Hochbetrieb genommen mit einigen kleinen technischen Störungen, aber trotzdem hat alles geklappt.«

Die Menschen auf Bidong sind Vietnam-Chinesen und Vietnamesen. Die beiden ethnischen Kommunitäten leben hier getrennt nebeneinander, aber ohne Streit und Konkurrenz, sie sitzen schließlich alle in einem Boot.
In letzter Zeit sind mehr und mehr Vietnamesen geflohen, die für ihre Flucht ihre Identität ändern mußten, die mit einem gefälschten Geburtszertifikat und einem chinesischen Namen in den Camps ankamen und dort wieder Schwierigkeiten hatten, ihren alten Namen zurückzubekommen. Die in Europa als Alibi herumgeisternde Mär von den reichen Vietnam-Chinesen, diesen motivlosen *réfugiés économiques,* den reichen Wirtschaftsemigranten, zerplatzt hier auf der Insel wie eine Seifenblase, wenn man sich wirklich in die Hütten begibt und die Menschen kennenlernt.
Seit drei Wochen kommt auf der Insel kein Boot mehr an, seit Anfang Juni die ASEAN-Staaten den Blockade-Beschluß gefaßt haben. Die Polizei, die modernen Schnellboote der Task-Force, die Navy bilden einen Riegel vor der ostmalaysischen Küste

und um die Inseln, Flugzeuge der malaysischen Luftwaffe gehen im Tiefflug über die Küstenregion, um Fluchtboote abzuschrecken. Plötzlich, am 24. Juni um 15.00 Uhr, verbreitet sich eine Nachricht über die Insel wie ein Lauffeuer: Ein Boot, Nr. »0020«, ist mit 600 Flüchtlingen an Bord an der nördlichen Bucht gelandet und hat damit als erstes Boot seit der Blockade-Ansage diese durchbrochen. Alles strömt zur nördlichen Beach, die Journalisten und die Ärzte werden sofort durchgelassen. Am Strand sehen wir ein kleines Boot, 24 m lang, 5 m breit, seine 600 Insassen durchnäßt und total erschöpft auf dem Sand – nach vietnamesischer Sitte wie automatisch geteilt in zwei Gruppen, die Männer links, säuberlich getrennt die Frauen und Kinder rechts. Wie diese 600 Menschen, darunter Greise, Frauen, Kinder, Säuglinge, auf diesem winzigen Boot Platz hatten, wird mir immer ein Rätsel bleiben.

Man ahnt die Strapazen dieser unglaublichen Fluchtreise. Jetzt hat die Polizei gleich ein Seil um die Ankömmlinge gezogen in dem festen Vorsatz, die Flüchtlinge wieder auf die Boote zu bringen und aufs Meer zu stoßen. Doch schon stehen 20 000 Bidong-Bewohner wie eine Mauer um die Neuankömmlinge und winken ihnen zu, machen Ihnen Mut.

Chinese oder Vietnamese – das ist die Frage

Mit großem Jubel – ein Journalist wird diese Szenerie nie vergessen – mit Beifall und Jubel von 20 000 Menschen werden die Journalisten empfangen, die sich zufällig zur gleichen Zeit auf dem Schiff und der Insel befinden: ein TV-Team von Antenne 2 in Paris, Vinzent Lalu vom Pariser »Le Matin«, Jacques Pawlowsky, der Starfotograf der Pariser Agentur »Sygma«, der AP-Fotograf von Kuala Lumpur und ich. Alle Genannten fangen gleich an, wie wild zu arbeiten. Ich suche einen aus der Gruppe, der englisch oder französisch spricht, finde ihn. Es ist der Sprecher der Gruppe: Woher kamen Sie von Vietnam?

»Wir alle, die sie hier auf dem Strand sehen, sind aus dem Ort Bacliou, der zu der Provinz Minh-Hai gehört.«

Frage: Und wann kamen Sie, wie lange hat Ihre Flucht gedauert?

»Fünf Tage. Auf dem Weg nach Malaysia sahen wir ein Fischerboot, und wir riefen ihm unser SOS zu, weil wir keine Nahrungsmittel mehr hatten. Sie kamen an uns heran und hielten uns mit Pistolen in Schach, so daß wir sofort stoppen mußten. Wir hatten dortzubleiben, weil wir ja nicht bewaffnet waren. Fünfzehn Piraten kamen an Bord, die mit Pistolen und Säbeln bewaffnet waren. Sie befahlen uns, uns hinzusetzen. Dann raubten sie uns total aus, sie nahmen alles Geld mit sich, sie nahmen uns alles weg, was wir mitgebracht hatten. Und nachdem sie uns das erste Mal gefilzt hatten, nahmen sie die fünfzehn Mädchen mit auf ihr Boot, mit denen sie ihr grausames Spiel trieben. Einige Mädchen wurden davon wahnsinnig und sprangen in die See, sie sind darin gleich umgekommen. Wir hatten es wirklich schlimm. Wir versuchten auf allen möglichen Umwegen, hierher zu kommen. Wir wollen hier neu unsere Familien sammeln, und dieses Camp-Komitee kann uns dabei helfen. Wir werden unser Bestes zu tun versuchen für die Freiheit, weil wir nicht mehr unter einer kommunistischen Regierung leben wollen. Wir sagten in Vietnam, daß wir besser in dem Südchinesischen Meer der Freiheit leben oder sterben als in der Hölle des kommunistischen Vietnams.«

Frage: Haben Sie vorher schon etwas von der Insel Pulau Bidong gehört?

»Nein, dies ist das erste Mal, daß ich hierher komme. Wir kannten diese Insel nicht vorher.«

Frage: Und Sie wußten nicht, daß hier vor dieser Insel das Hospitalschiff »Ile-de-Lumière« liegt?

»Nein, wir kamen zufällig hier an diese Bucht, wir sahen plötzlich viele Menschen an dem Strand, wir waren so verschreckt, daß wir dachten, wir seien wieder in die Nähe von Piraten gekommen. Aber diese Menschen hier winkten uns zu und riefen immer wieder: ›Kommt heran, kommt heran!‹ So versuchten wir, das Ufer zu erreichen, wir sprangen aus dem Schiff ins Wasser und kamen auf diesen Strand. Manche verletzten sich dabei.
Aber wir waren glücklich.
Wenn wir sterben würden, würde das auch nichts mehr machen. Das Schiff hat 600 Personen an Bord gehabt von Bacliou. Wir hatten der vietnamesischen Regierung Gold zu zahlen für dieses Schiff und für die Fluchtmöglichkeit, dann registrierten sie die Namen der Fluchtwilligen und sagten ›o. k‹, diese kommen in das Boot. Zunächst hatte dieses Schiff 300 Flüchtlinge an Bord, aber im letzten Moment hat man auf unser Schiff noch 300 weitere Flüchtlinge gepreßt, die man von einem anderen Boot herunternahm, das man für einen weiteren Flüchtlingstransport zurückschickte.«

Frage: Und Sie sind Vietnamese?

»Ja, ich bin Vietnamese.«

Am nächsten Tag erfahre ich, daß der Sprecher dieser Flüchtlingsgruppe kein Vietnamese ist, sondern ein Vietnam-Chinese. So grausam ist die Welt für alle Vietnam-Bürger. Die Vietnamesen müssen ihre Identität ändern, wenn sie fliehen wollen, die Vietnam-Chinesen ändern ihre Identität, wenn sie in Südostasien ankommen, weil sie um die Haßgefühle und die Feindschaft der Völker dieses Raumes gegen Chinesen wissen. Doch zurück zu der Situation am Strand.
Andere Neuankömmlinge liegen total erschöpft auf dem Strand. Mütter weinen, die ihren Kindern nach dieser Fünftagereise immer noch nichts zu essen geben können. Völlig aufgelöst ist diese Frau, die zwei Kinder im Arm hält und die mit

alledem, was sie unterwegs erlebt hat, noch nicht fertiggeworden ist:
»Ich habe mein Geld, meinen Schmuck verloren, ich habe alles verloren. Auf dem Weg von Vietnam nach Malaysia sahen wir ein thailändisches Boot. Sie attackierten uns und raubten uns aus, einen ganzen Tag, und nahmen uns alles weg, was wir noch hatten, Dollars, Schmuck, Wertgegenstände, die wir noch hatten.«
Wie viele Flüchtlinge, hat auch diese Frau wie einen letzten Rettungsanker Adressen von Menschen, die in westlichen Ländern wohnen. Sie schreibt an diesem Strand die Namen und Adressen auf ein nasses Stück Papier:
»Ich habe eine Menge Adressen. Wir hatten sieben Tage keine Nahrung, kein Wasser, gar nichts. Und bedenken Sie: Ich mußte meinen Mann in Vietnam zurücklassen, der für fünf Jahre ins Gefängnis eingesperrt wurde. Er war ein Offizier der alten Armee. Ich habe ihn sehr lange Zeit nicht gesehen. Ich habe — sehen Sie — eine Menge Adressen.«
Die Situation bleibt während der nächsten vier Stunden zum Zerreißen gespannt. Einige Ärzte sind da und betreuen die ersten Krankheitsfälle. Einige Frauen und Mädchen sind völlig geistesabwesend und schauen ins Leere, sie wurden mehrmals brutal von den Thai-Piraten vergewaltigt, einige Mädchen wurden von den Seeräubern mitgenommen. Ein Schnellboot der Task-Force schiebt sich in die Bucht, sieht die Unmöglichkeit, hier etwas gegen 20 000 Menschen und die Journalisten zu unternehmen. Dennoch bittet der Polizeioffizier, unsere Arbeit abzubrechen:
»Bitte, bitte, bitte, machen Sie doch jetzt hier keine Interviews, lassen Sie uns diese Leute doch erst registrieren. Wir haben doch noch keine Ordnung hier geschaffen, wir wissen doch nicht einmal, wie viele Flüchtlinge hierhergekommen sind ... Bitte stören Sie uns doch jetzt nicht hier, indem Sie Interviews machen.«
Ich frage ihn: »Wer sind Sie und welche Position haben Sie?«
»Ich bin der Polizeioffizier. Bitte, stören Sie uns hier nicht.«

»Aber die Leute hier haben Angst, daß sie wieder aufs Meer zurückmüssen!?«
»Darum sollten Sie sich nicht sorgen. Wir tun unser Bestes . . .«
Doch wir entscheiden uns, zu bleiben: Jacques Abouchar, der Reporter von Antenne 2, meint, was allen einleuchtet: »Wir müssen hierbleiben. Nur wenn wir bleiben, wird die Polizei nicht schießen.«

Um 19.00 Uhr beendet ein schweres Unwetter die brenzlige Situation. Ein Wolkenbruch zwingt alle zurück auf die Insel, die Polizisten sind verschwunden. Für das Lebensbewußtsein der Insel-Bewohner ist dies ein wichtiger Tag. Nach Monaten der Demütigung und der totalen Ohnmacht und Unterwerfung ist dies ein zwischenzeitlicher Sieg. Alle haben frohe Gesichter, die 600 Neuankömmlinge werden unter die 42 000 so verteilt, daß die Polizei sie am nächsten Morgen nur mit Mühe finden kann.
Berichte in unseren Zeitungen, die Camp-Bewohner hätten den Blockadebeschluß insgeheim begrüßt, weil sie niemanden mehr in den engen Lagern haben wollten, entbehren jeder Grundlage.
Die Solidarität unter den Flüchtlingen ist groß. Ich habe diese Solidarität miterlebt an diesem Nachmittag, aber auch an den Tagen, wenn die Flüchtlinge am Ufer der Insel in ohnmächtiger Wut zusehen mußten, wenn die Schnellboote der Task-Force Flüchtlingsschiffe zurücktrieben.
Auf dieser Insel leben heißt: einer auf dem anderen zu sitzen. Jedermann bekam vor einem halben Jahr vier Liter pro Tag an Trinkwasser, jetzt sind es noch zwei Liter, weil sich die Bevölkerung dieses einen Quadratkilometers mittlerweile verdreifacht und vervierfacht hat und es nur ein Wasserschiff gibt, das alle zwei Tage von Trenganu das Wasser bringt. Die zwei Liter pro Person reichen gerade aus, um Tee und Reis zu kochen, aber es reicht schon nicht mehr aus, um die Kleider zu waschen. Das ist für die Vietnamesen sehr hart. Denn es gehört

für sie zur menschlichen Würde, sich zu waschen – es ist das erste, was sie tun, wenn sie in einem Camp ankommen.
Ihre Würde besteht darin, daß sie nicht Mitleid erregen wollen durch ihr Äußeres. Eine große Gefahr besteht auf der Insel durch Brände, und dabei kann den Flüchtlingen niemand helfen. Die Hütten bestehen aus Stöcken, Bambus und Plastiksäkken. Das alles kann von einer Minute zur anderen in Flammen aufgehen. Und wenn etwas auf der Insel brennt, brennt alles; dann sind Menschen in Gefahr, weil sie auf zwei winzige Strände zwischen dem Wasser und den Flammen zusammengerückt sind. Man kann sich nicht auf die kleinen Hügel zurückziehen, weil das bedeuten würde, daß man sich wie Jeanne d'Arc auf den Scheiterhaufen zurückziehen würde. Es gibt dann verkohlte Babys – Bilder wie bei der Explosion des Gaswagens an der spanischen Küste.

Neben diesen Gefahren gibt es trotz allem vieles an diesen Menschen zu bewundern. Ihr Überlebenswille ist fantastisch. In einer Situation, in der alles zum Verzweifeln und zur Resignation stimuliert, geben diese Menschen nicht auf. Selbst wenn sie schon seit acht Monaten zwischen diesen Abfällen, Kloaken, Misthaufen, in dieser Enge hausen, die kein Quentchen Privatleben mehr zulassen. So hat man auf diesem engsten Raum zwei Cafés an dem Trampelpfad eingerichtet, der im Bidong-Jargon sinnigerweise »Broadway« genannt wird. Das »Café Bidong« ist eine Hütte wie alle anderen, ein paar Schiffsplanken – eine Kostbarkeit in Bidong – dienen als Tischersatz, ein Kaffee – in Cola-Dosen serviert, nebst einer einzelnen Zigarette – auch eine Kostbarkeit. Hier kostet der Kaffee einen malaysischen Dollar. Dazu tönt aus cinem der wenigen Kassettenrecorder der Insel »Petit Fleur«.
Zu Mittag werde ich zum »Lunch« – man behält wenigstens die Worte bei, auch wenn die Wirklichkeit anders aussieht – in eine der dunkel-kleinen Hütte gebeten. Ich möchte ablehnen, da die Flüchtlinge wirklich nur das Notwendigste für sich selbst bekommen, alle drei Tage die eisernen Rationen des

Roten Kreuzes: Reis, Erbsen-Sardinen-Hühnchen in Dosen, Salz, Zucker, Cracker, Tee. Das ist alles. Niemand hat an einen Büchsenöffner gedacht, man macht es ›irgendwie‹. Doch ist die Einladung so herzlich ausgesprochen, daß ich nicht mehr ablehnen kann. Während des kargen Mahls, Reis, Erbsen, für den Gast hat man auf dem schwarzen Markt für einen Malaysia-Dollar eine Cola erstanden, zeigen zwei junge Mädchen, wie lernwillig und fähig alle Camp-Bewohner sind: Sie singen das Lied, das sie in den Tagen der Französisch-Klasse gelernt haben.

Die bundesdeutsche Bürokratie – Spuren auch auf Pulau Bidong

Im »Café Bidong« zeigt mir am Nachmittag ein junger Vietnamese die Kopie eines Briefes des Deutschen Auswärtigen Amtes an seinen Verwandten in Stuttgart. Der Brief datiert vom 2. März, die Kopie kommt in Bidong erst am 15. Juni an, auf die Postwege können sich die Flüchtlinge nicht verlassen. In dem Brief heißt es:

»Sehr geehrter Herr Tran Khac!
Das Auswärtige Amt ist im Einvernehmen mit den Bundesministerien des Inneren auf Widerruf bereit, Ihre Angehörigen
Herrn Tran Chac, geb. 16. 2. 1960
Herrn Vu Van Cu, geb. 7. 9. 1950
Frau Vu Thu Phuong Dung, geb. 1. 7. 1956
Kind Vu Hoang Yen, geb. 13. 7. 1976
Herrn Vu Xuan Huu, geb. 27. 1. 1960
zur Zeit wohnhaft in Kuala Trenganu, West-Malaysia, zunächst innerhalb der nächsten drei Monate in der Bundesrepublik Deutschland im Lande Baden-Württemberg aufzunehmen. Die Botschaft der Bundesrepublik in Kuala Lumpur ist gebeten worden, das für ihre Einreise Erforderliche zu

veranlassen. Sie werden von dem Ankunftstermin rechtzeitig unterrichtet. Bitte haben Sie bis dahin noch etwas Geduld.«

Ich übersetze noch einmal dem vietnamesischen Gesprächspartner den Inhalt des Briefes, den er aber schon längst kennt. Ungläubig fragt er mich dann – der Wirt legt gerade eine neue Kassette ein –, ob es diese Botschaft der Westdeutschen in Kuala Lumpur überhaupt gäbe ...
Die Flüchtlinge von dem Boot »0020« hatten übrigens doch zu früh gejubelt. Am 1. Juli werden sie alle von der Spezialtruppe der Task-Force, die für die Behandlung – man mußt genauer sagen: die Bekämpfung – der Flüchtlinge zuständig ist, auf den Strand beordert. Sie leisten keinen Widerstand, wie sollten sie auch, die anderen sind in der Übermacht, sie – die Flüchtlinge – haben keine Rechte. Sie begeben sich am Morgen des 1. Juli an den Strand, um sich ohnmächtig in ihr zukünftiges Geschick zu ergeben. Noch einmal werden diese ausgemergelten Menschen eine Mehrtagesfahrt über die Südchinesische See nicht aushalten. Einer ihrer Alten ist auch schon am Abend ihrer Ankunft gestorben. Sie sind die verlassensten Menschen der Welt, selbst als Flüchtling will sie niemand hier akzeptieren. Was sollen sie tun? Zum Glück ist an diesem Tag hoher politischer Besuch auf der Insel, eben der französische Staatssekretär, Olivier Stirn. Stirn hört von der Aktion, verlangt vom Schiff »Ile-de-Lumière« sofort den Premierminister Onn in Kuala Lumpur zu sprechen. Stirn erreicht es, daß die Flüchtlinge der »0020« für dieses Mal bleiben dürfen. Was geschieht das nächste Mal, wenn kein Politiker da ist?

Im Flugzeug der Lufthansa zurück nach Europa. Katzenjammer, Schuldgefühle, Frösteln. Was tun wir? Warum sehen wir nicht, was sich hier mit diesen Menschen abspielt, wie mit diesen Menschen umgesprungen wird? Warum können wir über eine Fernsehserie entsetzt sein und den Holocaust auf dem Südchinesischen Meer übergehen?
Im Halbschlummer über der indischen Halbinsel, nach einem

Aufenthalt in Bangkok, wo ich deutsche Touristen treffe, die nicht den Schimmer einer Ahnung haben, was für eine Flüchtlingstragödie sich gerade jetzt zwischen Thailand und Kambodscha abspielt, sehe ich die Bilder vor mir, die nicht wegzuwischen sind: die Boote, die die malaysische Polizei ins Meer zurückwirft, den kleinen Cao Qui Sanh, dieses vierjährige Kind, das nicht mehr zu retten ist und bei dem die Mutter tapfer aushält. Die Gewichtskurve fällt immer noch, Tag für Tag, obwohl Cao schon am Tropf hängt, von 7800 Gramm auf 7450 Gramm; die Massen von Vietnamesen, die sich auf dem engen Platz aneinanderwälzten, die stets vollen Kirchen der Buddhisten, der Protestanten, der Katholiken.
André Glucksmann schreibt im »L'Express«, den ich in Bangkok kaufen konnte:
»Europa und die Weltmächte sind in der Lage, innerhalb kurzer Zeit ganze Armaden und Armeen, ganze Geschwader und Luftflotten aufzubauen, aber um einige Schiffe ins Südchinesische Meer zu entsenden, um dort dem Massensterben ein Ende zu bereiten – dazu ist Europa nicht in der Lage.«

Die Geschichte
der CAP ANAMUR II

Singapur, Anfang März 1986

Dr. Luis verabschiedete sich nach einem erst frostigen, dann etwas aufgetauten Gespräch: »Ich wünsche Ihnen alles Gute für das Unternehmen« – dann ein plötzliches Stutzen in seinen Gesichtszügen, während er mir schon die Hand gibt und seine beiden Botschaftsbegleiter wie auch Paul Ellmerer und Antony Selvam aufgestanden sind. »Das wünsche ich Ihnen als Privatmann. Ich will natürlich vermeiden, daß Sie zitieren können: Der deutsche Botschafter in Singapur begrüßt das neue Rettungsunternehmen.«
So großartig und mutig sind nun mal viele unserer Diplomaten. Wäre ich an derartige Person-Spaltungen nicht schon längst gewöhnt, würde ich mich ja noch wundern. Während wir am 3. März um 11.00 Uhr mit einem der kleinen Holz-Fährboote vom Ufer, der Clifford Pier, wieder auf unser neues Rettungsschiff Cap Anamur II zurückfahren, sage ich zu Paul Ellmerer, dem Komitee-Mitarbeiter und Kameramann des WDR und seiner Adoptivtochter Trang Lam Huynh: »Wenn ich jemals im Leben sagen werde und es jemand hören wird, daß ich etwas als Privatmann Neudeck sage, aber nicht als Redakteur des Deutschlandfunks oder Verantwortlicher des Komitees, dann müßt ihr es mir sagen, dann muß ich meinen Revolver ziehen und gehen!«
Die See in der Bucht vor Singapur ist verdammt rauh in diesen Tagen und diesen Stunden vor dem Auslaufen des neuen Schiffes. Heftige Windböen und Sturmansätze, tiefhängende schwarze Wolken und prasselnde Regenschauer wechseln einander ab: April, April, möchte man sagen. In den Hafen hat sich an diesem Morgen ein riesenhafter, behäbig dickbäuchiger US-Flugzeugträger mitsamt zweier US-Zerstörer geschoben. Die Folge: Die Stadt Singapur und ihre Vergnügungsviertel werden überschwemmt mit 5000 US-Marines. Friedrich Drenkhahn, dem Ersten Offizier an Bord der MV »Regine«, die jetzt ihren Operationsnamen Cap Anamur II back- und steuerbords bekommen hat, war das Schiff beim Frühstück aufgefal-

MV »Regine«/CAP ANAMUR II im Hafen von Singapur.

len. Die Arbeiten am Schiff sind so weit vorangetrieben, daß wir an diesem Montag, dem 3. März 1986, nun wirklich auslaufen können. Die MV »Regine«, ein Schiff der Niedersachsen-Reederei Hans Heinrich, 1500 BRT, 3880 Tonnen Traglast, 1976 in Dienst gestellt, ist innerhalb der letzten 14 Tage zu einer Art Rettungsschiff umgerüstet worden.

Da es aber keine Kategorie Rettungsschiff für diesen Zweck der Schiffbrüchigen-Rettung im Südchinesischen Meer gibt, muß man so ein Schiff immer wieder neu erfinden. Die wichtigste Umrüstung bestand in einem 23 Tonnen schweren Kran, der auf das im Verhältnis zu dem schönen Frachtschiff CAP ANAMUR I etwas platte Containerschiff aufgesetzt werden mußte. Den Containerschiffen fehlt ja allemal das Ladegeschirr, das man eben, wenn man Schiffbrüchige intentional retten will, braucht, um diese Menschen an Bord zu heben. So hat man das Einfachste gemacht und einen Caterpillar-Kran, Gewicht 23 Tonnen, Miete pro Tag DM 200,–, gechartert. Er steht jetzt backbord auf dem Deck.

Als Laie hatte ich, als wir von der hohen Brücke auf das Schiffsdeck hinuntersahen, in ersten Moment den Einwand: Ob das wohl die Balance des Schiffes stören wird? – Und ob in schwerer See bei hohem Seegang nicht sogar die Gefahr besteht, daß dieser Kran abgleiten und ins Meer schlingern könnte? Aber die erfahrenen Seeleute an Bord, es sind insgesamt zwölf mit dem Kapitän Max Behrens und dem Reeder Claus Heinrich an der Spitze, haben nur abgewunken: Das macht bei dem Gesamtgewicht des Schiffes natürlich nicht so viel aus ...

Doch wegen dieses Kranes – der seinerseits mit einem riesigen Schiffskran des Singapur-Hafens am 27. Februar um 22.00 Uhr an Bord gehievt werden sollte, aber wegen zu schwerer See dann doch erst am nächsten Tag, am Freitag, dem 28. März, in einem nicht einfachen Manöver an Bord kam – und wegen anderer Versorgungsgüter hatten wir den uns ursprünglich gesetzten Termin des Auslaufens am 1. März nicht einhalten können. Als wir – das heißt: eine Fernseh-Filmequipe mit den ungarischen Freunden Imre Gyöngyössy und Barna Kabay und den beiden Kameraleuten Thomas und Michael sowie der Ärztin Uda Shibata – der Singapore-Airlines-Maschine 25 aus Frankfurt am Abend des 27. Februar entstiegen, mußten uns Paul Ellmerer und Trang sagen, daß wir leider noch nicht an Bord durften, um dort zu schlafen, weil die Kabinen noch nicht fertig waren ...

Die »Regine«/CAP ANAMUR II, die ich von jetzt aber nur noch mit unserem Namen nennen werde, hat eine – auf den ersten Blick gesehen – gute Mannschaft, man bekommt jedenfalls einen guten Kontakt zu ihr. Und verdammt arbeitsam und fleißig ist sie. Daß Nicht-Arbeit Langeweile ist, und daß Langeweile an Bord eigentlich tödlich ist, das kann man hier erleben. Es sind ausgezeichnete Steuer- und Technikleute, wie der Erste Offi-

Die Crew der CAP ANAMUR II und das Team der Notärzte.
v. l.: Friedrich Drenkhahn (Erster Offizier), Dr. Francis Callot (Arzt), Klaus Laubinger (Erster Ingenieur), Dr. Uda Shibata (Ärztin), Max Behrens (Kapitän), Marlies Winkler (Krankenschwester), Franz Prendinger (Koch), Lothar Schwan (Zweiter Ingenieur); sitzend v. l.: Peter Okroy (Decksmann), Mustafa Sahin (Decksmann), Phuong Doan Minh (Dolmetscherin), Volkmar Petschulat (Matrose), Tycho Heitmüller (Zweiter Steuermann).

zier Friedrich Drenkhahn, Raucher mit seinen ständig selbstgedrehten Zigaretten.
Da ist der Kapitän Max Behrens, ein gütiger Mensch mit offenem Blick, manchmal der Mannschaft etwas zu kleinlich, aber ein erfahrener Seemann, der sich immer erst alles selbst zumutet, was er seinen Leuten aufhalst; der also auch den Tag über im Blaumann an Bord steht und anpackt – ein ganz neues Kapitänsgefühl, das wird Komitee-Leute bekommen!
Da ist der quicklebendige blutjunge Zweite Offizier Tycho Heitmüller, Jahrgang 1958, der wie ein Wirbelwind an Bord

herumfuhrwerkt und meist im Cockpit des Krans sitzt. Tycho hat gute Ideen, manchen Älteren an Bord ist er zu findig und clever. Er war 1979 ein halbes Jahr an Bord des DRK-Schiffes »Flora« und kann darüber einiges berichten. Tycho erzählt, daß die Mannschaft an Bord aus ihrer Frustration heraus natürlich auch liebend gern Rettungseinsätze gefahren wäre und daß es auch Kritik gab, als gleich vom September 1979 an ein ZDF-Team an Bord des DRK-Schiffes war. Die Mitarbeiter an Bord aber bekamen eine Anweisung, daß sie nichts sagen dürften, was dem DRK schaden könnte. Weshalb er, Tycho, auch einmal in dem Film vorkomme mit der schönen Antwort: »Darauf kann ich nichts sagen . . .«

Ich kann nicht verheimlichen, daß ich Tycho gern bei seinen Erzählungen über die »Flora« zuhöre. Schließlich war das damals ein Skandal, daß die Gelder zum Kauf des Schiffes, seiner Einrichtung und zu seinem Unterhalt sinnlos verplempert wurden, weil das DRK einfach nicht das tun wollte, was sich dort mit gebieterischer Notwendigkeit nahelegte: mit dem Schiff Rettungsaktionen durchführen. Menschen und Rettung als Ziel wurde auch den Spendern in der Bundesrepublik gesagt, dazu wurden sie zum Geldgeben aufgefordert. Später hat die DRK-Propaganda noch einmal mit gezinkten Karten ein Faltblatt zur »Flora« publiziert, wo von dem Rettungsschiff (!) »Flora« gesprochen wurde, auch davon, daß es Tausenden das Leben gerettet hätte: Da waren einfach die Zahlen der an Bord Behandelten zusammengezählt worden.

Da sind der Erste Ingenieur (Chief) Klaus Laubinger und sein Stellvertreter Lothar Schwan an Bord, beide ausgezeichnete Fachleute, die am 1. März abends wissen, was sie tun müssen. Wieder einmal — das hatten wir in Singapur schon 1979, 1980 und 1981 erlebt, kommt das Schiff mit Bunker (= Benzin und Gasöl) spät in der Nacht. Der Käpt'n lacht schon: »Da ist wieder die Nacht weg«, denn die CAP ANAMUR II läßt sich in keinem Hafen der Welt einfach das Benzin so in die Tanks einfüllen, ohne es vorher geprüft zu haben.

So geht also Chief Laubinger erst mal rüber auf das Bunker-

Schiff, das sich tiefbäuchig genau neben die CAP ANAMUR II gelegt hat. Erst schöpft er mit seinem Henkelmann aus dem Schöpfloch des Tanks und prüft mit bloßem Auge, ob das, was er im Pott hat, aussieht »wie Milchsuppe« oder »wie Honig oder Sirup«. Wir hatten von diesem CALTEX-Schiff 150 Tonnen IFO und 15 Tonnen Gasöl geordert. Und gerade bei dem sehr teuren Gasöl passiert es immer wieder: es wird einfach Wasser dazugemixt, oder das ganze hat nicht die Qualität des Gasöls, sondern ist etwas verlängertes Schweröl. »Wenn das erste Probegemisch zu gut aussieht, muß das auch nicht unbedingt gut sein, denn dann liegt die schwere Suppe, der Sirup, auf dem Boden des Tanks.« Es geht also – welche Erinnerungen für mich alten Philosophen an Sartres Analysen der »Viscosité« des Honigs, der Dichte und Schwere und der »Klebrigkeit« – darum, neben dem bloßen Augenschein die Probe mit einem sogenannten Viscomat (zu deutsch etwa: Klebrigkeits-Messer) zu machen: Das Gasöl kommt in eine schmale, 20 cm lange Röhre, die in diesen Viscomat eingeführt wird; dann wird eine Kugel bei gleichzeitiger Erwärmung des Öls durch die Röhre gejagt und die Zeit gemessen, wie lange diese Kugel von oben nach unten braucht. Braucht die Kugel etwa 28 bis 35 Sekunden, bis die unten angekommen ist, dann ist das Gasöl gut, man kann es akzeptieren. Noch immer können die ungeduldigen Leute nicht mit dem Bunkern anfangen. Die erste Probe ergibt das »fast zu gute« Ergebnis von 28,5 Sekunden. Also läßt der Chief mal fünf Tonnen einfüllen, nimmt dann erneut eine Probe, und da sieht das Ergebnis ganz anders aus: Aus der dünnen Milchsuppe ist ein schwerer Sirup geworden. Das Viscomat zeigt über 70, genau 76,8 Sekunden an ... Also müssen die Leute vom Bunker-Schiff die Mischung noch mal anrühren. Der ganze Prozeß hat dann drei Stunden gedauert, erst um ein Uhr nachts war die Mannschaft damit fertig ...

Ich habe von dem Büro unseres Agenten – Antony Selvam von der Agentur Roland Marine Service – aus die wenigen deutschen Korrespondenten in Singapur angerufen. Die Tage sind

schlecht, weil alle bis über alle Ohren mit den Philippinen und der dortigen »glorious revolution« und Cory Aquino, der »Frau des Jahrhunderts«, befaßt sind. Unser Angebot, sich das Schiff noch vor Auslaufen anzusehen und eventuell dort zu drehen, nehmen weder der ARD-Korrespondent Winfried Scharlau noch der ZDF-Korrespondent Heinz Metlitzky noch der ARD-Radio-Korrespondent Hans Heine an. Sie melden sich nicht einmal mehr. Schließlich ist auch Wochenende, heilige arbeitsfreie Zeit. Auch Gisela Strasser, Friedemann Bartu von der »Neuen Zürcher Zeitung«, Rieder vom Bayerischen Rundfunk — sie alle sind zwar da, aber beschäftigt. Kurz: nicht mal die einzige deutsche Agentur, die etwas auf sich gibt — dpa —, ist mehr vertreten.
Damals, 1979 bis 1982, war dpa noch durch Herrn Lochow präsent, jetzt hat dpa nur noch einen »Stringer«, Arthur Richards, der im stinkvornehmen Rafles-Hotel residiert und über vier Tage nicht zu erreichen ist. So haben wir die für Komitee-Unternehmungen nicht ungewöhnliche Situation, daß wir selbst die Nachricht über das Auslaufen der CAP ANAMUR II machen müssen. Einzig Radio Luxemburg meldet sich am 1. März 15.45 Uhr Singapur-Zeit (= 08.45 morgens deutscher Zeit), um noch zu hören, wie es um das Schiff steht und alles Gute zu wünschen . . .

Alle fragen mich, auch der deutsche Botschafter, ob wir denn schon Aufnahmezusagen hätten für dieses Schiff. »Nein«, sage ich dem Botschafter unwirsch, »aber das wissen Sie doch!« Das habe ihm doch sicher das Auswärtige Amt mitgeteilt. Da aber igelt sich der Beamte Dr. Luis schnell ein: »Ich möchte den Charakter unseres Gesprächs schnell klarstellen: Sie haben angerufen und um einen Termin für einen Höflichkeitsbesuch gebeten. Ich hatte keinen Grund, dieses Begehren abzulehnen. Ob ich davon etwas an das Amt berichte oder nicht, hängt auch an dem, was Sie erzählen.« Die erste Frage knallt denn auch dem neben mir sitzenden Paul Ellmerer so stark ins Gemüt, daß er ausbricht. Das allererste, was der

Botschafter zu einer neuen lebenspendenden Initiative zu sagen hat, ist nicht etwa Lobendes, nicht einmal verbale Unterstützung, Erkenntnis, daß das etwas Wichtiges auch dann ist, wenn die Regierung es nicht stützen kann, sondern: »Werden denn dadurch nicht wieder die Vietnamesen aus dem Land herausgelockt?« Eine gelinde Unverschämtheit, schließlich müssen wir erneut ein Schiff ausrüsten, weil die Bundes- und Länderregierungen das alte mit dem für Tausende tödlichen Argument gestoppt haben, das Problem der Bootsflüchtlinge würde sich selbst erledigen, da das Schiff dieses Problem und die Flüchtlinge ja nicht mehr produziere...
Paul bricht aus. Es ist schön zu beobachten, wie die feinen Diplomaten so etwas nicht gewohnt sind. Da verliert jemand die Contenance. Haltung bitte, Paul, möchten sie ihm zurufen, aber es ist schon alles zu spät. In dem übersterilen Konferenzraum ist aus dem Munde Pauls schon die Kröte, das häßliche Wort »ersaufen« gekrochen. Der Botschafter hebt das Wort dann noch einmal auf, wahrscheinlich, um es für den Raum zu bannen.
Kurz: Wir reden, die andere Seite versteht und weiß gar nichts von diesem Problem. Aber das ist ja in diesem Dienst, der nach Vorschrift geht und nach der größtmöglichen Vorsicht, nicht etwas zu sagen, was Folgen haben könnte, normal...

In der Mannschaft der Cap Anamur II gibt es doch tatsächlich drei ausgewachsene, waschechte Türken:
Engine Bayraktar, genannt Engi, geboren 1952 in Istanbul, Huseyin Acar, ebenfalls 1952, aber in Caycuma geboren, und Mustafa Sahin, 1949 in Kamislik gebürtig.
Leider gehen zwei der drei auf ihren normalen Jahresurlaub. Engi, der Wichtigste, den der Kapitän so schlecht entbehren kann, weil er das Schiff wie kein anderer kennt, Engi wird uns allen fehlen. Engi und Huseyin fliegen in die Türkei, sie sind als Türken angeheuert, leben in der Türkei, können aber gut deutsch. Als Engi zum ersten Mal hört, daß wir Vietnamesen retten und in die Bundesrepublik oder anderswohin bringen

wollen, meint er spontan: »Ihr wollt Vietnamesen nach Deutschland bringen. Kriegt ihr da nicht Ärger?« – »Ja, da kriegen wir Ärger, ganz bestimmt.« Da hebt Engi nur anerkennend die Schulter: Also so ist das! Das sind Leute, die sich deshalb keinen Ärger ersparen wollen . . .
Mustafa ist der einzige, der an Bord bleibt, ein hervorragender Decksmann, der ein ganz wichtiges Team-Mitglied wird.

Die Schiffseinrichtung nach den Umbauten ist viel solider als sie es damals, in unseren Babyjahren, auf der CAP ANAMUR I sein konnte. Dabei ist das neue Schiff erheblich kleiner und auch weniger geeignet, weil es eben kein Cargo, kein Frachtschiff, sondern ein Container-Schiff ist. Es sieht deshalb auch schon nicht mehr wie ein ›richtiges‹ Schiff aus. Man hat das nostalgische Gefühl, daß die Architektur nicht nur zu Lande, sondern auch zu Wasser die Abwege und Sackgassen der funktionalistischen Rationalität und Häßlichkeit beschreitet. Die Container-Cargo-Schiffe haben kein Ladegeschirr; der klassische Aufbau eines großen Schiffes mit Kran und Aufbau in der Mitte, auf Achtern und vorne ist in einem Hafen wie Singapur nur noch mit der Lupe zu suchen. Deshalb mußte in einem schwierigen Manöver mit einem riesengroßen Schiffskran der Kran für unser Rettungsschiff an Bord gehievt werden. Der Kran steht jetzt backbord oben auf dem Deck.
Das Schiff hat, ebenfalls backbord, jetzt die vier handgezimmerten holzverkleideten Toiletten, die, nach französischer Plumpsklo-Methode, aus einem Loch bestehen, Meerwasser-Spülung sorgt für Hygiene. Daneben gibt es zwei Meerwasser-Duschen. Vorne im Heck sitzt die diesmal groß und geräumig angelegte Küche, einfach ausgestattet mit zwei Wasserhahnbecken, fünf Gas-Kochstellen und Regalen. Die Proviantsäcke sind allerdings vorne im Unterraum gelagert.
Wichtige Hygiene-Artikel sind in einem Container untergebracht, der an Bord steht und den wir uns für die Dauer des Unternehmens geliehen haben.
Außerdem befindet sich im Zwischendeck ein mit Klimaanlage

ausgerüsteter Container, der die kleine Klinik enthalten soll. Im Zwischendeck selbst werden in den ersten Tagen, an denen das Schiff unterwegs ist, viermal 64 Liegeplätze entstehen, aus Stapelholz als Unterlage und daraufgenagelten Sperrholzplatten; dazu Decken und je ein Kopfkissen. Jeder Flüchtling bekommt sein Handtuch, seine Seife, seine Zahnpasta und seine Zahnbürste. Ein weiterer Kühlcontainer ist an Bord, der wichtiges Frischobst und Frischgemüse aufnehmen soll – die Kühlmöglichkeiten des Schiffes sind nur auf die 12-Mann-Besatzung ausgelegt . . .
An Rettungsmitteln durfte das Komitee wieder nicht sparen: 14 Rettungsinseln japanischen Ursprungs zum stolzen Preis von insgesamt 49 000 Singapur-Dollar (also auch rund DM 49 000,–), 350 Schwimmwesten, Lifejackets, waren zu besorgen. Wir haben Nahrungsmittel für 400 Leute und acht Wochen einkaufen müssen, dazu viele teure Kleinigkeiten, die aber dringlich an Bord fehlen, wenn man sie nicht vorher besorgt hat. Zwei Feldstecher – das Schiff hat nur zwei, es muß aber im Vier-Stunden-Turnus dauernd Wache geschoben werden, und zwar nicht nur von den wachhabenden Offizieren, sondern auch von Mitgliedern unserer Crew. Wieder ist es ja so, wie schon beim ersten Schiff, daß man die Fluchtboote nicht mit Radar entdeckt, sondern nur mit bloßem Auge, verstärkt durch einen guten Feldstecher. Wir haben drei Megaphone anschaffen müssen – und vieles andere. Die ganze Umrüstung des Schiffes wird deshalb nicht etwa nur – wie wir erst annahmen DM 200 000,–, sondern DM 500 000,– verschlungen haben.
Das Schiff CAP ANAMUR II kann insgesamt 350 Tonnen Bunker in seine Tanks packen. Bei 10 Tonnen Tagesverbrauch bei voller Fahrt kann man sich ausrechnen, wie lange das Schiff unabhängig von weiterer Versorgung fahren kann. Wir nehmen nach unserer Bestellung, die Antony macht, 150 Tonnen Benzin IFO 30 cst sowie 15 Tonnen Gasöl auf. Letzteres ist so wichtig, weil man bei gebremster Fahrt mit dem Schweröl nicht mehr arbeiten kann.

Kurz vor meinem Abflug nach Singapur am 26. Februar kam ein Brief von Björn Engholm ins Haus geflattert:

SOZIALDEMOKRATISCHE FRAKTION IM SCHLESWIG-HOLSTEINISCHEN LANDTAG
Björn Engholm MdL, Vorsitzender und Oppositionsführer im Schleswig-Holsteinischen Landtag

2300 Kiel, den 24. Febr. 1986
Landeshaus
☎ 0431/596 20 40/42
Telex: 0 292 874

Herrn
Dr. Rupert Neudeck
c/o Komitee Cap Anamur
Deutsche Not-Ärzte e. V.
Kupferstr. 7

521o Troisdorf/Köln

Sehr geehrter Herr Dr. Neudeck,

vielen Dank für Ihr Schreiben vom 4. 2. d. J.

Ihr Brief ist nicht die einzige Reaktion auf meine Forderung gewesen. In der Regel waren die Schreiben empört bis bösartig. Ganz offensichtlich gibt es eine starke ausländerfeindliche Stimmung in unserem Land. Deshalb wäre die Bereitschaft, Boat-People in Deutschland aufzunehmen, nicht nur eine konkrete Hilfe für diese Menschen, sondern auch ein Signal gegen diese wachsende Ausländerfeindlichkeit.

Ihre Anregung zu einem persönlichen Gespräch nehme ich gerne auf. Vor einer meiner nächsten Bonn-Reisen werde ich mich mit Ihnen in Verbindung setzen, damit wir einen Termin absprechen können. Bis dahin verbleibe ich

mit freundlichen Grüßen
Ihr
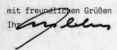

Als ich diesen ernsten, aber sehr tröstlichen Brief lese, ahnen wir noch nichts von dem Wahlerfolg der Sozialdemokraten in Kiel nach der Kommunalwahl am 2. März. In Hamburgs Bürgerschaft hat mittlerweile der CDU-Abgeordnete Gert Boysen seine zweite Anfrage gestartet. Auf die erste Bitte an die Landesregierung um Aufnahmeplätze für das neue Rettungsschiff des Komitees hat der Hamburger Senat umständlich, verschleiernd geantwortet:

»Die Einleitung derartiger Aufnahmeaktionen obliegt dem Auswärtigen Amt und dem Bundeskanzleramt. Sie werden nach Feststellung der vorhandenen Aufnahmemöglichkeiten zwischen dem Bund und der Ministerpräsidenten-Konferenz vereinbart.«

Da muß man schon dröhnend lachen, denn diese Konferenzen finden zweimal im Jahr an heimeligem Ort statt − dazwischen sehe ich diese 9 mal 2,5 m großen Holzkähne immer wieder leckschlagen oder wie sie von Piraten zerstört werden, sehe, wie die Flüchtlinge nachts absichtlich kleine Feuerchen brennen, um auf sich aufmerksam zu machen, oder − wie bei dem einen Rettungsfall durch die CAP ANAMUR I − unabsichtlich: Es war tiefschwarze Nacht, wie sie nur auf dem Südchinesischen Meer herrschen kann, undurchdringlich trotz unserer 2000 m weit reichenden Schiffsscheinwerfer. Myriaden von winzigen und größeren Fischen tummelten sich in der angenehmen Wärme der Scheinwerfer im grünlich-dunklen Meerwasser vor uns, hinter dieser von den Schiffslichtern gebildeten Lichtschloß-Kulisse aber rabenschwarze, tiefdunkle Tintenfisch-Nacht. Nichts. Da hatte sich jemand in der Ferne eine Zigarette angesteckt, jedenfalls sah Raban Poertner, der Kameramann von Paul Ellmerer, mit seinen Späher- oder Habichtaugen dieses für einen Sekundenbruchteil aufblitzende Licht, den Schein eines einzigen Streichholzes.

Zurück zu diesen holznüchternen, stockvernünftigen und fast nie zu erweichenden Bürokraten und zum Schreiben des Hamburger Senats:

»Weiterhin wurde beschlossen, die Aufnahme von Ausländern aus humanitären Gründen grundsätzlich nur von allen Bundesländern gemeinsam durchzuführen; die Aufgenommenen sollen nach dem für die Aufnahme von Asylbewerbern geltenden Schlüssel auf die Länder verteilt werden.«

So sirenenhaft singt dem Abgeordneten Gert Boysen diese Antwort des Senats der Freien und Hansestadt Hamburg entgegen, daß er ganz mißtrauisch wird. Während die Mehrzahl der Abgeordneten oder Großkopfeten, wenn wir sie mal zu einem Moment des Innehaltens, vielleicht sogar zu einer Anfrage im Bundestag gekriegt haben, sich in alter preußischer Staatsverfallenheit mit einer solchen oder ähnlichen Antwort zufriedengeben – der Abgeordnete Boysen tat das nicht. Er gehört zu denen, wie es sie in allen Schichten, Parteien, Regierungen immer wieder einmal gibt, zu denen auch der verstorbene Staatsminister Alois Mertes gehörte, den es zwischendurch im Innersten seines Gewissens ganz schön gekniept hat. Die endunterzeichnete Behörde räumt in der Antwort auf den Schrei einer Anfrage, in der um Plätze für Ertrinkende gebeten wird, nur noch ein: »Dieses Gemeinschaftsprinzip«, das sowieso nur dazu da ist, allen Bemühungen den endgültigen Garaus zu machen, ohne öffentlich zu sagen: Laßt doch diese Schlitzaugen alle ersaufen – »dieses Gemeinschaftsprinzip« wurde immer und wird weiterhin vom Land Niedersachsen unterbrochen und verletzt. Die Ausnahme bestätigt ja nicht die Regel, das eine Ausnahmeland verletzt die Regel: »Das Gemeinschaftsprinzip soll die Aufnahme kleiner Ausländergruppen – ohne Anrechnung auf die Aufnahmequote – durch einzelne Bundesländer allerdings nicht ausschließen.«
Ich werde Ernst Albrecht heute noch bitten, uns 20 Plätze als symbolische Zustimmung zu unserer Demonstration zu geben!

Troisdorf, 6. März 1986
Heute, das Schiff ist so gerade in dem Plansuchquadrat angekommen – vom 7. März an ist potentiell mit Flüchtlingen und Rettungsaktionen zu rechnen –, tickert es ziemlich lange im Hausflur unseres Troisdorfer Reihenhauses, das zugleich das von manchen gefürchtete »Hauptquartier« des Komitees ist.
Die Seeberufsgenossenschaft hat an die Reederei Heinrich folgendes merkwürdige Telex losgelassen, das uns die Reederei, das heißt, der Schiffsmakler Hans Heinrich, mit Telex weitergibt samt seiner Antwort:
»betr. MS Regine – Fahrterweiterung
Wie wir dem täglichen Hafenbericht vom 15. 2. 1986 entnehmen, soll das Schiff vom Komitee CAP ANAMUR zur Rettung vietnamesischer Boat-People eingesetzt werden. Für diesen Zweck soll das Schiff in Singapur umgebaut worden sein. Teilen Sie uns bitte mit, was umgebaut wurde, welche Materialien verwendet wurden und reichen Sie uns prüffähige Zeichnungen ein. Teilen Sie uns außerdem mit, wo das Schiff besichtigt werden kann.
Wir bitten um Aufgabe der Besatzung mit Namen, Dienstgrad und Befähigungszeugnis. Wir machen darauf aufmerksam, daß das Schiff gemäß Paragraph 46 Abs. 1 Schsv für dieses Fahrgebiet mit einer Telegrafiefunkanlage ausgerüstet sein muß und demzufolge ein Funkoffizier an Bord sein muß.
Wir weisen darauf hin, daß das Schiff Sicherheitszeugnisse als Frachtschiff besitzt und nur für 18 Personen zugelassen ist.
Bitte teilen Sie uns weiterhin mit, ob die Pressemeldungen zutreffend sind, daß das Schiff zur Aufnahme von 400 Personen umgerüstet werden soll. In diesem Fall wäre auch die Zustimmung des Bundesverkehrsministers, Abteilung Seeverkehr Hamburg, einzuholen.
Erst nach Klärung und Prüfung der aufgeführten Fragen kann über eine Fahrterweiterung entschieden werden.«

Das tickert am hellichten Tage auf unserem Telex ein: »mfg Alpers – Schiffssicherheitsabteilung.«
Ich muß so schallend lachen, daß ich mich verschlucke. Wenn das Schiff schon längst wieder (nach 6 Monaten) der Reederei zurückgegeben sein wird, werden diese Leute von der Schiffssicherheitsabteilung immer noch damit befaßt sein, zu prüfen, ob die Telegrafieanlage durch die 14-Quarz-Erweiterung unserer Funkanlage an Bord mit Radio-Singapur-Anschluß substituiert werden kann...
Clever, wie nun mal Schiffseigner sind – und dies ist auch die erste Nagelprobe im Sinne des Komitees –, hat Reeder Heinrich eiskalt dem Telex an die See-Berufsgenossenschaft Schiffssicherheitsabteilung folgende lapidare Bemerkungen anvertraut, nachdem er seelenruhig auf eben diesem Telex-Papier seinen größten und schönsten Triumph ausgespielt hat. Die Liste der Besatzungsmitglieder der »Regine«/CAP ANAMUR II kann sich sehenlassen und nicht beanstandet werden: Acht Offiziere und Matrosen sind Deutsche, einer – der Koch Franz Prendinger – ist Österreicher, drei weitere sind Türken. Das war ja unsere Zitterpartie gegenüber der See-Berufsgenossenschaft bei unserem ersten Schiff. Außer dem Kapitän und dem Ersten Offizier gab es auf der CAP ANAMUR I nur Philippinos.
Hans Heinrich, der Bruder von Claus Heinrich, fügt sarkastisch an:

> »Von Umbauten in Singapur ist uns nichts bekannt. Das Schiff hat auf Reede gebunkert und Proviant übernommen, außerdem wurden einige Ausrüstungsgegenstände an Bord gegeben. Eine Besichtigung ist zur Zeit schlecht möglich, da sich das Schiff auf See befindet.«

»Bravo, Rupert«, sagen die Franzosen Bernard Kouchner und André Glucksmann immer dann, wenn im humanitären Hexenkessel einfach was gelungen ist. »Bravo, Heinrich«, möchte ich dem Reeder zurufen und diesen Text gern heute noch (während ich das am 6. März morgens schreibe) der ganzen Republik anbieten, damit sie was zu lachen hat.

Freitag, 7. März 1986
Gestern sagte mir Antony, das Südchinesische Meer sei sehr rauh, deshalb werde das Schiff erst heute im eigentlichen Suchgebiet ankommen. Alle drei Tage, sage ich Antony, werde ich von mir aus anrufen, sonst warte ich auf Mitteilung, wenn etwas an Bord passiert.
Was noch passiert? Bernard Kouchner ruft spät am Abend an. Es hat in Paris – oder genauer: zwischen Paris und San Diego/Kalifornien – eine typische vietnamesische Politik-/Eifersuchtsgeschichte gegeben, mit einem persönlichen Drama mittendrin. Dr. Kim Bath, Psychiaterin, die große Verdienste hat in der Betreuung von durch Piraten vergewaltigter »boat people«-Frauen in Frankreich, hat einen Paranoia-Anfall bekommen, wie mir Bernard in seiner direkten, harten Sprache sagt. Sie hat sich selbst in einem Anfall von Größenwahn zum offiziellen Repräsentanten des Komitees CAP ANAMUR in Frankreich erklärt und dies auch den verschiedenen großen US-vietnamesischen Vereinen mitgeteilt. Denen auch gesagt, sie sollten um Gottes willen aufhören, Geld auf das Konto von »Médecins du Monde« zu überweisen und es statt dessen direkt ihr schicken als der »offiziellen Repräsentantin« des Komitees ... Sie ist also dabei, alles kaputtzuschlagen. Bernard und Alain Deloche haben an diesem Abend alle Mühe, mit den vietnamesischen Freunden in San Diego und anderswo zu sprechen, um sie davon zu überzeugen, daß das Komitee CAP ANAMUR und »Médecins du Monde« eng zusammenarbeiten. Kurze Zeit später ruft auch schon der von Bernard offenbar instruierte Chairman des »Boat-People SOS-Committee« aus San Diego an: Prof. Dr. N. Xuonh, 5061 Mainard Street, San Diego/California, 92122, Tel. 6194574079. Er gratuliert mir zur CAP ANAMUR, will einen US-vietnamesischen Arzt an Bord unseres Schiffes schicken und eventuell ein TV-Team. Ich wiegele ab, erkläre, daß die Operation – trotz der schönen Zustimmung zehn Stunden von uns entfernt – immer noch mehr als schwierig ist.

Etwas fast Sensationelles, wenn auch ganz Kleines, hat sich in Bonndorf bei Freiburg ereignet. Dort haben einige nicht schwachbrüstige Firmen aus Südbaden erklärt, sie würden sich verpflichten, für gerettete Vietnamesen Aufnahmeplätze zu Verfügung zu stellen und gleichzeitig die Regierung in Stuttgart bitten, die noch schwebende Zusage auf 50 Aufnahmeplätze erneut wirksam zu machen. Stuttgart hatte uns ja in unsere Wohnstube vor drei Tagen getelext, es läge ein Mißverständnis vor, man habe uns die 50 Plätze nur für das Unternehmen »Jean Charcot« gegeben, nicht etwa für Ersaufende in diesem Jahr. Die »Badische Zeitung« enthält am 6. März 1986 immerhin eine Notiz:

»Mit konkreter Unterstützung baden-württembergischer Unternehmen kann das Komitee Deutsche Not-Ärzte/Cap Anamur für die »boat people« durch die Organisation »Wirtschaft hilft Hungernden« rechnen.

Seit ihrer Gründung im Jahre 1983 arbeitet die von ihrem Initiator Claus-W. Ruff gegründete Organisation »Wirtschaft hilft Hungernden« eng mit dem Komitee Not-Ärzte zusammen. Neben der direkten Vermittlung und Koordination technischer Hilfsgüter für die Ausstattung bestehender und neuer Hilfsprojekte will sich C.-W. Ruff, nach der Zusage von 50 Aufnahmeplätzen durch das Land Baden-Württemberg, um Arbeitsplätze und Wohnungen für Bootsflüchtlinge einsetzen.

C.-W. Ruff: Ich meine, daß es mit Aufnahmeplätzen allein nicht getan ist. Wir müssen einfach mehr tun, denn diese Menschen brauchen unsere Zuneigung und die Beharrlichkeit unseres Einsatzes. Nur in Verbindung mit einer Arbeitsaufnahme und dem direkten persönlichen Kontakt zu ihren Mitmenschen können wir die Eingliederung in die zunächst fremde Umgebung erleichtern.

Ich bin sicher, daß wir helfen können und etwas selbstverständlich Menschliches tun müssen.«

Ich bitte Claus Ruff, diese Notiz sofort Franz Alt zu schicken,

damit es vielleicht doch noch etwas mit einem kleinen Hinweis im nächsten SWF-»Report« am 11. März wird. Jochen Nuhn soll sich darum kümmern, ein erfahrener Journalist, der für das Komitee in der allerschwierigsten Anfangszeit auf dem Schiff war. Der Durchbruch wäre mit einem heftig-emotionalen Beitrag, mit den Bildern von Rettung und Erbarmen im Südchina-Meer, einem Stück des Films, den ich selbst aus Singapur mitgebracht habe von unserem neuen Schiff CAP ANAMUR II sowie den Bilderwänden in dem Hawkins-Camp in Singapur, wo ein großes Schiff neben dem anderen von den geretteten Vietnamesen mit großer Dankbarkeit auf die Häuserwände und Palisaden gemalt worden ist: Zeichen dafür, daß Schiffe wirklich das einzige Vehikel ist, das der Rettung dieser Menschen aus Seenot dient ...
Ich schreibe einen textgleichen Brief an alle Ministerpräsidenten außer den dreien, mit denen wir schon im Gespräch/Briefverkehr sind.

»Sehr geehrter Herr Ministerpräsident . . .,
wie Sie sicher wissen, hat das Komitee CAP ANAMUR/Not-Ärzte e.V. aus tiefer Sorge um so viele Ertrinkende und von Piraten erschlagene Vietnam-Bootsflüchtlinge im Südchina-Meer ein neues Schiff deutscher Flagge chartern können, das wir am 3. März 1986, 18.10 Uhr Singapur-Zeit, ins Südchinesische Meer geschickt haben. Die Kosten dieses Schiffes teilen wir uns mit den französischen Partnern des humanitären Rettungsunternehmens, den »Médecins du Monde«. Diese sind nicht nur dabei, die finanziellen Lasten mit uns zu tragen, sondern auch bei der französischen sowie der kanadischen und der belgischen Regierung Aufnahmeplätze für dieses zweite europäische Rettungsunternehmen zu erbitten. Dem ersten deutsch-französischen Schiff, der »Jean Charcot«, und dem von der französischen Regierung beigestellten militärischen Patrouillenboot (Aviso-Escorteur) »Victor Schoelcher« im Mai/Juni 1985 gelang es, 540 Menschen aus Seenot zu retten. Damals hatte sich nur das Bundesland Niedersachsen an den Folgelasten dieser Rettungsaktion

beteiligt, später kamen Nordrhein-Westfalen und auch Baden-Württemberg dankenswerterweise dazu. Die Aktion in diesem Jahr hat den gleichen humanitären Zweck: demonstrativ Menschenleben für eine begrenzte Zeit im Südchina-Meer zu retten. Und dies möglichst breit – auf europäischer Grundlage. Deshalb haben beide Organisationen auch Kontakte mit dem neuen Hochkommissar für die Flüchtlinge, Hocké, wie auch mit dem EG-Kommissar Claude Cheysson aufgenommen. Dieses Mal ist es ein Schiff deutscher Flagge: die MV »Regine« der Reederei Heinrich, die als Rescue-Vessel den Namen CAP ANAMUR II trägt. Wir möchten die Bundesländer auch auffordern, einmalig Aufnahmeplätze für dieses Rettungsunternehmen bereitzustellen.

Im vorigen Jahr hat Frankreich die Hauptlast getragen. Dieses Jahr sollten die deutschen Bundesländer in der Spitze derer sein, die etwas anbieten. Zumal sich die Bundesrepublik ja zurückhält, auch wenn man bedenkt, daß das segensreiche und für die kommerzielle Seeschiffahrt sehr hilfreiche RASRO-Programm (Rescue-at-Sea Resettlement Offer) zwar von allen westlichen Regierungen mitgetragen wird, nur – allein – von der Bundesrepublik nicht!

Ich darf Ihre Aufmerksamkeit auch auf einen interessebedingten Aspekt der Garantiefrage lenken. Wenn Sie uns Plätze für eine Anlandung in dem Transit-Camp in Puerto Princesa zur Verfügung stellen (konkret etwa alle Bundesländer eine Gesamtquote von – sagen wir – 600 Plätzen), dann würde das als Belastung der Bundesrepublik bedeuten: nur etwa 250 von diesen 600 von der CAP ANAMUR II geretteten Flüchtlinge würden in die Bundesrepublik kommen. Denn die übrigen gehen nach dem ordentlichen Interview- und Prüfungsverfahren durch die Refugee-Commissions in die USA, nach Kanada, Australien, Frankreich.

Last not least: Wir sind – wie im letzten Jahr – nicht unrealistisch und als humanitäre Arbeiter keine politischen Eunuchen. Deshalb ist das Schiff MV CAP ANAMUR II für vier Monate von der Reederei Heinrich gechartert. Es handelt

sich, klar gesagt, um eine demonstrative Aktion, die das Problem dieser armseligen Menschen wieder in unsere europäische Aufmerksamkeit zurückbringen soll ...
Mit freundlichen Grüßen und der Bitte um eine baldige Beratung dieser wirklich dringlichen Frage
Ihr

Aus den Gesprächen zwischen John Kenneth Galbraith und John F. Kennedy wissen wir, mit welch hinhaltendem Widerstand Kennedy die Einmischung in Vietnam begann: »Kennedy sagte mir öfter: ›Die Schweinebucht-Operation in Kuba lehrte mich eine ganze Menge. Das eine: niemals Generälen zu trauen, oder etwa dem CIA, und das zweite: das Amerikanische Volk will nicht, daß wir Amerikanische GI's benutzen, um ein kommunistisches Regime zu vertreiben, das etwa 90 Meilen von unserer Küste entfernt ist. Wie kann ich die Bevölkerung bitten, Truppen einzusetzen wegen eines kommunistischen Regimes, das 9000 Meilen von uns entfernt liegt?‹«
Dennoch, so streng und klirrend-klar so ein Satz zu sein schien, auch ein Kennedy war nicht in der Lage, seine eigenen Entscheidungen unabhängig von der Generalität und dem CIA zu machen. Galbraith berichtet dann eine Episode, die wieder den unauflösbaren Widerspruch zwischen Erkenntnis und Interesse in dem Leben eines intelligenten Politikers und Staatsmann freilegt und seziert wie auf dem Operationstisch. Galbraith hatte in vielen Gesprächen — damals war er Botschafter der USA in Indien, hatte also Kenntnisse aus der Region — Kennedy davon zu überzeugen versucht, daß Vietnam einen massiven Einsatz von US-Waffen und Soldaten nicht wert wäre.

Wie ist das mit den Cargo-Schiffen, ihren Reedern und ihren Kapitänen, wie steht es um ihre Bereitschaft, etwas im Südchina-Meer zu tun? Nach unserer Anzeige zu Weihnachten 1985 im »Spiegel« hat sich der deutsche Reederverband mit einem Schreiben an uns gewandt und der üblichen Bemerkung,

daß alles nicht wahr sei. Was? Daß deutsche Schiffe eben sehr wohl ihre »selbstverständliche Menschen- und Seemannspflicht« erfüllen, obwohl solche Aussage dem widerspricht, was jedermann in den Häfen von Singapur, Manila, Hongkong und Bangkok hören kann – wenn er nur will. Kapitän Max Behrens von unserer CAP ANAMUR II macht da keine Ausnahme. Die Geschichten sind Legion: »Hast du was gesehen? Ist da was gewesen?« fragt der Kapitän den Ersten Offizier, der ganz aufgeregt ankam, nein, »wir haben hier gar nichts gesehen!«
Es hat allerdings drei von deutschen Reedern erworbene Schiffe gegeben, die neben der »Anja Leonhardt« vietnamesische Bootsflüchtlinge in Seenot aufgenommen haben – insofern hat der Reederverband recht, wenn er uns vorhält, daß es nicht nur die MS »Anja Leonhardt« war. Da gab es am 31. 5. 1983 das von den DAL, den »Deutschen Afrika-Linien« betreute Schiff »Helvetia«, das – mit der »Billig-Flagge« Panamas ausgerüstet – 38 verzweifelte Menschen aufnahm, die nicht mehr weiterkonnten.
Da gab es – ebenfalls von jener DAL – die »Invicta«, Panama-Flagge, die am 1. August 1984 43 Flüchtlinge bergen konnte. Und gut einen Monat später, am 29. 9. 1984, war es ein von der Hapag-Lloyd ausgerichtetes Schiff, die »Scandutch Edu«, das 42 Flüchtlinge an Bord nahm. Letzteres Schiff heißt übrigens normalerweise »Tokyo Express« und fährt Container im Ostasien-Liniendienst der Hapag-Lloyd AG.
Dr. Kröger, der als Endunterzeichner des Briefes für den »Verband deutscher Reeder« steht, fügt seinem Schreiben vom 2. Januar noch ein pathetisches Appendix hinzu: »Erlauben Sie uns eine zusätzliche Amerkung: Für Kapitäne, Seeleute und Reeder gehört es zu den selbstverständlichen Verpflichtungen, in Not geratene Personen auf See zu helfen. Dieser Ehrenkodex ist nicht nur Teil internationaler Abkommen, die auch für deutsche Schiffe verbindliches Recht darstellen, er ist in der Seeschiffahrt über Jahrhunderte gewachsen.«
Solches Pathos ist natürlich nichts weniger als peinlich. Der Brief des Verbandes erwähnt die 200 Flüchtlinge (verdächti-

gerweise schön »rund 200«), die von 1983 bis 1985 von deutschen Versorgungsschiffen der VTG gerettet wurden. Diese Flüchtlinge sollen ja, Gerüchten zufolge, nicht den üblichen Weg über die Disero- oder RASRO-Quote gehen, sondern einen *Spezialweg*. Man spricht davon, daß die Ölgesellschaften ein spezielles Arrangement und sogar eine Insel haben, auf der sie diese Flüchtlinge abgeben können.

Aus den Schiffahrtslinien ist unschwer zu erfahren, daß die Frachter meist in einem Bogen von Singapur auf Hongkong zu fahren, also wohlweislich nicht die Hauptroute durch das Südchina-Meer wählen.

Antony gibt mir die Liste der kommerziellen Schiffe durch, die 1985/1986 nach Singapur mit Flüchtlingen an Bord einliefen, mit der Angabe des Datums, des Schiffsnamens und der nationalen Flagge − wobei wir in Singapur erfuhren, daß nunmehr sogar Griechenland zu den Staaten gehört, die Teilnehmer am RASRO-Programm sind.

Datum	Schiff	Anzahl der Flüchtlinge	Nationale Flagge
08. 01. 1985	MV Bow Elm	63	Norwegische Flagge
02. 05. 1985	MV Kansas Getty	23	Bahamas-Billig-Flagge
19. 05. 1985	MV Emalina	14	Britische Flagge
20. 05. 1985	MV Berge Sisli	44	Norwegische Flagge
24. 05. 1985	MV Chaumont	46	Französische Flagge
30. 05. 1985	MV Dynamikos	18	Griechische Flagge
02. 06. 1985	MV Danawe	43	Philippinische Flagge
20. 06. 1985	MV Kowloon Bay	23	Britische Flagge
23. 06. 1985	MV Kriti Rubi	58	Griechische Flagge
30. 06. 1985	MV Andromeda	20	Griechische Flagge
04. 07. 1985	MV Horsing Arrow	50	Panama-Billig-Flagge
15. 07. 1985	MV Fairload	17	Niederländische Flagge

18. 07. 1985	US Ponchatula	69	US-Flagge
18. 07. 1985	MV Gimi	27	Liberia-Flagge
21. 07. 1985	Lng Capricon	45	US-Flagge
23. 07. 1985	MV Hoegh Dene	3	Norwegische Flagge
01. 08. 1985	MV Lucjan Sznwald	31	Philippinische Flagge
05. 08. 1985	MV Dorthy Maersk	16	Dänische Flagge
12. 08. 1985	MV Smith Colombo	15	Bahamas-Flagge
16. 08. 1985	MV Hinglai	7	Pakistanische Flagge
28. 08. 1985	MV Majapahit	11	Indonesische Flagge
07. 10. 1985	MV Hual Karinita	23	Norwegische Flagge
08. 10. 1985	MV Korrigan	11	Französische Flagge
10. 10. 1985	MV Vaigai	2	Singapur-Flagge
16. 10. 1985	MV White Excelsior	6	Liberia-Flagge
22. 10. 1985	MV Nedloyd Delft	11	Niederländische Flagge
25. 10. 1985	MV Hoegh Sword	84	Norwegische Flagge
30. 10. 1985	MV Majapahit II	17	Indonesische Flagge
09. 11. 1985	MV Albert Maersk	92	Dänische Flagge
21. 12. 1985	MV Sirichai Bulakul	2	Thai-Flagge
03. 01. 1986	MV Sea Tide	63	Griechische Flagge
20. 02. 1986	MV Stellaris	53	Liberia-Flagge

Diese Liste zeigt wieder einmal, wie wenig hilfreich die alten Geographie-Kenntnisse sind, wie wenig hilfreich es ist, von Monsun-Zeiten und Nach- oder Vormonsun-Zeiten zu wissen. Denn »eigentlich« müßte das Wetter jetzt schon sehr gut, die See spiegelblank und durch kaum ein Lüftchen getrübt sein. Realität ist aber, daß wir rauhen Wind schon bei den Umbauten in Singapur sowie jetzt bei den ersten Schritten der neuen Operation mit unserer CAP ANAMUR II hatten und haben. So müssen wir dem alten Prinzip folgen, nachdem es immer gut ist, mit einem Schiff aus Singapur zur Hilfe hinauszugehen – völlig unabhängig von den Wind-Wetter-Monsun-Gezeiten ...

Heftige Gespräche an Bord über das Thema, das immer wieder auch die Gemüter in der Bundesrepublik bewegt: Wieviel von den Spenden kommt an, wieviel geht unterwegs verloren – einmal bei uns in die Taschen der Apparate, dann bei den Regierungen und den Beamten vor Ort, die irgendwie und irgendwo alle mehr oder weniger geschmiert sein wollen.

Die MV »Regine«, die jetzt schon unsere CAP ANAMUR II geworden ist, war kurz vor diesem Einsatz als Rescue-Vessel in Chittagong/Bangladesh, dem Dritte-Welt-Land, das durch die Streitschrift von Brigitte Erler (»Tödliche Hilfe«) traurige Berühmtheit erreicht hat. »Furchtbar«, sagt Kapitän Max Behrens nur, wenn er von den Bangladesh-Erfahrungen berichtet. Und der Reeder Claus Heinrich ergänzt: 10 000 Dollar hat er einem Offizier seiner Reederei mitgegeben – »zum Verteilen«, sonst würden die Kosten wegen der Verzögerungen beim Ausklarieren und Löschen des Schiffes durch die Hafenbehörden noch viel höher ausfallen. Claus Heinrich: Man könne gar nicht beim obersten Boß der Hafenbehörde anfangen, man werde ganz nach unten an die erste Treppenstufe verwiesen, und wenn man diesen Kafka-Behörden-Palast bis ganz nach oben bis hin zum Boß abgeklappert habe, sei man die 10 000 Dollar mühelos und sinnvoll losgeworden. Beim Boß kriegt man dann meist einen Kaffee . . .

Max Behrens ist natürlich auch aufgefallen, daß diese Beamten so wenig verdienen, daß sie sich irgendeine Nebenbei-Erwerbsquelle zulegen müssen. Das ist das in der ganzen Dritten Welt grassierende Incentives (= Anreize)-System, mit dem die Regierungen und Staaten rechnen und kalkulieren. Die schlecht- oder miesbezahlten Funktionäre müssen sich den fehlenden Rest ihres Gehalts über die Korruptionsgelder hereinholen. Doch Korruption ist ein häßliches Wort. Und diese einfachen kleinen Beamten sind doch nicht korrupt in dem Sinne, wie wir sagen, der Flick-Prozeß ist ein Korruptions-Prozeß oder der gestürzte Diktator der Philippinen, Ferdinand Marcos, oder Baby Doc Duvalier, der Tyrann der Republik Haiti, seien korrupt. Sagen wir also, so schlage ich in der

Offiziers-Messe der Cap Anamur II vor, sagen wir doch einfach *»Corriger la fortune«,* was die einfachen Beamten-Schlucker in Chittagong oder Lagos oder Mogadischu tun, ist: Sie verändern die Gebühr zu ihrem Glück und ihren Gunsten – ein wenig!
Friedrich Drenkhahn weiß allerdings von 44 Tagen Wartezeit der MV »Calypso« zu erzählen, vierundvierzig Tage habe sie untätig und mit Charterkosten von DM 9000,– netto in Port-Sudan mit einer Getreidelieferung für »Band Aid« gelegen. 44 Tage konnte das Schiff dort nicht entladen werden, das macht für den Charterer, also die Hilfsorganisationen »Band Aid«, 44 mal 9000 Mark reine verschwendete Kosten! »Band Aid« ist aus dem großen internationalen Africa-Aid-Concert mit Bob Geldorf entstanden. Es wird bei »Band Aid«, bekommen wir an Bord mit, nicht gerade sehr kostensparend gearbeitet. Einmal sei das Schiff sechs Tage in einem Hafen Englands oder in der Normandie in La Palice nur deshalb liegengeblieben, weil von oben aus einem Hubschrauber noch Fernsehaufnahmen hätten gemacht werden sollen, wegen Nebels diese Aufnahmen aber erst sechs Tage später erfolgen konnten. Diese Kleinigkeit kostete den Spender aber auch schon nach Adam Riese genau DM 54 000,–. Haben oder nicht haben – für das Komitee wäre es viel Geld. Das Geheimnis unseres Erfolges ist, daß wir nie aufhören, sparsam zu sein. Christel Neudeck sagt immer: Wenn sie das erste Mal für einen Komiteeflug die normalen Preise zahlt, hört sie mit der Arbeit auf. Dann hört auch das Komitee auf.

Am 11. März bin ich abends in Hagen/Westfalen. Überall versuche ich, das Schiff zu erklären und die humanitäre Dringlichkeit. Auch habe ich mich doch entschlossen, das Telex der baden-württembergischen Landesregierung vom 4. März, einen Tag nach dem Auslaufen der Cap Anamur II, zu beantworten. Staatssekretär Matthias Kleinert hatte für das Staatsministerium Baden-Württembergs getelext:

886314 anam d
04.03.86 16.34 uhr

staatsministerium   04.03.1986
baden-wuerttemberg

-der staatssekretaer-

herrn
dr. rupert neudeck
komitee cap anamur
kupferstr. 7

5210 troisdorf/koeln

sehr geehrter herr dr.neudeck,

presseberichten haben wir entnommen, dass ab anfang maerz 1986
ein vom ''deutschen komitee not-aerzte - cap anamur'' gechartertes schiff im suedchinesischen meer und vor der kueste
von vietnam nach fluechtlingen suchen werde. baden-wuerttemberg werde dafuer 50 aufnahmeplaetze zur verfuegung stellen.

es muss sich dabei um einen irrtum handeln, den ich mir erlaube
aufzuklaeren. mit schreiben vom 15. juli 1985 hatte ihnen herr
ministerpraesident spaeth mitgeteilt, baden-wuerttemberg sei
aus humanitaeren gruenden bereit, 50 von dem franzoesischen
schiff ''jean charcot'' gerettete bootsfluechtlinge aufzunehmen.
diese aufnahmezusage bezog sich auf die ''jean charcot''. herr
ministerpraesident spaeth hat dies in seinem brief vom 23. juli
1985 noch einmal klargestellt und ich habe diese auffassung in
meinem schreiben vom 18. september 1985 bekraeftigt.

baden-wuerttemberg wird sich nach wie vor an gemeinschaftlich
abgestimmten aktionen des bundes und aller laender beteiligen.

mit freundlichen gruessen

matthias kleinert

+++

886314 anam d
722207 stami d

Darauf setze ich mich am frühen Morgen des 11. März hin und klappere folgenden Text in den Telex-Kasten:

```
staatsministerium baden-wuerttemberg

komitee cap anamur, 11.3.86

staatsministerium baden-wuerttemberg
herrn matthias kleinert, staatssekretaer

sehr geehrter herr staatssekretaer,
dank fuer ihr telex vom 4.3. in der tat ist die cap anamur
ausgelaufen.

ich akzeptiere: die landesregierung kann entscheiden, uns 50
plaetze fuer ertrinkende zu geben und diese plaetze nur fuer
ersaufende reservieren, die in der zeit vom 1. mai bis 31. mai
durch die jean charcot gerettet wurden.

aber da sie schreiben, sie haetten das aus 'humanitaeren
gruenden' getan, kann ich es weder verstehen noch akzeptieren.
sie koennen einmal gegebene plaetze aus 'humanitaeren gruemnden'
nicht den ertrinkenden des jahres 1986 verweigern, w e n n  ihre
entscheidung eine aus 'humanitaeren gruenden' war.
mit freundlichem gruss
dr. rupert neudeck
komitee cap anamur not-aerzte e.v.
```

Das einzige, was ich in meiner Ungeduld jetzt schon die Tage vom 7. März an bis heute, den 11. März, von Antony Selvam aus Singapur höre: »The Captain has said the sea is very rough and the wind very strong...« — »Der Kapitän hat gesagt, die See ist sehr rauh und der Wind sehr stark...«
Vielleicht muß ich zwischendurch Order geben, daß das Schiff dann in den Golf von Thailand geht?
Am 11. März 1986 kommt ein Brief des Ministerpräsidenten Johannes Rau an, ich erkenne den typischen kleinen Umschlag der Landesregierung in Düsseldorf. Da ich sofort zu einer Pressekonferenz nach Bonn flitzen muß, packe ich den Brief in die Tasche, hole ihn erst nach 15.00 Uhr heraus. Jubel, Freude — Rau hat uns die 100 Aufnahmeplätze mit Brief vom 7. März auch für dieses neue Rettungsunternehmen gegeben. Ich hatte den Umschlag mit etwas Beklemmung geöffnet, denn Rau hätte sich auch stur stellen können, das hat er nicht getan.

»Ich bin nun bereit, über Ihre damalige Erklärung hinaus diese 100 Aufnahmeplätze auch für die jetzt von Ihnen geplante neue internationale Aktion des Schiffes CAP ANAMUR II zur Verfügung zu stellen.
Ich bin mir bewußt, daß bei dem Ausmaß des Flüchtlingselends und im Blick auf die Vielzahl von Familienzusammenführungen, diese Zusage nur ein Zeichen sein kann, das für mehr Menschlichkeit im Umgang mit Flüchtlingen und Ausländern stehen soll. So war auch meine Zusage aus dem vorigen Jahr gemeint.«

Deshalb hat das ordentliche Büro Raus auch die Briefe und die Daten der Briefe aufgelistet, mit denen Rau im letzten Jahr seine Zusagen gab – 23. Juni – und wieder einschränkte und eingrenzte – 13. August 1985 . . . Rau weiter:
»Ich schreibe auch Frau Kollegin Matthäus-Maier in diesem Sinne, die mich über Ihren Brief an Sie unterrichtet hat. Eine solche eindeutige Zusage des Landes kann nur eine einmalige Ausnahme sein. Wir sollten gemeinsam nichts unversucht lassen, daß Ihr neues Rettungsunternehmen doch noch von einer abgestimmten Gemeinschaftsaktion des Bundes und aller Bundesländer getragen wird.«

Eine Nachricht macht die Runde, die in fast allen Zeitungen steht: »Kostenerstattung an deutsche Reederei für Rettungsaktion im Südchinesischen Meer.« Die Reederei der »Anja Leonhardt«, die im Oktober 1985 110 Vietnamflüchtlinge aus Seenot aufnahm, bekam die bei der Rettungsaktion entstandenen Mehrkosten vom UNHCR voll zurückerstattet. Am 24. Oktober 1985 hatte die Besatzung des in Singapur registrierten Hamburger Frachters die Flüchtlinge etwa 300 km südlich von der vietnamesischen Küste aus Seenot gerettet und an Bord genommen. Der Kapitän Manfred Schander hat später mehrfach die unvergleichlich jämmerliche Überlebenssituation der 110 Menschen beschrieben: Sie seien zu diesem Zeitpunkt ohne Trinkwasser und Nahrungsmittel in einem offenen, sechs

Ausguck nach Flüchtlingsbooten. v. l. Kapitän Max Behrens, Krankenschwester Marlies Winkler und Ärztin Dr. Uda Shibata.

Meter langen Boot getrieben. Die MV »Anja Leonhardt« der Reederei Leonhardt und Blumberg brachte die 110 Flüchtlinge vier Tage später in Manila an Land, nachdem der Zielhafen in Taiwan die Übernahme für Transitzeit verweigert und die Bundesregierung durch die Anforderung möglichst des Personenstandregisters jedes einzelnen der 110 Menschen den Übernahmeprozeß erheblich gefährdet hatte. Hussein Khane vom UNHCR in Singapur berichtete davon, daß zu Beginn noch gar nicht genau feststand, ob diese Flüchtlinge problemlos übernommen werden würden, weil ja das deutsche Schiff keine deutsche Flagge führte . . .

Am 18. März 1986 um 10.00 Uhr tickert aus Singapur die überlebenswichtige Meldung ein:

»att.rupert
cap anamur II
vessel picked up 50 refugees at 3 hrs today. position 08.40
north 108.12 east. conditions of refugees are average.
best regards antony.«

Damit hat das Schiff zum ersten Mal seit zehn Tagen etwas, was ich mich immer noch scheue einen Erfolg zu nennen. Was mir aber wieder leichter wird, wenn ich die Meldung wahrnehme, die genau an diesem Tage unseres ersten »Erfolges« durch die Gazetten geht:

»Mord und Vergewaltigung: Piraten vor Vietnam immer brutaler. Bangkok (dpa), 18. 3. 1986. Piraten im Golf von Thailand – so erklärt das UN-Flüchtlingskommissariat – verlegen sich immer mehr auf die Vergewaltigung und Entführung von Frauen auf vietnamesischen Flüchtlingsbooten. Dies geschehe, so der UNHCR weiter, wegen der immer geringer werdenden Aussicht auf Beute unter den Flüchtlingen.
Es sei inzwischen soweit, daß fast die Hälfte aller vietnamesischen Flüchtlingsfrauen im Alter zwischen 11 und 40 Jahren mit Vergewaltigung und Entführung noch vor Erreichen der thailändischen Küste rechnen müßte.« In den meisten Fällen ende die Entführung mit dem Tod der Frauen – 1985 hätten von 72 entführten Flüchtlingsfrauen nur 38 überlebt. In den ersten Jahren der großen Flüchtlingswelle seien die Piraten hauptsächlich auf materielle Beute aus gewesen, doch sei dieses Motiv in letzter Zeit zurückgegangen. »Trotz Unterstützung durch thailändische Fischer seien im vergangenen Jahr 60 Prozent der Flüchtlingsboote angegriffen worden. Ein von der UNO finanzielles unterstütztes Anti-Piraten-Programm der thailändischen Regierung habe noch keine nennenswerte Wirkung gezeigt.«

Am 18. März komme ich von einem Drei-Tage-Trip aus dem Sudan zurück. Wir haben mit unseren Notärzten vor Ort die

Situation der beiden Projekte besprochen, die von Khartoum aus betreut werden. Ich war mit den Vertretern der äthiopischen Befreiungsbewegung EPDM und der ERO (Ethiopean Relief Organization) zusammen, wir hatten ernste und schwierige Gespräche, aber waren im letzten doch einig, daß es um das Überleben von so vielen – etwa einer Million – Menschen im Norden der äthiopischen Provinz Wollo geht, die dabei sind, in der Wüstenregion zu verdursten und zu verhungern und denen wir auch, wie den Bootsflüchtlingen auf dem Meer, die allererste Hilfe bringen müssen: CAP ANAMUR zu Lande ...
Die Afrika-Relief-Situation wird immer mehr von der Konkurrenz und dem Besitzstanddenken der humanitären Organisationen bestimmt. Alle wollen dort die humanitären Ehren weiter einheimsen, die es zu gewinnen gilt. Die italienische Regierung hat jetzt ein Programm mit 150 Millionen Dollar aufgelegt, das schon mit eindeutiger italienischer Lieferbindung bis zu Ende 1986 implementiert werden soll. Es sieht die Schaffung einer Asphaltstraße von El Facher nach El Geneina vor, eine Straße, auf der alle drei Tage einmal ein Auto fahren wird, weil es weder Autos noch Benzin dort in der Gegend gibt. Die Italiener werden auch Computer und *highsophisticated technology* ins Land bringen, von der sogar der deutsche Botschafts-Attaché Gabelmann sagt, daß sie in einem Dreivierteljahr brachliegen wird. Es sollen, so lese ich in Khartoum, fünf Millionen Sudanesen vom Hungertod bedroht sein. Aber wo diese Menschen sich befinden sollen, weiß niemand. Die FAO hat ein Programm mit 500 000 Tonnen Nahrungsmittel aufgelegt, wovon 160 000 im Lande aufgekauft werden sollen. Über den dicken Vertreter der Organisation in Khartoum mokiert sich alle Welt. Saouma, Monarch der großen Ernährungs- und Landwirtschaftsorganisation der UN, hat erklärt, man wolle das »early warning system« verbessern, besser müßte man das »early warning food assistance stopping system« verschärfen.

Am 19. März haben unsere Leute an Bord ausgezählt: Es sind

doch nicht runde fünfzig, die man gerettet hatte. Man hat 47, in Worten: siebenundvierzig Menschen retten können. »29 Männer, 8 Frauen, 10 Kinder.« So tickert es Antony durch. Unser Fernsehteam an Bord braucht Material, es wird wahrscheinlich viel gedreht haben in der ganzen Zeit: 10 Rollen à 122 Meter Fuji ax 8534, 10 Rollen à 122 Meter Fuji à 8521, 15 Leerbuchsen mit Schwarzpapier. Allerdings habe ich noch keine Vorstellung, wie man das Material an Bord bringen will: Niemand berücksichtigt, bevor er nicht selbst die Erfahrung auf dem Südchinesischen Meer gemacht hat, die Unendlichkeit des Meeres, die ozeangleiche Größe. Selbst wenn die Firma Macropus-Film, die den Film an Bord des Schiffes jetzt realisiert, einen Hubschrauber bezahlt, der auf das Schiff fliegen soll, sie müßte auch noch drei Tage das Schiff bezahlen zum Preis von DM 24 000,– (ein Tag kostet DM 6000,– Charter plus DM 2000,– Bunker), weil das Schiff in seinem Suchgebiet von einem Hubschrauber gar nicht zu erreichen ist.

Franz Alt hat den Spieß gegen seinen Südwestfunk-Fernsehdirektor wieder umgedreht. Auch er liebt die journalistische Tugend der List, die so sehr außer Gebrauch gekommen ist. Als in der letzten Woche für »Report« der Ein-Minuten-Spot abgenommen und die leidige Frage wieder erörtert wurde: Kontonummer oder nicht Kontonummer, kam Dieter Ertel, Südwestfunk-Fernsehdirektor, auf eine neue Version. Das sei ja nicht mal ein Beitrag, sondern ein Spot, deshalb könne es da nun allemal nicht die Kontonummer geben – zumal er schon so viel Ärger und Schwierigkeiten gehabt habe, die Kontonummer-Einblendung für UNICEF in der letzten »Auf los geht's los«-Sendung von Joachim Fuchsberger durchzukriegen. Gut gebrüllt, das Argument läßt sich trefflich umkehren: Machen wir also flugs einen Beitrag.

Da das Magazin »Report« zwischen dem 14. April und dem 27. Juni keine Sendung hat – der Mai fällt in der Bundesrepublik in ein Politik-Loch wegen der Fußballweltmeisterschaft in Mexiko –, kommt als Termin für einen Beitrag eigentlich nur der 15. April in Frage. Deshalb müßte das Schiff so in einen

Hafen zurückkommen, daß die Entwicklung des Filmmaterials noch möglich wäre. Das darf ich aber denen an Bord nicht erzählen, weil die dann ganz zittrig werden...

Es gibt Unterstützung von einer Seite und aus einer Ecke, von der ich das nicht erwartet habe. Die »Soziale Ordnung«, das Blatt der CDA, der Christlich-demokratischen Arbeitnehmer, hat einen deftigen »Es muß geholfen werden«-Artikel auf zwei ganzen Seiten plaziert, mit dem Bild der Cap Anamur und einem Fluchtboot, das gerade untergeht mit schwimmenden Leuten auf dem Wasser. Dazu steht in Großbuchstaben, unübersehbar, diese Geschichte einer Flucht:
»Das Boot verließ Vietnam mit 30 Menschen an Bord am 7. Juni um 6 Uhr nachmittags. Es war 10 Meter lang und 2,40 Meter breit, ein Flußboot, nicht seetüchtig. Während der folgenden zehn Tage sahen sie 9 Schiffe. Manche fuhren in nicht einmal 20 Meter Entfernung vorbei, ohne ihnen zu helfen. Niemand nahm sie auf. Am 24. Juni beging ein junger Mann namens Hoang voller Verzweiflung Selbstmord. Er sprang über Bord. Er war 20 Jahre alt. In der nächsten Nacht starb ein weiterer Junge, Tuc, 15 Jahre alt. Am Nachmittag des 25. Juni starb Long, 11 Jahre alt.
Am Abend schnitten drei junge Männer Longs Leichnam auf, das Blut wurde den Überlebenden zum Trinken gegeben. Eine Frau und ihr Ehemann weigerten sich zu trinken. Ungefähr ein Fünftel des Fleisches wurde verwendet, um eine Reissuppe daraus zu kochen. Am nächsten Tag, als der Hunger etwas geringer war, schämten sie sich schrecklich über das, was sie getan hatten. Sie warfen das, was von dem Leichnam übrig geblieben war, über Bord.
Am 26. Juni, morgens, starb Longs Bruder Thuy, 13 Jahre alt. Dann starben drei der Kinder des Bootsbesitzers: Hao, 12 Jahre alt, Hung, 10 Jahre alt, und Hoa, 8 Jahre alt. Ein Mädchen mit Namen Na, 14 Jahre alt, half dem Bootsbesitzer, seine Kinder in Kleider zu hüllen und in der See zu begraben.

Dann sprang sie plötzlich über Bord und beging Selbstmord. Am 27. Juni starb Thi, der das Boot steuerte. Er war 28 Jahre alt.
Am gleichen Tag, eine Stunde später rettete ein griechischer Frachter die 21 Überlebenden. Einer von ihnen, Khoa, starb an Bord des Frachters in der folgenden Nacht«

(Bericht des Flüchtlingskommissars der Vereinten Nationen, September 1985)

Aus den Vereinigten Staaten zurück, gerade am 3. April 1986 um 18.30 Uhr auf dem Flughafen Charles de Gaulle mit der wunderbaren, zehn Stunden lang fliegenden Air-France-Maschine gelandet, erfahre ich durch Anruf bei der Komitee-Cap-Anamur-Zentrale (was auf gut deutsch ja einfach immer heißt, bei meiner Frau Christel Neudeck) die neue gute Nachricht: Baden-Württemberg hat zugestimmt, nimmt die fünfzig geretteten Flüchtlinge. Wir haben damit nicht nur die 150 Plätze, humanitärpolitisch ist das natürlich noch viel wichtiger. Johannes Rau, SPD, größte Landesregierung, ein Nordland der Bundesrepublik, geht jetzt bei der Frage der Gewährung von Aufnahmeplätzen Hand in Hand zusammen mit Lothar Späth, CDU, großes Südland der Bundesrepublik. Die Kalkulation – das darf ich ja sagen – ist aufgegangen. Die beiden Staatskanzleien haben wirklich der großen Öffentlichkeit nicht verständlich machen können – und haben deshalb den Versuch erst gar nicht unternommen –, ihren Vorbehalt gegen die Verwendung der 100 Plätze aus der »Jean-Charcot«-Aktion auf die diesjährige geltend zu machen.
Ich bin »erschlagen«, *crevé,* wie Joelle Eisenberg von den »Médecins du Monde« sofort sieht, als sie mich in Paris Roissy abholt. Deshalb ruft sie schnell bei Bernard Kouchner an, zitiert ihn zum Gare du Nord, von wo aus ich den Rück-Zug von Paris nach Köln antreten werde – und das möglichst früh. Sie, Joelle, erzählt mir im Auto, daß sie etwas deutsch sprechen kann, weil ihre Mutter Jüdin war, eine deutsche Jüdin aus Straßburg, daß die Familie bei Ausbruch des Krieges erst nach

Frankreich in den Untergrund gegangen ist, daß die Eltern jetzt beide in Israel sind . . .
Wir sprechen über Antisemitismus und wie er nicht ausrottbar erscheint, zumal in einem Land wie Polen. Was auch zu Abneigung bei Juden in Israel gegenüber Polen geführt hat.
»Als ich meinen Eltern in Israel am Telefon erzählt habe, daß wir mit den »Médecins du Monde« vor der polnischen Botschaft in Paris gegen die Machtübernahme des Generals Jaruzelski protestiert und demonstriert haben, haben sie fassungslos am Telefon gesagt: ›Was, ihr habt für die Polen demonstriert?‹«
Bernard kommt mit seiner Honda angebraust – er fährt seit einiger Zeit Motorrad, das ist der neue Chic der Pariser jungen humanitären Avantgarde, aktiv, frisch, jung, ohne jede Ermüdungs- und Alterserscheinung –, berichtet und sprudelt wie ein Wasserfall: Der zuständige Abteilungsleiter im Kabinettsbüro des neuen Ministerpräsidenten ist Maurice Ulbrich. Mit dem hat Bernard einen Termin für Montag, den 7. April, 18.30 Uhr ausgemacht. Als er ihn auf die Dringlichkeit von Aufnahmeplätzen angesprochen hat, habe Monsieur Ulbrich in dem selbstsicheren Ton des alten Kolonialfranzosen gesagt: »Monsieur, vous savez, je suis un vieux indochinois et je peux vous assurer que nous faisons quelque chose« – »Monsieur, Sie wissen, ich bin ein alter Indochinese, und ich kann Ihnen versichern, wir werden irgend etwas machen.«
Bernard ist ganz sicher, daß etwas passiert. Ich, der Deutsche, bin natürlich wieder skeptisch. So teilen sich die Rollen immer wieder auf. Die Franzosen, das mag ich so an ihnen, haben immer diesen Schuß Begeisterung und Enthusiasmus im Leibe, der einem so schön weiterhilft, einfach durch die Eigendynamik einer solchen Begeisterung. Und dagegen wir Deutsche mit unserer »gegenhaltenden« Skepsis, mit der wir das zweifelhafte Vergnügen haben, meist recht zu behalten, aber auch das sehr zwiespältige Bild des immerwährenden Miesmachers abgeben . . . Wird die französische Regierung übersehen, daß die deutsche Bundesregierung nicht wie die französische im letzten

Jahr aus Anlaß der »Jean Charcot« beherzt 300 Plätze dediziert hat? Sieht sie nicht, daß die Deutschen zunächst mal für ein Schiff deutscher Flagge ähnlich viel Plätze zur Verfügung stellen sollten wie die französische 1985? Bestellt hat Bernard Kouchner 300 Plätze, er hat aber geflunkert und gesagt, daß es von deutscher Seite ähnlich viele seien ...

Keine neue Rettungskation mehr seit dem 2. April, als die 64 an Bord geschleppt wurden. Statt dessen meldet sich der Bundesaußenminister persönlich. In der Nacht vom Freitag (4. 4.) auf den Samstag (5. 4.) hat das Auswärtige Amt das Telex an unser Troisdorfer Komitee durchgegeben ...
Der Text, den wir da auf nüchternen Magen frühmorgens beim Frühstück lesen können, ist ein ausgebufft politischer Text, der Bände spricht für den innenpolitischen Kampf in der Asyl- und Menschenrechtsfrage zwischen 1. dem Auswärtigen und dem Innenministerium, 2. zwischen Genscher und Zimmermann, 3. zwischen FDP-Liberalen und CSU-Rassisten. In dem Telex heißt es (siehe Faksimile auf S. 68): Die beiden Botschaften Singapur und Manila sind bereits in den Prozeß eingetreten, »die für die Transitaufnahme der von den Ländern Nordrhein-Westfalen und Baden-Württemberg übernommenen 150 Seenotflüchtlinge erforderliche Aufnahmegarantie der Bundesregierung gegenüber der Regierung des Gastlandes abzugeben.« Da Singapur nicht in Frage kommt, wird es auch dieses Mal um die Philippinen-Insel Palawan gehen. Dort sei »ausreichend Platz für die Flüchtlinge vorhanden«, als ob es nur um diese Frage gehe. Dann heißt es sehr klar und gezielt in dem Telex, und man soll die Worte wägen:

»Ich hoffe, daß die Rettungsaktion der Cap Anamur II, für die sicher auch gute Gründe humanitärer Art sprechen, zur Linderung des Flüchtlingselends im Südchinesischen Meer beitragen kann. Leider blieben die auf meine Bitten hin unternommenen Bemühungen des Bundesinnenministeriums, weitere Aufnahmen bei den Ländern zu erreichen, bislang ohne Erfolg.«

```
886314 anam d
886591c aabn d
05.04.1986  07.15


edv:6435,04.04.86, te 886314 anam d

aus: bonn aa
nr 0501 vom 04.04.1986,2030 oz
an: te 886314 anam d
--------------------------------
fernschreiben (offen)
eingegangen:
--------------------------------
  herrn dr. ruppert neudeck
  vorsitzender des komitees
  cap anamur - initiativen deutscher notaerzte e.v.
    sehr geehrter herr dr. neudeck,
  fuer ihr fernschreiben vom 28.03.1986, in dem sie um
  die einschaltung der botschaften singapur und manila in
  die rettungsaktion der cap anamur roem. 2 bitten,danke
  ich ihnen.
    die beiden botschaften haben inzwischen weisung
  erhalten, die fuer die transitaufnahme der von den laen-
  dern nordrhein-westfalen und baden-wuerttemberg ueber-
  nommenen einhundertfuenfzig seenotfluechtlinge erforder-
  liche aufnahmegarantie der bundesregierung gegenueber
  der regierung des gastlandes abzugeben. da nach auskunft
  der botschaft singapur die dortige regierung einen
  zwischenaufenthalt von fluechtlingen aus rettungsschiffen
  grundsaetzlich ablehnt, wird voraussichtlich nur das
  fluechtlingslager in palawan - philippinen - als
  transitaufenthalt in frage kommen. die botschaft manila,
  die in diesem zusammenhang mit dem un.hcr in verbindung
   steht, berichtet, dass dort ausreichend platz fuer die
  fluechtlinge vorhanden ist.
    ich hoffe, dass die rettungsaktion der cap anamur
  roem. 2, fuer die sicher auch gute gruende humanitaerer
  natur sprechen, zur linderung des fluechtlingselends im
  suedchinesischen meer beitragen kann. leider blieben die
  auf meine bitte hin unternommenen bemuehungen des bundes-
  innenministeriums, weitere aufnahmen bei den laendern zu
  erreichen, bislang ohne erfolg.
  mit freundlichen gruessen
  hans-dietrich genscher
  bundesminister des auswaertigen
```

Franz Alt wird entweder in seiner Sendung etwas machen, womit es dann auch zu einem weiteren Durchbruch kommen kann, oder nicht. Schon wieder erlebe ich, daß Schicksal gespielt wird von uns Journalisten: Kommt es zur Filmsendung am 15. April in »Report« mit starken Bildern, können wir noch mehr retten. Kommt es dazu nicht, ist die Fernsehchance und damit die Ver- und Bebilderung des Elends gestorben.

Während die CAP ANAMUR II mit den 328 Flüchtlingen an Bord am 7. April 1986 in Singapur anlegt, bin ich in München aus Anlaß einer Tagung über die »Renaissance des Hörfunks« in der Akademie Tutzing am Starnberger See. Zu meiner und unserer großen Freude kommt Leon Davico, der Pressechef des UNHCR, der sich zufällig in München aufhält, bei der Pressekonferenz vorbei. Er war gerade zu einem Redaktionsbesuch in der »Süddeutschen Zeitung« und kommt mit Peter Sartorius in den kleinen Raum im Münchner Ratskeller ...
Am 7. April hat um 18.30 Uhr Bernhard Kouchner sein Gespräch mit dem Kabinettschef des Premierministers Jacques Chirac – der den Vorteil für uns hat, daß »er nicht nein sagen kann«, weil er ein vietnamesisches Flüchtlingskind adoptiert hat. Johanna Haberer, die Pfarrerin der Evangelischen Kirche, die in Tutzing mit dabei ist, hat plötzlich die Idee: Wir müßten eine Ministerpräsidentenfamilie dazu bringen, daß sie ein Vietnamesenkind aus so einem Lager oder so einem Fluchtboot akzeptiert und womöglich noch adoptiert. Dann könnten ein Börner oder Lafontaine, ein Diepgen oder Dohnanyi, ein Barschel oder Vogel – Bernhard in diesem Fall – auch nicht mehr nein sagen.
Am 7. April wird im Südchina-Meer auch wieder gestorben, vergewaltigt oder gerettet worden sein. Das Auswärtige Amt berichtet, daß ein deutsches Schiff mit Billig-Flagge im Südchina-Meer 25 Flüchtlinge aus Seenot gerettet hat.
Am 7. April 1986 hat der Ministerpräsident von Niedersachsen, Ernst Albrecht, tatsächlich meinen Brief erhalten, in dem ich ihn leise bitte, zu erwägen, ob die zwei Länder, die mittlerweile Visa-Plätze gegeben haben, das Kriterium für die »mehreren Bundesländer« sind, die Albrecht erst vorangehen sehen möchte, ehe er sich bei dieser Aktion noch einmal beteiligt.

Am 7. April werde ich um 19.00 Uhr von Heribert Schwan, Freund und Kollege des Deutschlandfunks, in Tutzing erreicht. Er möchte am nächsten Morgen um 06.20 Uhr ein Telefoninterview mit mir machen. Da es in diesen kirchlichen Exerzitien- und Einkehr-Akademien kaum vernünftige Kommunikationsmittel zur Außenwelt gibt, muß ich mir ein anderes Telefon suchen. Gott sei Dank ist das Komitee CAP ANAMUR mit seinen Mitarbeitern überall vertreten. Uschi Reuter, Krankenschwester, die 1984 im Uganda-Luwero-Busch im Hospital Nakaseke für die vom Bürgerkrieg, von Terror und Mord bedrohten Menschen im Krankenhaus gearbeitet hat, wohnt 200 Meter von der Akademie entfernt. Ich mache aus, daß ich am nächsten Morgen um 06.20 Uhr vorbeikomme und dort angerufen werde. Und das Beschämende geschieht: Ich verschlafe tatsächlich. Uschi Reuter muß mich in der Akademie wecken kommen. Ich kann noch in meine Kleider schlüpfen und zur Wohnung in der Tutzinger Hauptstraße rasen. Um 06.44 Uhr sind wir mit Heribert Schwan auf Sendung.

Am 1. April hat die Herausgeberin des »San Diego Union«, Helen K. Copley, einen fulminanten Leitartikel in ihr eigenes Blatt gehoben, das unserer parallel auf dem Meer laufenden Rettungsaktion einen kräftigen Stoß nach vorne versetzt. Unter dem Titel »Put lives first« sagt Editor Copley: Es sei einigermaßen merkwürdig, daß sich die Reagan-Regierung doch tatsächlich weigert, mit privaten Organisationen zusammenzuarbeiten beim Versuch, ertrinkende Bootsflüchtlinge zu retten. Das State Department, so berichtet Helen Copley anklagend, »hatte eine Anfrage des in San Diego beheimateten SOS-Boat-People-Committee auf Aufnahme von 1000 Bootsflüchtlingen zurückgewiesen. Diese Visa für Flüchtlinge, ergänzt durch einige hundert von anderen Staaten und Nationen, würde die Zahl der Bootsflüchtlinge erhöhen, die in diesem Frühjahr im Südchina-Meer gerettet werden könnten, wenn ein gechartertes Rettungsschiff das Südchina-Meer auf der Suche nach diesen Schiffbrüchigen durchkreuzt.«

Es sei purer Legalismus, so schreibt Helen K. Copley, der die US-Administration hindere, diese Rettungsaktionen zu unterstützen.

In München war am 7. April die Vorsitzende des buddhistischen Vereins der Vietnamesen in der Bundesrepublik dabei. Sie übergab mir eine Summe von DM 500,– in einem Umschlag, den ich erst am nächsten Tag öffnete. Sie machte auch darauf aufmerksam, daß die Vietnamesen sich besser organisieren sollten, um der deutschen Gesellschaft, der sie soviel verdanken, durch ein größeres Maß an Disziplin und Ordnung ein akzeptableres Bild zu bieten.
Der Abgeordnete des Bundestages Alois Graf von Waldburg-Zeil (Heimatort: Ratzenried) hat an diesem 7. April zu einer Gesprächsrunde im Rahmen eines Abendessens »über Schnittpunkte zwischen Entwicklungs- und Flüchtlingspolitik« gebeten. »Der Anlaß zu diesem Gespräch ergibt sich daraus, daß – seit die große erste Welle der Bootsflüchtlinge abgeebbt ist – das Interesse an Vietnam und den Menschen in diesem Land in unseren Medien ebenso wie auf der politischen Ebene schnell wieder nachgelassen hat. Es kommen aber weiter jährlich Zehntausende von Bootsflüchtlingen (und wir müssen davon ausgehen, daß eine ähnlich große Anzahl bei der Flucht umkommt), und die Lebensverhältnisse der 60 Millionen Menschen in diesem Land sind weiterhin katastrophal.«
Der Abgeordnete geht ungeschminkt in die vollen: Einerseits – so faßt er den »erheblichen Widerspruch« deutscher Politik zusammen – verweigere man dem Land jede Entwicklungszusammenarbeit und wirtschaftliche Hilfe mit dem Hinweis, es verletze massive Menschenrechte und Völkerrecht, indem es Kambodscha besetzt halte. »Andererseits weigert man sich aber, über Fälle der engsten Familienzusammenführung hinaus Flüchtlinge aus Vietnam aufzunehmen – mit der internen oder inzwischen auch schon offenen Begründung, dies seien Wirtschaftsflüchtlinge.«
Der Abgeordnete hatte sich vergeblich am 13. März 1986 an

die Bundesregierung wegen des RASRO-Programms gewandt und war auch einer der Unterzeichner einer »kleinen interfraktionellen Anfrage zur Lage der südostasiatischen Kontingentflüchtlinge« am 18. Februar, die mit dem Eingeständnis beantwortet wird, es sei mittlerweile evident, daß es in Vietnam keine politische Verfolgung gebe . . .

Am 7. April lese ich noch mal in dem Bericht über die schreckliche »Odyssee« der Juden aus der Slowakei, die im Jahre 1943 mit dem klapprigen Kahn, der »Petchno«, auf der Donau aufbrachen, um in das gelobte Land Palästina zu gelangen, die im Mittelmeer in einen Sturm gerieten, Schiffbruch erlitten und auf einer unbewohnten Insel landeten: »boat-people« vor der Zeit, da dieser neue Menschheitsbegriff gebildet wurde. Ein Großteil der Juden wurde trotz Mussolini und dem mit den Nazis und Hitler verbündeten Faschismus gut behandelt. Sie wurden nach dem Lager Ferramonti auf Sizilien überführt. Ein anderer Teil – die Mehrzahl – wurde in Rhodos interniert und Opfer einer der furchtbarsten Mord- und Terrorfeldzüge, den die Welt je gesehen hat und der für immer als Schande auf uns Deutschen lasten wird. »Hitlers wahnwitziger Feldzug gegen das jüdische Volk hatte unversehens und ohne jede Vorwarnung auch jene Handvoll Juden erreicht, die auf Rhodos lebten. Es war der am weitesten vorgeschobene Vorposten des Nazireiches, fast zweitausend Kilometer von der Mordmaschinerie in Auschwitz entfernt. Die Deutschen befanden sich unterdes an allen Fronten auf dem Rückzug. Schiffsraum und rollendes Material waren bedrohlich knapp geworden, doch der Krieg gegen die Juden mußte weitergehen, bis auch der letzte ausgerottet war . . .« Neununddreißig der Juden (insgesamt waren es 1700) hatten die türkische Staatsbürgerschaft, »und der türkische Konsul auf Rhodos wurde energisch zugunsten seiner Landsleute vorstellig.« Die Nazis mußten dem türkischen Konsul diese 39 Juden mit türkischem Paß herausgeben. Die anderen wurden auf Schiffe geladen. Drei leere, motorisierte Kohlenleichter.

»Unter der brennenden Julisonne wurde es zwischen den eisernen Wänden der Laderäume bald unerträglich heiß. Frauen, Kinder und Alte fielen vor Hitze und Durst in Ohnmacht. Von Zeit zu Zeit wurden sie von den SS-Wachmannschaften mit Seewasser naßgespritzt. Es gab gerade soviel Brot und Wasser, wie zum Überleben notwendig, mit dem Ergebnis, daß unterwegs lediglich fünf Menschen an Erschöpfung starben.« Gleich nach Ankunft in Piräus, im Hafen von Athen, »wurden die Frauen von den Männern getrennt und von der SS mit äußerster Brutalität nach versteckten Wertsachen durchsucht. Wer sich dem forschenden Griff in Scheide und Anus widersetzte, wurde mit dem Gewehrkolben ins Gesicht geschlagen.«

(»*Odyssee*«, von John Biermann, Ullstein, S. 264 f.)

Der Vertreter des UNHCR in Bonn, René van Rooyen, war im Auswärtigen Amt vorstellig geworden. Er hatte sich die Aufnahmeposition der letzten Rettungsaktion der CAP ANAMUR II angesehen und war mit Lineal und Bleistift und seinem Schulatlas zu Werke gegangen. Er hatte herausgefunden, daß sich diese letzte Rettungsaktion – 64 Menschen in Seenot aufgenommen am 2. April 1986 um 03.00 Uhr auf der Position 9.27 Nord und 107.78 Ost – 70 km südlich der vietnamesischen Küste abgespielt habe. Und ohne mich, noch irgendwen anderen vom Komitee CAP ANAMUR zu fragen, mußte sich der Vertreter des UNHCR gleich zum Auswärtigen Amt begeben, um uns dort anzuschwärzen.

Jetzt erst habe ich Klarheit, nachdem das Schiff zurückgekommen ist. Unser Schiff ist natürlich gemäß unserer Weisung so weit an die Küste herangegangen, wie zur Lebensrettung nötig war. Es war bei der ganz neuen Situation im Südchina-Meer wirklich nötig, näher – nämlich bis auf 50 Meilen an die Küste Südvietnams – heranzugehen. Das ganz Neue: Die Piratenboote kreuzen und fahren nicht nur in den Küstenbereichen Thailands und Malaysias, auch nicht mehr nur allein im Golf von Thailand, sondern sie suchen und kreuzen in den internationalen Gewässern auch vor Vietnam. Bei der Aktion um 03.00 Uhr nachts am 18. März wurde das Fluchtboot durch das Feuer entdeckt, das es gesetzt hatte, um entdeckt zu werden. Ein kommerzielles Schiff fuhr erst vorbei, dann entdeckte die CAP ANAMUR II es. In unmittelbarer Nähe lauerten etwa sieben Thai-Trawler, die man von der CAP ANAMUR II nur als Piratenschiffe orten konnte. Dieses wiederholte sich bei fast jeder neuen Aktion. Deshalb mußte man näher an die Küste heran. Um Menschen zu retten. Um nichts anderes. Das aber kann ja in den Schädel eines UNHCR-Bürokraten nur schwer hinein.

9. April, 17.30 Uhr nachmittags. Ich sitze im Studio 4.1 des Deutschlandfunks, die tschechische Cutterin Kadlečova arbeitet mit mir an dem Umschnitt verschiedener Bänder, die ich in der Akademie Tutzing aufgenommen habe. Ziemlich akademisches Zeug, »Renaissance des Hörfunks«, Referat des Jazz-Professors Joachim E. Behrendt über die »Ontologische Priorität des Ohres«. Alles Heil komme von Hören, nicht vom Sehen. Sehen – das sei nur das Abtasten einer Oberfläche, das Hören aber gehe in die Tiefe. Professor, hättest du doch geschwiegen: Menschen retten, Schiffbrüchige im aufgewühlten Südchina-Meer finden kann man nur mit den Augen. Nur mit den bloßen Augen kann man den Horizont abtasten, um diese winzigen Punkte zu finden – oder in der Nacht die winzigen Licht- oder Feuerpunkte, die manchmal nur aus einer brennenden Zigarette bestehen. Kurz: Schwachsinn, Flachheit durch Tiefe, für die wir Deutsche – zumal die Gebildeten unter den Verächtern beherzter Taten – so empfänglich sind...
Es klingelt. Am Telefon die fröhliche Stimme, verfälscht wie immer, wenn er mich anruft: »Dr. Kouchner-Schweitzer.« Seit Kouchner in »Le Monde« als moderner Dr. Albert Schweitzer tituliert wurde, hat es viele gegeben, die in Leserbriefen protestiert haben: Kouchner sei doch nicht mit Schweitzer vergleichbar?! Schließlich habe Schweitzer ohne jeden Komfort nur im Gabun-Busch in Lambarene gearbeitet, Kouchner aber

trete auf jeder Pariser Party auf . . .?! Neid? Eifersucht?
»300 visas, extra quota, le gouvernement français a donné pour l'opération franco-allemande un extra quota de 300 places-visas . . .« − »300 Visa − die französische Regierung hat für die deutsch-französische Aktion eine Sonderquote von 300 Visa-Plätzen gegeben . . .«
Ich frage: »Hat Mitterrand dir diese Zusage gemacht?!«
Kouchner: »Nein, ich habe Mitterrand bei dem Gespräch am Nachmittag nur gefragt: Was soll ich tun, wenn Chirac nein sagt? Da hat Mitterrand gesagt: Dann kommen Sie noch mal zu mir . . . Aber Chirac hat dann schnell ›Ja‹ gesagt und offenbar vorbehaltlos die 300 Plätze gegeben.«

Troisdorf, 11. 4. 1986
Mit Noeldecke im Auswärtigen Amt gesprochen: die 300 Plätze aus Frankreich haben auch ihn überrascht. Er wollte im Laufe des Tages noch bei der französischen Regierung nachfragen. Auf diplomatischem Wege. Dann auch die Deutsche Botschaft Manila anrufen, um zu erfahren, ob es denn auch für 328 Menschen genügend Platz im Transit-Camp Puerto Princesa gibt?!
Wenn man es nur wüßte, wenn ich es nur wüßte: wie gleichzeitig an diesem Tag, da die Nachricht von den 300 französischen Plätzen bekannt wurde, in den Staatskanzleien gearbeitet wird?
Noeldecke sagt: In Hessen wäre man dabei, nachzudenken . . .
Ich erzähle immer, daß man in Kiel und Hamburg dabei ist.
Franz Alt sagt mir etwas von Lafontaine, wo er den Wunsch um Unterstützung in dem Büro des Persönlichen Assistenten des Ministerpräsidenten des Saarlandes deponiert habe . . . Ich werde noch einmal einen Brief an Lafontaine schreiben − und: warum nicht zehn Plätze in Bremen? Kann nicht jemand in Bremen zehn Plätze vermitteln?
Der bayerische Staatssekretär Rosenbauer wurde am 10. April gegen 16.00 Uhr in der Radio-Show des Bayerischen Rund-

funks interviewt. Ich rief eigentlich an, um den Thomas Gottschalk zu sprechen, ihm von der Vietnamesin Trang zu erzählen, der 1980 von CAP ANAMUR I Geretteten, dann 1986 selbst Mit-rettenden und Helfenden auf CAP ANAMUR II. Ich kam dabei telefonvermittelt an den Co-Partner von Gottschalk, der sich gerade auf das Interview mit Rosenbauer vorbereitete. Noch einmal die Alibi-Ausrede, man wolle sich an die Verfahrensvereinbarung des Jahres 1982 halten, die sich »bewährt habe«. Sie gleicht dem stinkenden Fisch, nachdem sich das bewährt, was tot ist und sich nicht mehr bewegt. Nach dieser Verfahrensvereinbarung zwischen Bundesregierung und Bundesländern hat sich in der Tat bewährt, daß die Länderregierungen nichts mehr an Aktivität befürchten müssen. Die Leute im Südchina-Meer können ruhig verrecken, die Ministerpräsidenten sind ja fein raus, sie können sich hinter der »Verfahrensvereinbarung« verkriechen. Diese Vereinbarung gibt ihnen die Möglichkeit, nicht sagen zu müssen: »Laßt die Bootsflüchtlinge doch dort ersaufen!«, aber dennoch so zu handeln.

Der Skandal: Nachdem Ministerpräsidenten der Bundesländer die Einstellung der CAP ANAMUR I mit dem öffentlich ausgesprochenen Argument durchsetzten, das Schiff sei als »Pull factor« dafür verantwortlich, daß es Flüchtlinge gebe, ja, es »induziere den Flüchtlingsstrom« (AA-Jargon), zieren sich Ministerpräsidenten der Bundesländer vier Jahre danach, ihre Unterlassung und ihre mörderische Prognose durch eine Tat wiedergutzumachen. Das Sterben und Fliehen im Südchina-Meer hat ebensowenig nachgelassen wie die Piraterie. Nur Johannes Rau (100 Plätze) und Lothar Späth (50 Plätze) haben sich bisher »aus rein humanitären Erwägungen« zur Mithilfe bei der neuen Aktion der CAP ANAMUR II bereiterklärt.

Stoiber schreibt dem Komitee Not-Ärzte: Bayern verkenne nicht das »humanitäre Anliegen«, hält aber an den Verfahrensgrundsätzen von März 1982 fest, »die sich bewährt haben«. Worin? Darin, daß – wie beabsichtigt – nichts mehr geschieht? Stoiber schlägt dem Komitee vor, »sich an die zuständigen Bundesstellen zu wenden«. Etwa an Innenminister

Zimmermann? Der hat jüngst in der Antwort auf eine Anfrage von MdBs aller Fraktionen zur Eingliederung der Vietnamflüchtlinge erklärt:
»Inzwischen haben sich die Verhältnisse in Vietnam mehr stabilisiert. Nach gesicherten Erkenntnissen kann nicht mehr davon ausgegangen werden, daß Rückkehrer generell politisch verfolgt werden. Es kann auch weiterhin keine Rede mehr davon sein, daß ein Leben in Vietnam aus wirtschaftlichen Gründen unzumutbar wäre. Gleichwohl ist nicht daran gedacht, vietnamesische Flüchtlinge zur Rückkehr in ihre Heimat zu bewegen.
Die Inanspruchnahme der Bundesrepublik Deutschland durch ausländische Flüchtlinge und die asylpolitische Situation insgesamt müssen es aber nahelegen, von der Aufnahme weiterer Kontingentflüchtlinge abzusehen.«

Um diesen Widerstand des Innenministers zu brechen, hat der Bund der christlich-demokratischen Arbeitnehmer bereits Zimmermann kritisiert:
»Die Flüchtlingspolitik des Innenministeriums läßt sich auf folgende vier Sätze bringen:
1. Sie zieht mit den Kommunisten an einem Strang.
2. Sie zwingt deutsche Mitbürger zu Menschenrechtsverletzungen.
3. Sie manipuliert die Flüchtlingszahlen.
4. Sie verletzt das Grundsatzprogramm der CDU.«

So ähnlich werde ich dem »Spiegel«-Redakteur Kühnl eine Meldung für die »Panorama«-Rubrik vorschlagen. Ansgar Skriver schickte mir gestern die Meldung über die Rettungsaktion aus Singapur:
»(Reuter, Singapur). Das deutsche Schiff CAP ANAMUR II hat 47 vietnamesische Flüchtlinge vor thailändischen Piraten gerettet. Kapitän Max Behrens sagte am Mittwoch, das Boot sei von sieben Piratenschiffen umzingelt gewesen. ›Gerade als wir kamen, sollte das Boot überfallen werden‹, erklärt

Behrens. Insgesamt habe die CAP ANAMUR II im Südchina-Meer 328 Flüchtlinge aus fünf defekten Booten an Bord genommen, die durch falsche Navigation in von Piraten belagerte Gewässer geraten seien. ›Diese Flüchtlinge haben viel Glück gehabt. Viele andere Boote kentern bei schlechtem Wetter oder werden von Piraten versenkt‹, sagte Behrens. Sein Schiff habe die fünf Boote jedoch bereits zwei oder drei Tage nach ihrer Abfahrt aus Vietnam aufgespürt. Unter den Flüchtlingen sind 70 Kinder und 86 Frauen, von denen eine im achten Monat schwanger ist.«

22. 4. 1986

Das Schiff ist wieder im Suchgebiet. Mit Kapitän Max Behrens hatte ich noch kurz gesprochen, zweimal sogar, als er noch auf Puerto Princesa war. Es hatte sich etwas in dieser ganzen furchtbaren Situation und der Todesbedrohlichkeit für alle Flüchtlinge Heiteres ergeben.
Die ordentliche deutsche Bundesregierung hatte einen dicken Fehler gemacht, einen Fehler, den kein ordentlicher Beamter in seine Annalen hineingeschrieben haben möchte. (Wobei ich schon wieder merke, dem Bedürfnis nach Feindschablonen nachzugeben: Herr Noeldecke vom Referat 301 fällt unter diese Schablone ebensowenig wie jener Fritz W. Ziefer, der in der Botschaft der Bundesrepublik in Pretoria sitzt, wie jener Herr Hertz, der den Uganda-Tisch im Auswärtigen Amt betreut. Oder wie jener Sonderbotschafter Haas, der leider jetzt Botschafter der Bundesrepublik in Israel geworden ist – leider meint, wir hätten ihn und seine zupackende, unkonventionelle Art des Kontaktes auch hier in Bonn brauchen können. Wie jener Dr. Beuth, der unser Team in bedrohlicher Lage mit kugelsicherem Mercedes aus Nakaseke/Uganda herausholte . . .)
Der schöne Fehler: Der Garantiebrief der Bundesregierung an die Regierung der Philippinen war ausgeschrieben auf die CAP ANAMUR II, jenes Schiff, das es aber in der ordentlichen Regi-

stratur der deutschen Reedereien nicht gibt. Auch nicht in den Papieren des Schiffes selbst, da heißt das natürlich MV (= Motorvessel) »Regine«. Wegen dieser CAP ANAMUR II, auf das die Garantieerklärung lief, gab es noch mal große, ja riesengroße Probleme, schließlich haben die Philippinen auch eine ordentliche Verwaltung, selbst in dem verschlafenen Puerto Princesa. Es mußte erst der Deutsche Konsul aus Manila eingeflogen werden, der den philippinischen Zoll- und Immigrationbehörden sein Wort als deutscher Beamter verpfändete, daß es sich um ein und dasselbe Schiff handelte. Dann erst wurden die 328 Flüchtlinge von Bord gelassen.

Die erste Analyse nach der ersten Rettungssequenz: das Schiff »Regine« ist nicht ganz so ideal für die Rettungsfahrt und Aktivität wie die erste CAP ANAMUR. Das Schiff schwankt erheblich; wenn etwas Seegang aufkommt, geht der Bug um 10 Meter hoch und runter. Seekrankheiten gibt es dann viel stärker. Ich weiß auch nicht so recht, wie man mit ganz vielen Flüchtlingen die Strecke von Singapur/Südchina-Meer nach Hamburg durch den unruhigen Indischen Ozean machen wird – aber irgendwie wird das schon gehen.

Nun hat sich die Situation ja etwas gebessert. Zu den beiden eisenharten Ländern Nordrhein-Westfalen und Baden-Württemberg – die ja die einmaligen Zusagen ohne Wenn und Aber gegeben haben (und damit den Zorn ihrer ministerialen Kollegen aus den Ministerien aller übrigen Länder heraufbeschworen) – ist mit Brief vom 18. April 1986 tatsächlich der niedersächsische Ministerpräsident Ernst Albrecht dazugekommen. Der Bief hat folgenden klaren und unmißverständlichen Wortlaut:

DR. ERNST ALBRECHT
NIEDERSÄCHSISCHER MINISTERPRÄSIDENT

HANNOVER, DEN 17. April 1986
PLANCKSTRASSE 2

Herrn
Dr. Rupert Neudeck
Kupferstraße 7

5210 Troisdorf

Lieber Herr Neudeck!

Für Ihre Briefe vom 26. März und 7. April 1986
danke ich Ihnen.

Die Niedersächsische Landesregierung ist bereit,
50 Aufnahmeplätze für aus Seenot gerettete Flüchtlinge auf dem Rettungsschiff Cap Anamur II zur
Verfügung zu stellen.

Mit freundlichen Grüßen

Am nächsten Morgen kommt ein weiterer Brief, der noch die Eierschalen aller Bürokratie- und Formalismusbedenken an sich hat und auch nicht vom Ministerpräsidenten persönlich kommt, sondern vom Chef der Staatskanzlei in Wiesbaden, Paul Leo Giani:

Der Hessische Ministerpräsident
Staatskanzlei

Der Chef der Staatskanzlei

Bierstadter Straße 2
6200 Wiesbaden
Telefon 06121/321
Durchwahl 32 28 85
Telex 4186693
Datum: 17. April 1986

An das
Komitee Cap Anamur/Not-Ärzte e.V.
z.H. Herrn Dr. Rupert Neudeck
Kupferstraße 7

5210 Troisdorf/Köln

Sehr geehrter Herr Dr. Neudeck,

Herr Ministerpräsident Börner hat mich gebeten, Ihnen für Ihr Schreiben vom 7. März 1986 zu danken.

Die Hessische Landesregierung erklärt ihre Bereitschaft, für die Rettungsaktion der "CAP ANAMUR II" nach Maßgabe der zwischen Bund und Ländern vereinbarten Verfahrensgrundsätze 50 Aufnahmeplätze zur Verfügung zu stellen. Ich habe den Chef des Bundeskanzleramtes gebeten, das in der Bund-Länder-Absprache vorgesehene Verfahren zur Aufnahme von Ausländern im Rahmen humanitärer Hilfsaktionen einzuleiten.

Mit freundlichen Grüßen

(Paul Leo Giani)

Ist dieser Brief nun in der Erwartung geschrieben worden, ich selbst würde auf diese Verfahrensvereinbarung irgend etwas geben – und öffentlich erläutern, unter welch komplizierten formalen Bedingungen das Bundesland Hessen diese 50 Aufnahmeplätze zur Rettung von 50 Menschenleben geben wird? Dann hätte man sich in mir schwer getäuscht – diese Bedingung soll Holger Börner doch selbst seinen Bürgern klarmachen, dann wird er ins Schwitzen kommen. Da wird dann nämlich herauskommen, daß man in Sachen CAP ANAMUR besser keine Gratis-Formbriefe, sondern jaja oder neinnein schreibt. So habe ich gestern wie selbstverständlich diese Meldung der Öffentlichkeit durchgegeben:

»CAP ANAMUR gibt bekannt: Niedersachsen und Hessen nehmen je 50 Flüchtlinge auf . . .«

Zeitgleich lief jetzt mein erneuter Brandbrief, der am Donnerstag, den 17. 4. 1986, herausgegangen ist – an alle, die sich zu dem Zeitpunkt entweder gar nicht oder nur mit Verweis auf das Verfahren, »das sich bewährt hat«, geäußert hatten: Bernhard Vogel, Eberhard Diepgen (der im Moment allerdings mit all seinen Korruptionsskandälchen andere Sorgen hat, so daß ich es ihm fast nachsehen kann), Oskar Lafontaine (bei dem Franz Alt tatsächlich persönlich interveniert hat. Heribert Schwan, der Lafontaine von einigen WDR-Filmen her kennt, gab mir die Privatnummer, damit ich Lafontaine mal anrufen kann. Ich habe das nicht gemacht, möchte nicht in den Geruch dessen kommen, der den Ministerpräsidenten und ihren Familien die Abendruhe raubt), Klaus von Dohnanyi, Uwe Barschel, Edmund Stoiber . . .

Bei letzterem ballt und braut sich auch ein Stück öffentlicher Druck zusammen: Johanna Haberer ist eine aktive und zugleich bezaubernd bescheidene Pfarrerin. (Ich schwanke immer, ob ich aus Emanzipationsgründen nicht sagen müßte »Pfarrer«, aber das Attribut Pfarrer wirkt verdammt männlich!) Sie hat über ihren Vater, den Pfarrer Georg Rückert, eine Idee ventiliert und ist dabei, sie zu probieren. Ihr Vater ist

Leiter des bundesweit, aber besonders bayernweit existierenden »Collegium Augustinum«, einer kirchlich-evangelischen Unterkunftsstätte erst für ältere Menschen, dann auch für Jugendliche, für behinderte, für taube und schwererziehbare Kinder und viele andere. Johanna hatte die Idee: Das Collegium Augustinum gibt 50 Plätze für von der CAP ANAMUR geretteten Vietnamesen, die bayerische Staatskanzlei muß gute Miene zum für sie versauten oder versäuerten Spiel machen und weitere 50 Aufnahme-Visa oder Plätze dazugeben.

Großer publizistischer Andrang übrigens, seitdem in der Öffentlichkeit so richtig bekannt wird, daß es das neue Schiff mit dem traditionsreichen guten Namen wieder gibt. Allein gestern (Montag, 21. 4.) kamen auf das Komitee zu:

- die ZDF-Tele-Illustrierte, ungefähr 15 Minuten oder länger fragte mich eine Dame aus, die von nichts wußte;
- der NDR-Hannover, wo mich Herr Neufeld an diesem Morgen, eine Stunde, nachdem ich dies schreibe, für 3–4 Minuten alles fragen will;
- der Deutschlandfunk mit Herrn Prömpers, der damit sein Frühmagazin schmücken möchte. »Damit Sie nicht wieder alles erst dem WDR erzählen«, sagt mir der Kollege;
- RTL-Plus. Herr Meyer vom Bonner Büro hat die Protokolle der Fragestunde der letzten Woche nachgelesen: »Das sieht aber ganz schlecht aus, was der Staatssekretär Spranger da auf die Anfrage des Abgeordneten Gansel sagt.« Da erzähle ich dem guten Luxemburger in Bonn, daß er sich auch nicht unbedingt an Spranger halten muß, sondern sich lieber an das halten solle, was das Komitee heute der Öffentlichkeit mitgeteilt hat;
- das »Hamburger Abendblatt«. Die allerdings berichten mehr aus der eingeschränkten Perspektive einer Partei-Initiative. Herr Boysen hatte sich vorher gemeldet. Ich erzählte ihm, daß der Tag für eine neue Initiative bei dem Senat der Freien und Hanse-Stadt Hamburg sehr gut sei. Albrecht und Börner haben zugesagt ... Kurz, es ist einiges los.

Wir müssen stärker in die Debatte werfen, daß die Bundesregierung das »Anti-Piraterie-Programm« pro Jahr mit einer halben Million DM stützt. Sollen wir eine Kampagne machen, daß wir die halbe Million für uns haben wollen?

Der rührige Graf von Waldburg-Zeil hat zu einem »Arbeitsessen« geladen, das er vorher noch als die »barbarische Sitte« von Bonner Parlamentariern einstufte: Wir saßen abends am 22. April, in immer noch kühler Naßkalt-Wetter-Atmosphäre, im Salon 2 des Restaurants Tulpenfeld zusammen. Es gab Kalbsmedaillons, Kartoffeln, frischen Salat, ausgewählt nobles Dessert samt Kaffee und Wein, zur Vorspeise Krabbensalat. Mir blieb vor Schrecken fast alles im Munde hängen, und ich konnte jeweils nur wenig hinunterkriegen, die übrigen Abgeordneten wie Diplomaten haben in dieser »barbarischen Sitte« der Arbeitsessen Erfahrung.
Anwesend die MdBs Werner Schreiber, Heinz Günter Hüsch, Graf von Waldburg-Zeil, Sauter und Peter Höffkes – dazu der UNHCR-Vertreter René van Rooyen, sein Presse-Adlatus Stefan Lahusen wie der ehemalige Botschafter der Bundesrepublik in Vietnam, Dr. Claus Vollers, sowie die Kollegen von den »großen Wohlfahrtsverbänden«, Hölter und Stefan Puhl (Misereor). René van Rooyen erwähnt die traurigste Statistik.
»Es warten derzeit etwa 34 000 Vietnamesen, Männer, Frauen und Kinder, in Lagern in Südostasien auf eine Wiederansiedlung, manche seit über 5 Jahren. Nimmt man zum Beispiel Pulau Bidong, diese Flüchtlingsinsel in Malaysia, so leben nach den neuesten Angaben derzeit 8000 Menschen unter sehr primitiven Verhältnissen. Von diesen sind 1000 schon über zwei Jahre im Lager und weitere 200 schon seit über 4 Jahren. Es gibt dort also Kinder, die ins Schulalter kommen und in ihrem Leben noch nie etwas anderes als das Innere eines Flüchtlingslagers gesehen haben.«
René van Rooyen erzählt, das das »orderly departure program«, was auf deutsch die offiziell genehmigte Ausreise aus Vietnam mit dem Flugzeug bedeutet, mittlerweile die regi-

strierte Flucht per Boot aus Vietnam überschritten hat – obwohl ich jüngst hörte, daß die Ausreisen mit dem Flugzeug fast alle gestoppt sind . . .
Der Flüchtlingskommissar erwähnt bei diesem Arbeitsessen – pikanterweise liest er seine Ausführungen vom Blatt – auch die »Leistungen der Bundesregierung«: »Was die Aufnahme von vietnamesischen Flüchtlingen anbelangt, und zwar der *long stayers* in den Lagern in Südostasien, so gibt es folgende Bilanz des Februar 1986: Australien übernahm 370, Kanada 307, die Schweiz 5, England 33, Frankreich 45 und die Bundesrepublik 1 Flüchtling.
Während fast alle europäischen Länder dem Rasro-Pool beigetreten sind, so hat dies die Bundesrepublik noch nicht getan. Gerade auch im Hinblick auf die internationale Solidarität drängen wir immer wieder auf eine, wenn auch nur symbolhafte Beteiligung, bisher ohne Erfolg.
Betrachtet man nur die Aktionen der unter deutscher Flagge fahrenden Handelsschiffe, so hält auch hier die Bundesrepublik einem Vergleich mit den meisten anderen europäischen Ländern nicht stand. In den letzten 5 Jahren rettete ein einziges unter deutscher Flagge fahrendes Handelsschiff Flüchtlinge, nämlich die ›Tokio Express‹, das größte Containerschiff der Hapag Lloyd, 42 Flüchtlinge im Jahre 1984.«
Der Vertreter des UNHCR fügt leise lächelnd hinzu: »Wie Sie sehen, es gibt noch viel zu tun . . .«

Wenn es heute keine Entscheidung von der Saar-Regierung gibt, dann rufe ich den saarländischen Ministerpräsidenten an, privat. Und wen noch? Hoffentlich gibt es etwas Neues von seiten der Belgier oder der Kanadier. Vom Schiff ist seit Sonntag nichts zu hören. Nur aus Mexiko ruft Dieter Klar an, ein dpa-Vertreter, der unbedingt das nächste Mal auf das Schiff möchte, und aus Madrid Romeiro, Reporter des Television Española. Beide muß ich irgendwie zufriedenstellen.

23. April 1986

Gestern noch waren wir ohne Nachricht vom Schiff, heute schon ruft der Kapitän um 07.40 Uhr morgens an, das ist genau 13.40 Uhr Singapur-Zeit. Max Behrens kommt über die Singapur-Radio-Leitung, bei der man verteufelt konzentriert sein muß, aber doch alles versteht, weil die Leitung nicht durch das fast unerträgliche Meeresrauschen gestört ist, das es bei Radio Norddeich und unserem ersten Schiff immer gab:

– Das Schiff hat 110 Meilen südöstlich vom Mekong-Delta ein Boot von 13 m Länge und 2,40 m Breite gefunden, das ein reines Flußboot war ohne jede ausreichende Navigation. Das Boot war schon drei Tage und drei Nächte unterwegs, was schon darauf hindeutete, daß sie bei den gegenwärtig herrschenden Wind/Wetter-Verhältnissen dauernd im Kreis gefahren sind.

– Es ist jetzt immer etwa Windstärke 4–5, was schon eine ganze Menge ist. Die 23 Flüchtlinge, die in dem Boot waren, erzählten, daß zwei Handelsschiffe an ihnen vorbeigefahren wären, »two merchant ships«, die aber keine Hilfe geleistet hätten. Unter den 23 ist ein zwei Monate altes Baby sowie eine Frau, die im achten Monat schwanger ist.

Die Kommunikation mit dem Schiff klappt hervorragend, ich habe vollstes Vertrauen zu unserem Kapitän, die neuen Mitglieder der Crew scheinen alles richtig zu machen, es gibt keine Klage.
Es gibt zwei wichtige Markierungspunkte für den Kampf der nächsten Tage: Wir müssen unbedingt für diese zweite Rettungssequenz über die Fahnenstange von 400 Plätzen kommen, damit wir in Ruhe das Schiff noch mal in den Transithafen von Puerto Princesa gehen lassen können. Hoffentlich geht auf den Philippinen alles weiter seinen richtigen Gang.

Die Seekarte mit den eingetragenen Fundorten von Fluchtbooten der beiden ersten Fahrten (I und II) der Cap Anamur II.

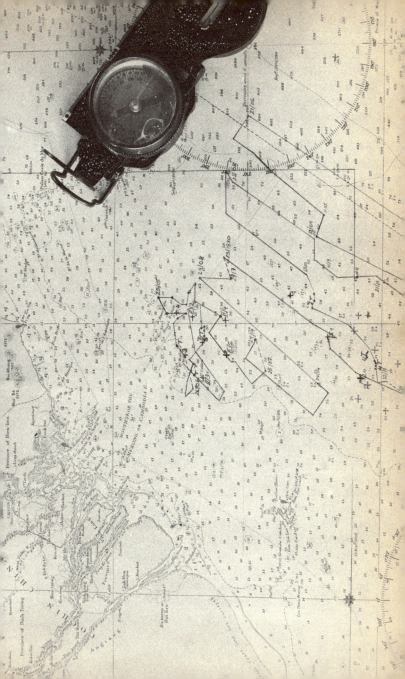

Die zweite Markierung: Es wird alles darauf ankommen, wie schnell jetzt die Rettungsaktion vorbeigeht. Wir stehen jetzt am Ende des zweiten Chartermonats. Wenn die zweite Rettungssequenz bis Mitte Mai mit einer Fahrt nach Puerto Princesa zu Ende geht, dann würden wir noch eine dritte Rettungssequenz machen. Damit wäre dann die Zeit der gecharterten MV »Regine« mehr als ausgenutzt, wir müßten und sollten noch zwei weitere Monate machen.

Troisdorf, 26. 4. 1986
Sonntag, ich sitze um 07.40 Uhr am Schreibtisch, die Kinder schlafen friedlich, keine Straßen- und Autobahnunruhe. Christel hat ein Wochenende »frei«, wie wir sagen, sie ist nach Münster gefahren. Im Südchina-Meer ist es 13.40 Uhr, ich habe seit vier Tagen, seit der letzten Rettungsaktion nichts mehr vom Kapitän gehört. Ich werde heute noch Antony anrufen, um ihn zu fragen, was los ist.
Jedermann, mit dem ich zusammenkomme, hat die ZDF-»Tele-Illustrierte« gesehen. Ich war dort am letzten Freitag, den 24. 4., eingeladen, um Auskunft über die Rettungsaktivitäten der zweiten Cap Anamur zu geben. Die Gunst der Stunde wollte es, daß ich mit zwei Neuigkeiten bei der Sendung (übrigens mit Publikum im gleichen Studio, in dem auch das »Aktuelle Sportstudio« stattfindet) aufwarten konnte. Einmal: Die Saar-Regierung hat sich tatsächlich bereiterklärt, »bis zu sechs Flüchtlingen« von der Cap Anamur II aufzunehmen. Die Pressemeldung der Saar-Regierung, die ich mir über Telefax zum Deutschlandfunk rübergeben lasse, ist von berückender Einfalt. Heribert Schwan, Saarländer und Kollege des Deutschlandfunks, geht fast in die Luft, als ich ihm die grandiose Botschaft telefonisch durchgebe. Hatten wir beide doch damit gerechnet, daß sich der sonst weltpolitisch und weltmilitärisch so mutige Dr. Oskar Lafontaine auf eine demonstrative Zahl von Aufnahmeplätzen festlegen würde: Wir hatten fünfzig Plätze vom Saarland haben wollen. Aber immerhin, es gibt da

in der »Tele-Illustrierten« wenigstens eine positive Botschaft vom saarländischen Ministerpräsidenten zu verkünden – dazu allerdings die negative, daß Hamburg-Dohnanyi wirklich nichts tun will. Warum Helga Schuchardt da nicht mehr tun kann, verstehe ich nicht. Immerhin gehörte sie zu den Säulen des Komitees, als sie noch zur Zeit der ersten CAP ANAMUR in Bonn im Parlament war.

Das Bundeskanzleramt, ein Herr von Leukart, ruft an, auch an diesem 24. 4. – ich stehe schon mit einem Fuß im Intercity nach Mainz zum ZDF. Der Bundeskanzler würde am 25. 4. zu einer Reise nach Thailand aufbrechen und soll dabei auch das Problem der Piraten ansprechen, zusätzlich zu dem Sextourismus, der damit ja in merkwürdigem Zusammenhang steht. Ich lese von der Anfrage der SPD-MdB Hertha Däubler-Gmelin, die dem Bundeskanzler aufgegeben hat, sich um eine Eindämmung dieses unwürdigen Sextourismus in Thailand zu kümmern. Komisch, ich habe immer gemeint, daß wir eher die deutschen Lebemänner und unbefriedigten deutschen Machos dazu bringen müßten, diese unwürdigen Reisen zu unterlassen – als die Thai-Regierung aufzufordern, die Grenzen gegenüber solchen heißspornigen Deutschen abzuschotten?!

Der Text des Exposés, das ich persönlich am 25. 4. 1986 um 10.00 Uhr an der Bundesgrenzschutzpforte des Kanzleramtes in der Bonner Dahlmannstraße abgebe, lautet:

Exposé über die Bedrohung von Bootsflüchtlingen durch Piraten im Südchina-Meer sowie im Golf von Thailand

1. Die allerneuesten Erfahrungen des Rettungsschiffes CAP ANAMUR II besagen: die mörderische Piraterie hat im Südchina-Meer als Gefahr für Flüchtlinge und Flüchtlingsboote zugenommen. Das Schiff mußte bei zwei von fünf Rettungsaktionen (18. und 23. März) einmal 47, ein andermal 51 Flüchtlinge aus den Klauen von Piraten befreien, die schon in einem Rudel von einmal sieben, ein andermal etwa 10 Booten um das Boot herumlagen.
Die Piratenboote liegen − anders als in den Jahren 1979 ff. − jetzt in dem Gebiet etwa 100 Meilen südlich der vietnamesischen Küste wie eine Perlenkette aufgereiht, um Fluchtboote abzufangen.
Bei der Aktion der CAP ANAMUR I hatten wir ebenfalls elfmal eine Konfrontation mit Piraten und konnten Flüchtlinge befreien. Dies spielte sich aber ausschließlich im Golf von Thailand ab.

2. Nach Bericht des zuständigen Bangkok-Office des UNHCR vom März 1986 finden die Piraten keine Beute mehr in Gestalt von Wert- und Schmucksachen und haben sich deshalb ausschließlich auf das Vergewaltigen und Entführen von Flüchtlingsfrauen spezialisiert. (Nach Bericht der Bangkok Post 18. März 1986: »sharp increase of rapes and abductions« of Vietnamese women by pirates«.) Dieser Bericht bezieht sich nur auf die Situation im Golf von Thailand. Der UNHCR hat jetzt von unserer Mediziner-Crew an Bord der CAP ANAMUR II die Berichte über die

Piraterie-Konzentration in internationalen Gewässern, vornehmlich in dem Suchgebiet etwas 150 bis 50 Meilen vor der Vietnamküste bekommen. Das deutsche Schiff CAP ANAMUR hatte täglich Berührung mit Piraten-Trawlern, die leicht identifizierbar sind: Sie befassen sich nicht mit Fischfang, gehen auf dem Meer nicht dem üblichen Gewerbe nach, führen ihre Fischernetze nur just for show, zeigen Fischfangbeute, die als Attrappe funktioniert, verdecken bei herankommenden Rettungsschiffen sofort ihre Bootsnummer mit einer Decke o. ä.

3. Zahlen: a. Allein von unserem Schiff wurden 47 plus 51 Flüchtlinge in letzter Minute den Piraterie-Trawlern entrissen!
b. Der UNHCR meldet 17. März 86 Bangkok: 46% der 132 Flüchtlingsfrauen im Alter von 11 bis 40 Jahren wurden 1985 vergewaltigt oder entführt. Das bedeutet eine Zunahme von 32% zu 1984 — wobei der UNHCR natürlich nur über die Zahlen seiner ordentlichen Registratur verfügt, man immer eine Dunkelziffer hinzurechnen muß, wenn man diese Zahlen verdrei- oder vervierfacht, wird man annähernd bei der Realität sein.
Typisch die Nachricht, die das deutsche Publikum am 2. Weihnachtstag aufschreckte: von 80 Refugees, die am 8. Dez. 85 von Vietnam aufbrachen, erreichten zu Weihnachten nur 29 die Küste Malaysias: bei zwei Überfällen nahmen die Piraten 11 der schönen, jüngeren und zu Prostitutionszwecken ausbeutungsfähige Frauen mit, schmissen die 40 Männer über Bord, die übrigbleibenden 29 kamen irgendwie an die Küste.

4. Anti-piracy-program — Völliger Reinfall nach Erfahrungen des Komitees. Unser erstes Schiff hat mehr gegen Piraten getan als das ganze 12,7 Mio US-Dollar schwere anti-piracy-program.
Auch der UNHCR ist skeptisch geworden, was die Modalitä-

ten und die efficiency des Programms angeht: »The high level of attacks came despite the vigourous Thai antipiracy program supported by funds channeled through UNHCR«.

Das Einfachste an Kontrolle führt die Thai-Navy und Küstenwache nicht durch: Sie kontrolliert nicht die Fischerboote bei der Ein- und Ausfahrt an den Küstenhäfen sowie auf den kleinen Inseln (z. B. Ko Kra, wo die Piraten wahrscheinlich immer noch ein Zwischenlager für Flüchtlingsfrauen haben). CAP ANAMUR I hat 1981 in einer der dramatischsten Aktionen Flüchtlinge retten können, deren Frauen schon entführt waren. Die Männer dieser Frauen leben jetzt in der Bundesrepublik, die Frauen blieben verschwunden (die eine der Frauen war hochschwanger). CAP ANAMUR hatte damals alle Daten, auch die Bootsnummer des entführenden und eines weiteren involvierten Bootes gemeldet, die Thai-Behörden, den UNHCR, das lCRC aufgefordert, etwas zu tun. Die einzige Antwort: Man könne die Boote nicht finden, weil der Küstenprovinzcode vor der Bootsnummer fehle; wenn das so ist, nützt das Geld für das Programm nichts.

5. Flüchtlings-Opfer von Piraten-Attacken (nach den UNHCR-Zahlen ohne Dunkelziffern) – nur für den Golf von Thailand:
1984 gab es 68 ermordete Flüchtlinge, die gemeldet wurden; 1985 65 Ermordete;
Entführungen: 1984 60 allein für Thailand, dazu 79 für Malaysia; 1985 waren es 66 für Thailand, 39 für Malaysia; die Ziffern für die Zahl vergewaltigter Frauen kann man nur schwerlich als realistisch annehmen. Für Vietnamesen-Frauen ist es ein Bruch ihrer Biographie, der sie zum totalen Schweigen und Verstummen zwingt, so furchtbar empfinden sie den Einbruch in ihre Intimsphäre und Identität – Die Zahlen für 1984 sind 153 – für 1985 98 vergewaltigte Frauen.

Alle Fluchtboote sind heute auf dem offenen Meer den gut ausgerüsteten Piraten-Booten (oft ausgerüstet mit Radar, also mit einiger Kommunikation untereinander) schutzlos ausgesetzt. Die größte Angst der Flüchtlinge besteht davor, von den Piraten aufgegriffen zu werden.
Wir haben *nie von Thai-Piraten* gesprochen, obwohl vieles dafür spricht. Es geht darum, die Thai-Regierung für ein wirklich effektives Programm zu gewinnen – mit dem Hinweis, daß Piraten auch Thai-Fischer attackieren.
Ob die Regierung Thailands etwas zugunsten von Vietnam-Flüchtlingen tun will, ist mehr als zweifelhaft. Immerhin hat man entschieden, von 1981 an sie nicht mehr »refugees« sein zu lassen, sondern »illegal immigrants«.
Im Namen des Komitees CAP ANAMUR und der betroffenen Flüchtlinge geht unsere Hoffnung und Erwartung darauf, daß Sie diesen Skandal fortgesetzter brutaler Menschenrechts-Verletzungen, von Vergewaltigung, Mord und Entführung zu nachfolgendem Prostitutions-Gebrauch bei den Gesprächen mit der Thai-Regierung zur Sprache bringen.

Troisdorf, 27. April 1986
»Warum haben die Amerikaner nicht Auschwitz bombardiert?« Was hat das mit CAP ANAMUR und den Bootsflüchtlingen aus Vietnam zu tun, wird mich der Leser fragen. Leider: fast alles. Leider: wir lernen nichts aus der Geschichte. Denn im Jahre 1944, zu Ende des furchtbarsten Krieges und der grausamsten Menschenvernichtungsaktionen der bekannten Menschen- und Menschheitsgeschichte, gab es eine Chance, den letzten Massen-Vergasungszug anzuhalten, ihn buchstäblich zu zerstören und kleiner zu machen, kurz Zehntausende von Menschenleben zu retten. Woran das gescheitert ist? An einer »Verfahrensvereinbarung« zwischen dem US-Außenministerium und dem Alliierten Oberkommando. Am 10. April 1944 konnten zwei junge slowakische Juden in einem präpa-

rierten Versteck das Ende eines dreitätigen Großalarms abwarten und dann aus dem Auschwitz-Lagerbereich fliehen. In einem elftägigen Fußmarsch schlugen sie sich bis zur slowakischen Grenze durch, nahmen in der erstbesten Stadt Kontakt mit einem jüdischen Arzt auf, der sie mit einer Gruppe jüdischer und zionistischer Aktivisten in Preßburg zusammenbrachte. Die Namen der beiden Ausreißer: Vrba und Wetzler. Die beiden gaben der Welt präzise Nachrichten über die Mordmaschinerie der vier großen Gaskammern von Birkenau.
Einer der Adressanten dieser Nachrichten war das WRB, das »World Refugee Board«. Dessen Direktor Pehle leitete die Informationen sowie die Bitte um die »unverzügliche Bombardierung der Eisenbahnlinie von Kosiče nach Prešov – eine der Zugangsbahnen von Ungarn nach Auschwitz – weiter. Drei Tage später, es war der 21. Juni 1944, sprach er mit John Mc Cloy. Mc Cloy sagte eine Prüfung zu.
Genau in dieser Situation, in der wahrscheinlich noch die Deportation von 100 000 Juden aus Budapest nach Auschwitz hätte verhindert werden können, wurde durch eine »Verfahrensvereinbarung« verhindert, was hätte geschehen können. Fünf Monate alt war sie schon, diese Vereinbarung, sie stand in einem vertraulichen Memorandum des Kriegsministeriums, in dem der Einsatz der Luftwaffe »für nichtmilitärische Aufgaben grundsätzlich« abgelehnt wurde. Und noch stärker im Jargon bürokratischer Empfindungslosigkeit: »Es ist nicht daran gedacht, daß Einheiten der Streitkräfte zur Rettung von Opfern der feindlichen Unterdrückung herangezogen werden, es sei denn, daß solche Rettungsaktionen das direkte Ergebnis militärischer Operationen sind, die mit dem Ziel geführt werden, die feindlichen Streitkräfte zu schlagen.«

(David S. Wyman, *Das unerwünschte Volk. Amerika und die Vernichtung der europäischen Juden,* Max Hueber, München 1986.)

Antony gibt mir durch, welche kommerziellen Schiffe in den letzten Tagen und Wochen alle in Singapur angekommen sind.

Es sind tatsächlich fünf, davon hat ein unter zyprischer Flagge fahrendes Schiff am 18. April 144 Menschen an Bord nehmen können. Zugleich kommt per Funk ein Notruf auf dem Schiff CAP ANAMUR II an, das kleine Singapur-Schiff MV »Sal Vista« hat auf seiner Fahrt von Singapur nach Hongkong 27 Flüchtlinge aufgenommen – aufnehmen müssen, wenn es den Flüchtlingen nicht beim Absaufen zusehen wollte. Man fragt uns, ob wir diese 27 Geretteten nicht übernehmen könnten. Grund: Die MV »Sal Vista« ist bereits ziemlich weit vor Taiwan, aber auf Anfrage (wie damals im Oktober 1985 bei der MV »Anja Leonhardt«) erklärt die taiwanesische (westlich orientierte) Regierung, sie werde nicht einen einzigen Vietnam-Flüchtling an Land lassen. Antony sagt dem Singapore Tug (was ein kleineres Schiff ist) gleich Bescheid, daß die Übernahme der Flüchtlinge in Singapur kein Problem darstellt, das Schiff müsse dazu nur dorthin kommen. Auch die etwaige Entschädigung für den kommerziellen Verlust ist ja gesichert.

Hermann Gmeiner ist gestorben, der Vater der SOS-Kinderdörfer, den ich erst im letzten Jahr kennengelernt hatte, mit dem ich ein »Interview der Woche« gemacht hatte, mit dem zusammen ich noch eine Reise nach Uganda machen wollte. Der Draht glühte unmittelbar zwischen uns beiden. Schon bei der Aufnahme im Bayerischen Rundfunk, bei dem der gütige Mann so ganz unkonventionell, so wenig journalistisch und so ganz unpolitisch und so kühn-unzeitgemäß antwortete – so gegen den Streich der modernen Klugscheißer und Intellektuellen sagte da jemand, die Dinge sind ganz einfach: Kinder brauchen Eltern, Kinder brauchen vor allem Mütter – und wenn durch Kriege und Katastrophen ihnen diese Mütter weggeschossen oder weggestorben sind, dann müssen wir ihnen eine Ersatzmutter schaffen. Kinder – noch kühner, aber klüger – sagte dieser Gmeiner, brauchen keinen Psychologen. Aber da sich der gute alte Mann aus Innsbruck seiner Kühnheit gar nicht gewahr wurde, weil ihm diese Erfahrung so selbstverständlich ist, war er eben gar kein Held . . .

Heute, ein normaler Dienstag – ich war den ganzen gestrigen Tag bei einem Bundestag-Hearing über Eritrea –, muß ein Anruf vom Schiff kommen, sonst wähne ich das Schiff schon in den Fängen der vietnamesischen Küstenwache.
Wichtig ist die Ausarbeitung unseres Programms zur Eingliederungshilfe – besser nennen wir es eine Hilfe von Vietnamesen für Vietnamesen, die wir nur finanzieren (können). Das Allerwichtigste auch hier: Gott braucht Menschen, und zwar die richtigen. Das Komitee braucht die richtigen Vietnamesen – wie oft hat das Komitee in der Vergangenheit schon Probleme gehabt, nur deshalb, weil wir uns leichtfertig mit falschen Mitarbeitern umgeben haben; einmal mit solchen, die professionell nicht in der Lage sind, wirksam und ohne große Umstände zu helfen, zum anderen, weil es Menschen waren, so mitteleuropäisch behütet und gehätschelt, daß sie für einen lebensrettenden Dienst in der Dritten Welt nicht taugten ...

Troisdorf, 5. Mai 1986
Gestern war der Gebetstag für die verfolgte Kirche. In vielen katholischen Kirchen wurde in den Predigten und Messen der Kirche in Vietnam gedacht. Das seinerzeit auf unserem ersten Schiff geschossene Bild von der Gruppe von Katholiken, die ihre Heiligenbilder mitgebracht haben, ist auf dem Waschzettel für den Gebetstag vorne drauf. Katholiken seien in Vietnam Bürger zweiter Klasse, heißt es in dem Prospekt. »Wer sich als katholisch bekennt, läuft Gefahr, keine Arbeit zu bekommen. Seine Chancen, eine höhere Schulbildung zu bekommen oder in höhere Dienste aufzurücken, sind sehr gering. Katholiken erhalten keine neue Anstellung mehr als Ärzte und Erzieher. Wer sich dennoch in der Kirche als Katholik engagieren will, wird von der Regierung auf seine ›Eignung‹ hin überprüft.« Weiter heißt es in dem Faltblatt: Der Besuch der Gottesdienste ist nicht verboten. »Aber gerade an den für die Gottesdienste vorgesehenen Zeiten werden obligatorische politische Veranstaltungen abgehalten oder wird kommunaler Arbeitsdienst

angesetzt. Wer nun statt zur Versammlung oder zum Arbeitsdienst in die Kirche geht, hat mit Repressionen zu rechnen, wie Entzug der Reisration oder sogar die Einlieferung in ein Erziehungslager.«

Die letzten vier Tage versuche ich das Schiff zu erreichen: Antony hat mindestens zwei Telegramme an Bord gegeben mit der dringlichen Bitte um Anruf bei uns – vergeblich. Bis heute, Montag, ist nichts mehr bekannt geworden. Ich bin natürlich sehr besorgt: einmal wegen der Piratengefahr, zum anderen wegen der Rettungsaktionen, die ja jetzt wieder einsetzen könnten!
Wir müssen zeitgleich mit unserem Programm weiterkommen – einer Hilfe für vietnamesische Mitbürger, in unserem deutschen Leben einen Platz zu finden oder zu erobern, damit sie einfach ihre Identität bewahren können und dürfen und sich nach außen in der Gesellschaft besser und selbstbewußter behaupten können. Im »Spiegel« von vorletzter Woche wird über einen englisch-vietnamesischen Fußballspieler, einen Vietnamesen, mit allen Zeichen des Wunderkindes berichtet. Hung Dung, 15 Jahre alt, hat noch auf dem Dorfplatz von Mo Cai im Mekong-Delta kicken gelernt. 1979 entschloß sich sein Vater, ein Schmied, das Land auf dem gefährlichen Seeweg zu verlassen. Sie wurden »boat people«. Die Familie Dung – neben Hung noch zwei Schwestern und ein Bruder – war mehrere Wochen auf der Irrfahrt durch das Südchina-Meer und landete schließlich in einem Lager in Hongkong, durfte sechs Monate später schon nach Großbritannien ausreisen: Taunton im Südwesten Englands. Dort meldete sich der damals siebenjährige Hung für den Fußballclub »Rowburtin Boys Club« an. Schon bald erwies sich Hung im Sport wie im Köpfchen als besonderes Talent. Als Zehnjähriger gewann er in Taunton ein Schülerquiz im Wissensbereich Englische Geschichte, als Sportler gewann er bei den Meisterschaften der Grafschaft Somerset im Hochsprung und im 100-m-Lauf. Dann kam das großartige Ausscheidungsturnier im Stadion

Old Trafford in Manchester in diesem Jahr: 38 000 Fans im Stadion waren begeistert. Vor einem Heimspiel von United Manchester zeigten Nachwuchskicker ihre Künste. Dreißig Jungen, die sich bei regionalen Ausscheidungen aus rund 10 000 Bewerbern qualifiziert hatten, ermittelten Englands geschicktesten Techniker. Das Urteil der Punktrichter war nur eine Formsache. Hung Quoc Dung, 15 Jahre, Vietnamese, wurde von den Zuschauern schon vor dem Spruch der Jury beklatscht.

7. Mai 1986
Um 10.00 Uhr Singapur-Zeit sind erneut 96 Flüchtlinge aus einem 13 mal 3 m messenden Boot gerettet worden. Ich habe die genaue Seeposition noch nicht, aber es wird wieder so sein, daß sich das Schiff wegen der Piratenboot-Rudel näher an die vietnamesische Küste hat bewegen müssen. 96 Flüchtlinge in einem von Wind und Wetter bedrohten kleinen Boot – das soll mal jemand in seinem Betrieb organisieren, auf einem Raum von 13 mal 3 m 96 Menschen nebeneinander stehen zu lassen, und dies nur für zwei Minuten, während diese 96 Menschen zwei Tage, das heißt, 48 bange Stunden auf dem Meer verbringen mußten.

Dieses kleine Fluchtboot sei ganz von Piratenbooten eingekreist gewesen, als die CAP ANAMUR II hinzukam und sofort zu den Flüchtlingen vorstieß. Glücklicherweise klappte alles gut mit der Rettungsaktion.

Jetzt werden wir den Kampf um Aufnahmeplätze doch noch einmal aufnehmen müssen. Dominique Montchicourt wird am 24. Mai nach Quebec/Kanada fliegen, um die Staatssekretärin für Flüchtlingsfragen, Louise Gagné, zu sprechen und ihr, wenn möglich, eine Zusage abzuluchsen. Zugleich hoffen wir, über den Brüsseler Journalisten und Komiteefreund Albert Guyaux doch eine Zusage von Belgien über mindestens 30 und möglichst 50 Visa-Plätze zu erkämpfen.

Freitag, 23. Mai 1986
Das Schiff, unser Schiff, ist heute morgen in Singapur angekommen. Es wird sich schon an diesem Tag vor dem arbeitsfreien Wochenende mit Bunker, Nahrungsmitteln und allem sonstigen versorgen, was für die 201 Flüchtlinge an Bord nötig ist. Am Nachmittag dieses Freitags bin ich noch mal unterwegs nach Münster. Dort holt mich unser Komitee-Freund Rechtsanwalt Helmut Budde ab; er hat sich die letzten Monate bis zur Aufopferung um die Tamilen in der Bundesrepublik gekümmert. Wir fahren gemeinsam durch Wolbeck, einen Vorort von Münster, in dem ich vor über 15 Jahren während des Studiums einmal gewohnt habe. Wir holen einige Tamilen ab, die deutsch sprechen können. Budde sagt mir in seiner nüchternen Herzlichkeit: »Ich muß in meinem Büro schon den ganzen Tag über englisch sprechen, jetzt am Abend habe ich dann manchmal Lust, deutsch zu sprechen.«

Die Begegnung mit den Tamilen in dem kleinen Reihenhaus am Abend, ich muß genau drei Stunden später wieder zurück, wird zu einem einschneidenden Erlebnis. Sie sind arm dran, dieser Inder tamilischer Abstammung. Mehr Opfer als Subjekt ihres Befreiungskampfes, unterdrückt und bedrängt von der Gewalt einer Regierung in Sri Lanka, die kurzen Prozeß macht, sind sie allemal. Sie gehören aber – wie unsere vietnamesischen Bootsflüchtlinge – für die schwierigen Deutschen zur Kategorie angenehme, weiche, zugängliche, angepaßte Ausländer.

In den letzten Tagen hat ein Krieg mit Bombenangriffen auf Jaffna, die Hauptstadt des tamilischen Teils von Sri Lanka, begonnen. Die Tamilen hören jetzt den ganzen Tag über BBC. Alle Welt, alle Unterdrückten dieser Erde hören andauernd BBC, weil sich kein anderer Auslandssender in der Welt so sehr um andere Völker, die Dritte Welt, die Minderheiten, die Staatenlosen und Bedrängten kümmert, wie der Londoner Sender . . .

Einen Tag später bin ich in Singapur und werde von Antony Selvam abgeholt, unserem hilfsbereiten und beliebten Agenten in Singapur. Antony spreche ich auf dem Wege zur Clifford Pier, wo ich das Launchboot zum Schiff erreichen soll, auf die Tamilen an. Er ist selbst einer. Antony ist sehr nüchtern: »Das ist ein Bürgerkrieg. Die Inder auf Sri Lanka bekämpfen sich gegenseitig, werden nicht einig.« Antony als in Singapur geborener Madras-Tamile ist weit davon entfernt, in diesem Konflikt Partei zu ergreifen. Allerdings kreischt mir dieses Bürgerkriegsereignis aus Sri Lanka von allen Titelseiten der Zeitungen entgegen, die die Inder in Delhi in den Jumbo der Niederländischen KLM bringen. Auch die Singapur-Zeitungen enthalten einige Berichte über dieses Tamilen-Schicksal. Warum ich dieses hier erwähne? Weil Budde, unser Münsteraner Tamilen-Anwalt und Freund, dauernd fragt, wann denn die CAP ANAMUR in Sri Lanka vorbeikäme? Er fragt es auch deshalb, weil in der Zeitschrift des UN-Flüchtlingskommissars von den »neuen Bootsflüchtlingen« gesprochen und geschrieben wird, die sich in wilder Flucht aus dem bombenbedrohten Sri Lanka, zumal dem nördlichen Teil um Jaffna, nach Tamil-Nadu, also dem indischen Teil der Tamilen-Welt aufmachen . . .

27. Mai 1986
Angekommen bin ich leider mit fünf Stunden Verspätung in Singapur, selbst die perfektesten Airlines sind manchmal zu solchen Verzögerungen in der Lage. Grund, wie immer: »Some technical problems.« Jedenfalls kann ich den schönen halben Sonntag (25. 5.) in Singapur nicht mehr nutzen, statt 14.55 Uhr landen wir um 19.35 Uhr.
Antony ist am Flugplatz. Er hat die Botschaft in Manila angerufen, die ihm ahnungslos, wie sie wohl war, gesagt hat, es läge nur die Bestätigung für 50 Plätze vor, nämlich von Niedersachsen, »Lower Saxony«. Ich vermute – wie sich später herausstellt richtig –, daß da wieder ein Beamter ist, der von Tuten und Vergangenem keine Ahnung hat.
Drei Tage später, als CAP ANAMUR II wieder aus dem Hafen ist,

rufe ich selbst Manila an, verlange in der Botschaft einen Herrn Klawohn, der mir sagt, er habe die Eingänge aus dem Auswärtigen Amt selbst entschlüsselt, er wisse von gar nichts, zuständig sei auch Herr Duckwitz, den ich in einer halben Stunde anrufen solle. Was ich dann tue. Herr Duckwitz weiß denn auch schon Bescheid: 300 Visa von Frankreich, 100 von Nordrhein-Westfalen, 50 von Baden-Württemberg, macht 450 Visaplätze für die erste Fahrt der CAP ANAMUR II. 450 minus 328 schon verbrauchte Visa-Plätze macht nach Adam Riese genau 122 übrigbleibende Plätze aus. Nun kam das Angebot von Niedersachsen dazu mit 50 Plätzen, macht schon 172 Aufnahmeplätze, fehlen, wie Duckwitz mir am Telefon sagt, noch genau 30 Plätze! Er hat auch schon die Nachricht bekommen, daß Belgien 30 Plätze gegeben haben soll, hat die belgische Botschaft in Manila gefragt, die aber noch nichts wußte. Kurz und gut, ich verspreche dem Botschaftsrat Duckwitz, mich darum zu kümmern, dafür zu sorgen, daß die Botschaft Manila innerhalb der nächsten 24 Stunden eine offizielle Mitteilung über die 30 Visa-Plätze von Belgien bekommt.

Aus Antonys Büro in Singapur telexe ich unseren Komitee-Vertreter Albert Guyaux in Brüssel unter der leicht erinnerbaren Nummer 25002 an (mit dem Index rambru). Er antwortet mir postwendend, daß der »Accord« über die Zuwendung von 30 Plätzen für das deutsch-französische Schiff heute (27.) oder morgen (28.) unterschrieben hinausgehen soll. Er, Albert Guyaux, wird sich aber noch schnell um eine offizielle Mitteilung bemühen.

Als ich abends spät, etwa gegen 21.00 Uhr, an Bord unseres Schiffes komme, schlägt mir eine wunderbare Atmosphäre entgegen. Die Flüchtlinge sind geborgen, geben sich geborgen, sind heiter, winken, lächeln – ein wunderschönes Gefühl. Als erstes sehe ich in die blitzenden großen Augen unseres tapferen Mustafa, des einzigen von drei Türken in der Schiffsmannschaft, der für die Rettungstour an Bord geblieben ist. Der erste Weg auf einem Schiff führt natürlich immer zum Kapitän. Max Behrens ist da, tatenfroh und überlegt, mit seiner tiefinneren Heiterkeit, die mit einem großen verantwortungsbewußten Ernst Hand in Hand geht. Ein großartiges Gefühl: Wieder sitze ich auf *unserem* Schiff in der Kajüte des Kapitäns, dieses Schiffes, das nun schon 530 Menschen das Leben gerettet hat. Wieder lese ich auf der Stirnseite oder Bugseite der Kajüte den einzigen Wandspruch des Kapitäns, schlicht, passend: »In Wind und Wetter sei Gott dein Retter.«

Das große Zutrauen zu diesem Kapitän, das ich schon von Anfang an hatte, ist enorm gewachsen: Er hat mit großer Beständigkeit diese beiden Operationen durchgeführt, er sagt mir auch, daß er sie gerne zu Ende führen würde. Als ich von den genauen Umständen der Rettungsaktion höre, zumal von der letzten, von den 52 Menschen in dem leckgeschlagenen Boot, bekomme ich einen unglaublichen Respekt vor diesem Kapitän, vor diesem Zweiten Offizier Tycho Heitmüller und vor der ganzen Mannschaft, die mehr als 30 von diesen 52 mit eigener Kraft bei Windstärke 8 aus dem Wasser geholt hat.

Die dramatische Aktion:
52 Flüchtlinge im leckgeschlagenen Boot

Pfingstsamstag, 17. Mai 1986, 20.00 Uhr.
Um diese Zeit ist es auf dem Meer schon stockdunkel. Plötzlich entdeckt der wachhabende Offizier ein kleines Licht. Der Kapitän hat die Maschinen an diesem Abend nicht abgestellt, das Wetter ist so lausig geworden, der Wind pfeift und stürmt mit Stärke 7–8 so hart und scharf, daß sich das Schiff mit Volldampf gegen die starke Dünung bewähren muß. Das kleine Licht ist nur mit den Augen auszumachen, auf dem Radarschirm ist nichts zu erkennen.

Es stürmt und stürmt, der Bug tanzt mindestens fünf, manchmal bis zehn Meter hoch, Kapitän und Steuermann brauchen alle Konzentration, nur um das Ruder richtig zu führen, nicht so stark gegen eine Welle zu knallen, daß was passieren kann. Das tanzende Licht, soviel ist klar, ist ein Fluchtboot, es ist nicht beleuchtet, hat also keine Positionslampe. Die Operation der Rettung dieser Menschen wird das Schwierigste werden, was die Cap Anamur II je durchgezogen hat. Alles ist bis zum äußersten gespannt. Der Kapitän macht ein phantastisches Manöver, durch das das kleine Schiffchen in den Windschatten des großen Schiffes gerät. Aber das Boot ist leckgeschlagen – später werden zwei Lecks ausgemacht –, es macht Wasser, liegt in der rauhen See und den drei Meter hohen Wellen wie ein hilfloser Pingpongball.

Die Plattform kann wegen der stürmischen See und des Sturmes nicht ausgefahren werden. Das Boot wird für einige Sekunden an die Bordwand gelassen, einige Flüchtlinge klettern mit Hilfe der Strickleiter an Bord, brechen zusammen. Sie sind am Ende. Pausenlos mußten die Flüchtlinge bei Wind und Seegang aus dem leckgeschlagenen Boot Wasser schöpfen, wovon die Mehrzahl so erschöpft ist, daß sie in dem Moment, da sie längs der Cap Anamur II liegen, nicht mehr die Bordwand hinaufklettern können. Nur 22 schaffen es noch, die anderen können einfach nicht mehr, darunter auch eine hochschwangere Frau und einige Kleinkinder. Die Matrosen der Cap Anamur II machen sich bereit, hinunterzusteigen und diese anderen mit eigener Hand in Sicherheit zu bringen.

Der gefährlichste Teil der Operation beginnt. Jeder weiß, daß es für ihn riskant ist. Jeder rechnet damit, daß einige im Wasser bleiben und ertrinken. Doch wie durch ein Wunder gelingt es den Matrosen und dem Zweiten Offizier Tycho Heitmüller, diese 30 Menschen bei Orkanböen an Bord zu hieven. Der letzte, der wieder die sicheren Planken betritt, ist Tycho, der damals auf dem DRK-Schiff »Flora« so enttäuscht und frustriert war, weil man sich auf diesem Schiff peinlich von der Pflicht der Seenotrettung entfernt hat und mit diesem politisch ungeliebten Teil der Arbeit auf dem Südchina-Meer nichts zu tun haben wollte.

Tycho ist der letzte, der in dem tanzenden, voll Wasser stehenden, kurz vor dem Sinken befindlichen Boot steht und noch ein Kleinkind in eine Art Rucksack steckt, ein Kind, das verloren und abgesoffen wäre, hätte er sich nicht ein Herz gefaßt und wäre noch einmal hinuntergeklettert ...

An Bord 52 total erschöpfte Menschen: 21 Männer, 17 Frauen und 14 Kinder. Sie werden von der Mannschaft und unseren Ärzten in die Küche oder gleich auf eine Liege getragen. Ein Junge hat Blinddarmentzündung, er wird sofort von Dr. Uda Shibata behandelt, unsere Krankenschwester Marlies Winkler kümmert sich um die Schwangere. Die Vietnamesen an Bord haben für die Neuankömmlinge Tee und Reis gekocht. Der erste Tee, das erste saubere, nicht salzige Getränk seit mehr als vier Tagen:

Am 14. Mai 1986 um 12.30 Uhr waren sie an der Flußmündung abgefahren mit ihrem 9,7 mal 2,4 Meter großen Flußboot, das der Bootsführer und Fluchtorganisator im April 1985 gekauft hatte. Sie hatten gerade mal einen Kompaß und eine primitive Seekarte an Bord und einen kleinen Motor, der fünf Knoten fahren konnte. Insgesamt vier Handelsschiffe hatten die Flüchtlinge bei ihrer langen Fluchtfahrt gesehen, drei davon waren weiter entfernt, und man kann nicht mit ganzer Gewißheit sagen, daß sie von ihnen entdeckt wurden. Aber an diesem 17. Mai, an diesem Pfingstsamstag um 10.00 Uhr, kam ein Frachter bis auf 50 m an das Nußschalenboot heran, das durch ein kleines Feuer noch auf sich aufmerksam machte. Ein Offizier ging mit seinem Feldstecher zum Ausguck und dann wieder auf die Brücke. Die Flüchtlinge haben sogar den Namen des Schiffes behalten: »Marytime Triumph«, ein Norweger.

Im Boot waren noch Treibstoff und Nudeln, aber kein Wasser mehr. Trotz sparsamster Rationierung war das Trinkwasser schon am Vortag ausgegangen. Diese 52 Flüchtlinge hatten keine Piratenberührung, sie wußten aber von den Piraten, und zwar von Verwandten, die geflüchtet und überfallen worden waren.

Geplant war die Flucht für 32 Personen, so hatte man auch die Vorräte an Bord eingeteilt (30 kg Nudeln, 200 Liter Frischwasser, 300 Liter Treibstoff). Doch dann hatte die Küstenwache ein anderes Boot aufgebracht, und es galt, 20 zusätzliche

Flüchtlinge gegen gutes Entgelt aufzunehmen. Deshalb kam es dazu, daß dieses Boot völlig überladen war und die Flüchtlinge kein Trinkwasser mehr an Bord hatten.

Am 16. Mai 1986 wurde kurz nach Mitternacht ein Fluchtboot mit einer tragischen Vorgeschichte entdeckt: Es waren auf dem 12,5 mal 2,9 Meter großen Flußboot nur acht Menschen.
Das Boot mit der Nummer TN 0396 war von Tay Ninh, einem kleinen Ort an der kambodschanischen Grenze, hinausgegangen, ohne Kompaß, ohne Seekarte. Diese Utensilien sollten auf einem Zubringerboot sein. Das jedoch wurde mit insgesamt 38 Flüchtlingen bei der Abfahrt von der Küste geschnappt. Alle 38 Personen wurden verhaftet.
Das Boot mit den acht Personen an Bord bekam die Verhaftung aus seinem Versteck heraus wohl mit und machte sich gleich Hals über Kopf auf den Fluchtweg, um nicht selbst noch entdeckt zu werden.
Die Flucht, so erzählten die Flüchtlinge, wurde seit dem August 1985 vorbereitet (konnte also auch wieder in überhaupt keiner Beziehung zur CAP ANAMUR II stehen).
Am 15. Mai wurde von der Brücke unseres Schiffes, der Kapitän hatte gerade seine vierstündige Turnuswache, ein schwaches Radarecho ausgemacht. Das Echo wurde verfolgt, und um 23.30 Uhr entfernte es sich in Richtung der Schiffahrtsroute Hongkong–Singapur. Da immer noch kein Licht zu sehen war, folgte die CAP ANAMUR II dem Boot. Kurz nach Mitternacht, um 0.45 Uhr am 16. Mai, gelang es bei rauher See, die acht Personen bei Position 9.09 Nord/108.02 Ost zu bergen. Insgesamt waren diese Flüchtlinge nicht weniger als drei Tage, drei Nächte und 12 Stunden wirklich ohne jede navigatorische Hilfe auf dem Südchina-Meer umhergeirrt. Das Boot war überhaupt nicht auf irgendeine größere Seereise eingestellt, sondern ein reines Flußboot. Es waren sechs Männer, eine Frau und ein Kind von sechs Jahren.

28. Mai 1986
Am Abend vorher bin ich von Singapur aus mit Singapore Airlines gestartet, das Timing mußte dieses Mal stimmen, denn in Frankfurt soll ich gleich eine Lufthansa-Maschine Richtung Hamburg nehmen. In Hamburg hat das Komitee für 10.30 Uhr eine Pressekonferenz angesetzt, die als Anlaß meine Rückkehr aus Singapur und das Auslaufen des Schiffes nach den Philippinen nehmen soll. Das Riesenflugzeug startet von dem Flughafen Singapur mit der sekundengenauen Pünktlichkeit, die man auf der Welt wohl nur noch in Singapur findet.

Aber zwei Stunden später, nach dem Dinner, das opulent wie immer und mit der ganzen Herzlichkeit der Singapur-Stewardessen serviert wird, passiert es: In Bangkok wird das Flugzeug nicht nur bis auf den letzten Platz besetzt, es gibt auch eine halbe Stunde Verzögerung, die dazu führt, daß es mit meinem Anschluß schwierig wird: 06.55 Uhr sollen wir landen, um 08.15 Uhr geht die Maschine in Richtung Hamburg. Wir sind aber erst um 07.35 Uhr in Frankfurt. Dann die verschiedenen Zoll- und Sicherheitskontrollen. Mit Mühe, aber dennoch schaffe ich den Transit als Passagier der Lufthansa.

Die Pressekonferenz findet im Rathaus statt. Ich hatte das Angebot vom CDU-Oppositionsführer Perschau angenommen, er würde etwas sagen wollen.

Ich berichte erst über die Rettungsaktivitäten. Dann nimmt Perschau das Wort. Natürlich macht jeder Politiker in dieser Zeit einige Wochen vor der Niedersachsen-Wahl und ein halbes Jahr vor der Bundestagswahl Reklame für die eigene Partei, so auch Perschau und der Abgeordnete Gert Boysen. Aber was die beiden in der Pressekonferenz sagen, ist humanitär, ich muß das nicht irgendwo verstecken. Dem SPD-Abgeordneten Freimut Duve gefällt das gar nicht. Ich hätte Duve und Klose als Freunde des Komitees gern mit bei dieser Pressekonferenz dabeigehabt. Aber das geht natürlich nicht, weil es gegen den Parteigenossen und Bürgermeister Hamburgs, Klaus von Dohnanyi, gerichtet gewesen wäre. Duve ist schon sehr verschnupft: Wenn er das gewußt hätte, hätte er mir ein Gespräch

mit Dohnanyi ermöglicht. Aber so – auf diese Art würde der Klaus von Dohnanyi noch hartnäckiger auf Ablehnungskurs bleiben. Was natürlich nicht unbedingt für ihn, Dohnanyi, spricht.
Bei der Pressekonferenz im Saal A des patrizierhaften Rathauses ist verdammt viel Presse anwesend. Der NDR-Hörfunk ist da, das Hamburg-Journal des Fernsehens durch die Journalistin Doutiné vertreten, die mich einlädt, am Nachmittag ins Studio zu kommen. Das kann ich eigentlich nicht, da ich unbedingt um 14.25 Uhr fliegen will. Ich lasse mich dann aber darauf ein, um 16.00 Uhr dieses Interview-Stück vorzuproduzieren und erst um 17.25 Uhr zu fliegen. Auch APF, das Privatfernsehen ist da, das mit mir gleich nach der Pressekonferenz ein Interview macht.
Die RASRO-Vereinbarung macht immer mehr Sinn. Seit Griechenland dem Pool beigetreten ist, haben in diesem Jahr schon wieder zwei griechische Frachtschiffe Flüchtlinge gerettet. Am 3. Januar die »Sea Tide« 63 Flüchtlinge, am 18. April die »Kit Jade« 144 Flüchtlinge. Die Zahl der Schiffe, die bis Ende April nach Singapur gekommen sind, hat zugenommen. Kamen von Januar bis Ende April 1985 nur 176 gerettete Bootsflüchtlinge in Singapur an, sind es 1986 schon 565. Die erste RASRO-Pool-Rate ist schon fast zu 58 % verbraucht, der UNHCR bemüht sich um eine zweite Rate.
Hussein Khane, der Vertreter des UNHCR in Singapur, zu dem ich am Nachmittag vor meinem Abflug noch gehe, empfiehlt, mit dem Schiff in den Golf von Thailand zu fahren. Ich sitze mit Antony wieder mal in dem UNHCR Office, und wir hören uns die geballte und konzentrierte Vorsicht an, die aus dem Munde des Pakistani Khane spricht. Gleich nämlich, nachdem er mir empfohlen hat, mit der CAP ANAMUR II in den Golf von Thailand zu gehen, schreckt er vor diesem Mut, etwas empfohlen zu haben, wieder zurück. Um Gottes willen sollten wir aber nicht sagen, wir würden »auf Anraten des UNHCR« in den Golf fahren.
Ich will mir die Zahlen geben lassen. Khane holt ein Telex, ich

bitte ihn um eine Kopie, auch dazu ist er zu feige. Er schreibt mir eigenhändig die Zahlen der Anlandungen an der Thailandküste auf ein Papier. An der Ostküste Thailands waren es – Januar bis Mai 206 (1985) und 593 (1986), an der Südküste Thailands waren es 729 (1985) und 744 (1986). In Malaysia lauten die entsprechenden Zahlen für Januar bis April 2071 (1985) und 2455 (1986)!

30. Mai 1986

Mittlerweile ist das Schiff mit den 201 Flüchtlingen an Bord genau 12 Stunden von Puerto Princesa entfernt. Antony Selvam, der gestern schon nach Manila geflogen war, ist heute mittag Manila-Zeit nach Puerto Princesa weitergeflogen. Gestern gab es in der immer unendlichen Kette von Verzögerungen und Problemen ein – vielleicht – letztes: Antony teilte mir vom Hotel Plaza in Manila per Telefon mit, daß die Deutsche Botschaft sich weigere, die Garantie in dem berühmten Brief für alle Flüchtlinge auszuschreiben, weil in der Mitteilung der belgischen Regierung die Übernahme der Kosten für den Transport für 30 Flüchtlinge nach Belgien ausgeschlossen wird... Statt daß man dann aber wenigstens schon mal die Garantie gibt, danach mit den Belgiern verhandelt und ihnen erklärt, daß man die Flüchtlinge ohne den Transport aus diesem Raum nach Europa nicht haben kann, muß erst wieder der heilige Bürokratismus bemüht werden. Ich gebe Antony folgenden Text, den wir dann im Telex an die Botschaft durchgeben:

»Komitee CAP ANAMUR
29. 5. 1986
Sehr geehrter Herr Botschafter,
wir wurden von Mr. Antony Selvam informiert, daß Belgien 30 Aufnahmeplätze garantiert hat, ohne die Transportkosten zu übernehmen. Falls das so ist, übernimmt das Komitee CAP ANAMUR hiermit die Garantie für die Transportkosten der 30 Flüchtlinge von Manila nach Belgien.«

In bestimmten Situationen muß man beherzt etwas klarmachen und damit, wenn möglich, die Behörden beschämen. So wie wir der Bundesregierung im Mai 1985 die eine Million Mark angeboten haben, weil wegen dieser Million die Aufnahme der hundert Niedersachsen-Flüchtlinge von dem deutsch-französischen Schiff »Jean Charcot« nicht klappen sollte.

Samstag, 31. Mai 1986
Wie aus dem Unterbewußten hörte ich um 03.30 Uhr morgens ein Telefon klingeln, und als ich mich richtig aufrappele, höre ich es wirklich schellen. Der Samstag ist immer der richtige Tag zum Ausschlafen, deshalb schlurfe ich etwas beleidigt hinaus. Da kommt wieder das übliche Intercontinental-Piepsen. Für Sekundenbruchteile frage ich mich: Na, welcher Kontinent, welches Land, welches Not-Ärzte-Team ist da wieder in einer Katastrophen-Situation? In Somalia wütet die Cholera, im Tschad gibt es Probleme mit den Behörden, im Südchina-Meer haben wir die CAP ANAMUR II.
Es ist Kapitän Behrens: »Wir können die Flüchtlinge nicht an Land geben, die Garantie ist nicht in Ordnung.« Ich bin ganz im Dusel. Wir hatten gestern noch alles klar. Der Leiter des entsprechenden Referates 301 im Auswärtigen Amt, Noeldecke, hat uns noch angerufen und mitgeteilt, daß die Belgier ihre Zusage bestätigt und bekräftigt haben. Er wollte sich nur noch vergewissern, daß wir es mit der Zusage ernst meinen, die Transportkosten für die 30 Flüchtlinge zu bezahlen, die nach Belgien gehen.
Heute morgen − 03.30 Uhr ist 09.30 Uhr Singapur- oder Manila-Zeit − ist alles unklar. Antony Selvam ist in Puerto Princesa, hat offenbar keinen Garantiebrief bekommen, er wird gleich einen Botschaftsangehörigen in Manila fragen, Herrn Klawohn. Wir werden gehörigen Krach machen, wenn es wirklich auf Grund einer Trödelei der Deutschen Botschaft eine Verzögerung der Garantiebrief-Übergabe gibt.

Der UN-Hochkommissar für Flüchtlinge, Jean-Pierre Hocké, hat für heute, den 31. 5. 1986, zum 10. deutschen Seeschiffahrtstag in Cuxhaven eine Erklärung abgegeben, in der er es geradezu peinlich vermeidet, unser Schiff zu erwähnen und die dennoch nur auf die Situation im Südchina-Meer bezogen ist.
In der Erklärung heißt es unter anderem:
»Unabhängig, unter welcher Flagge ein Schiff läuft: die schnelle Ausschiffung der Flüchtlinge im nächsten Anlaufhafen ist in jedem Fall gewährleistet, entweder durch deutsche, meist aber durch international vereinbarte Aufnahmegarantien. Außerdem: alle Kosten, die dem Schiffahrtseigner durch eine Rettungsaktion entstehen, inklusive der Betriebsausfallkosten des Schiffes, werden dem Reeder vom Flüchtlingskommissar zurückerstattet.«

2. Juni 1986
Der Text der Erklärung, die uns vorher über Ticker durchgegeben wird, enthält kein Wort über die Aktivität der Cap Anamur II im Südchina-Meer. Der Vertreter des Hochkommissars in Bonn, René van Rooyens, hat einen Hinweis darauf spontan noch angeregt, weil es ja auch einen Witz der Weltgeschichte darstellt, daß das deutsche Rettungsschiff gerade in Puerto Princesa angekommen ist, wir einen Schiffahrtstag haben, der sich um diese Fragen der Seenotflüchtlinge im Südchinesischen Meer kümmert, und unser Schiff nicht mal erwähnt wird. Aber so außerhalb von Raum und Zeit finden UN-Aktivitäten manchmal deshalb statt, weil man auf Regierungen mehr Rücksicht nimmt, als sie es selbst erwarten oder gar fordern.
Die »deutsche Flotte« heißt es weiter, kann entscheidend helfen, das Elend dieser Menschen zu lindern. So wie das geschehen sei bei der Rettung von 110 Flüchtlingen durch die »Anja Leonhardt«, der deutschen Reederei Leonhardt und Blumberg im Oktober 1985 oder beim Einsatz der »Etha Rickmers« der Hamburger Reederei Rickmers, durch den 25 Menschenleben

gerettet wurden. Im ausgedünnten blutarmen Text des UNHCR heißt es lapidar: »Im übrigen wird es einigen vietnamesischen Flüchtlingen, die deutschen Kapitänen ihr Leben verdanken, eine Ehre sein, eine der Spezialitäten Vietnams anzubieten.«
Daraufhin habe ich heute morgen einen Brief an den Hochkommissar geschrieben, den ich gleich über Telex weitergeleitet habe:
»An den Hochkommissar für Flüchtlinge
— Herrn Jean-Pierre Hocké —
UNHCR-Genf

Sehr geehrter Herr Hochkommissar,
wie Sie wissen, fahren wir seit einigen Monaten im Südchina-Meer mit dem Rettungsschiff CAP ANAMUR II und haben seit dieser Zeit 530 Seenotflüchtlinge retten können. Diese demonstrative Aktion hat den Sinn, in einer begrenzten Zeit (maximal 6 Monate) der deutschen und europäischen Öffentlichkeit wie Politik noch einmal das Problem der bedrohten, potentiell ertrinkenden und von Piraten angegriffenen Flüchtlinge aus Vietnam vor Augen zu stellen, ein Problem, was schon vergessen wurde.
Ziel unserer Aktivität ist es, neben möglichst vielen Rettungsaktionen während der 6 Monate, auch die deutsche Regierung und andere Regierungen zu ermuntern, mehr zu tun für die Programme des UNHCR — also RASRO und DISERO. Da die deutsche Bundesregierung RASRO immer noch nicht beigetreten ist, können Sie ersehen, wie wichtig diese Konsequenz so einer Aktion ist.
Ziel der Aktivität ist es auch, in der Bundesrepublik und bei den kompetenten politischen Instanzen Verständnis für die »long stayers« in den Lagern zu wecken. Deshalb, weil der Prozeß der Garantie-Quote und der Extra-Quote für das Rettungsschiff schon wieder stockt, möchte ich Sie im Interesse der von uns beiden gemeinsam angestrebten Seenot-Rettung bitten, uns für unsere Aktion wenigstens ein einziges positives Wort nach Troisdorf zu sagen, sonst sieht es

ganz so aus, als arbeite der UNHCR außerhalb von Raum und
Zeit.
Dr. R. N. Troisdorf, den 2. Juni 1986«

Was ist geschehen? Die Bundesregierung, ja das Kanzleramt
selbst hat unserer Aktion jetzt einen höchst offiziellen und
formellen Korb gegeben. Jetzt müßten die Bundesländer
eigentlich handeln. (Siehe Brief von Prof. Dr. Dr. Klaus König
auf S. 113 f.)
Die Auskunft des Kanzleramtes ist klar und eindeutig. Sie
entbindet jetzt aber auch Landesregierungen, wie die von
Schleswig-Holstein und Hamburg, weiter ihren Alibi-Vorbe-
halt zugunsten der Verfahrens-Vereinbarung vom 5. März
1982 aufrechtzuerhalten. Wenn ein Land wie Hessen also 50
Plätze geben wollte, dann kann es die 50 Plätze jetzt ohne den
Rahmen der Bund-Länder-Vereinbarung geben. Ich will das
den Regierungen persönlich mit einem Brief zur Kenntnis
geben.

Die CAP ANAMUR II dümpelt schon zwei Tage untätig im Hafen-
gewässer von Puerto Princesa. Als der Kapitän mich davon am
31. Mai morgens informiert, daß schon wieder was hakt, fühlte
ich mich lebhaft in die Zeiten der ersten CAP ANAMUR zurück-
versetzt. Da gab es auch immer sehr willkürliche Verzögerungen nur dazu, um das Schiff ja nicht zu neuer Rettungsaktivität
auslaufen zu lassen. Jetzt soll Belgiens Garantie nicht stehen.
Ich rufe Herrn Klawohn an, ungern.
»Warum gibt es denn jetzt den Garantiebrief nicht zum Samstag? Ich selbst habe doch die Frage der Transportkosten auf die
Komitee-Kappe genommen, und das war die einzige Frage, die
geklärt werden mußte.«
Klawohn: »Ja, der Brief über die 172 von deutscher Seite
zugestandenen Plätze liegt unterschriftsreif im philippinischen
Außenministerium. Aber die 30 Plätze und Visa von belgischer
Seite waren am Freitag nicht geklärt. Also mußten wir so
verfahren.«

23. April 1986. Die Cap Anamur II trifft auf ein Flüchtlingsboot mit 23 Personen.

Das Boot hat neben der Cap Anamur II festgemacht, die ersten Flüchtlinge gehen an Bord.

5. Mai 1986. 96 Personen befinden sich auf diesem Fluchtboot (o.), von denen etwa 50 in diesem 3,5 × 5 m breiten und 1 m hohen Raum ausharrten (u.).

Phuong Doan Minh, die Dolmetscherin an Bord der Cap Anamur II, bringt ein Kind in Sicherheit.

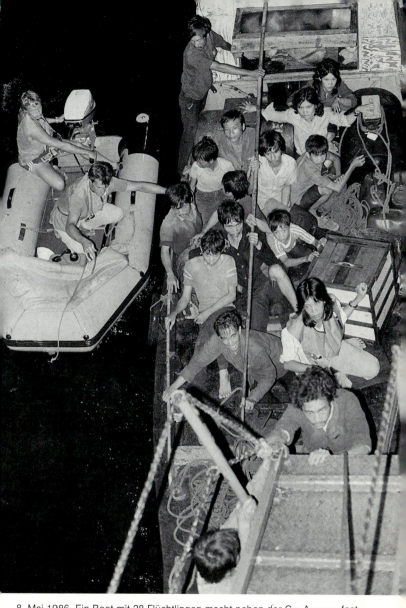

8. Mai 1986. Ein Boot mit 28 Flüchtlingen macht neben der Cap Anamur II fest.

17. 5. 1986, 20.00 Uhr Singapur-Zeit. Der Scheinwerfer der Cap Anamur II erfaßt ein Boot mit 52 Flüchtlingen. Bei Windstärke 8 und meterhohen Wellen beginnt eine dramatische Rettungsaktion.

Der erste Tee, die ersten Zigaretten an Bord.

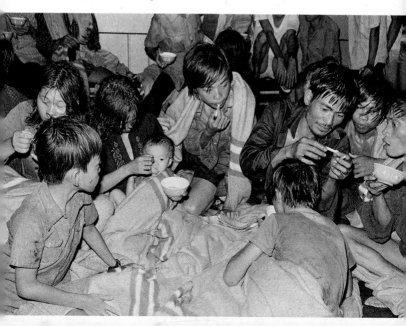

Dr. Francis Callot kümmert sich um einen total erschöpften Flüchtling.

Die Schlafplätze unter Deck bestehen aus Holzplatten mit Bambusmatten.

Vieles wird von den Flüchtlingen selbst organisiert, hier eine Versammlung der gewählten Sprecher.

Die Kinder fühlen sich schnell heimisch.

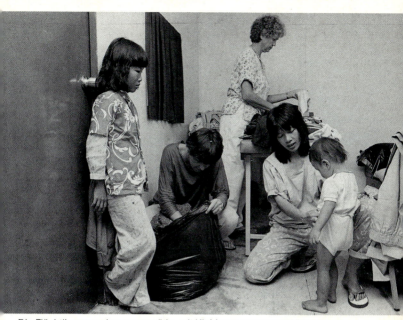

Die Flüchtlinge werden, wenn nötig, mit Kleidung versorgt und ärztlich betreut.

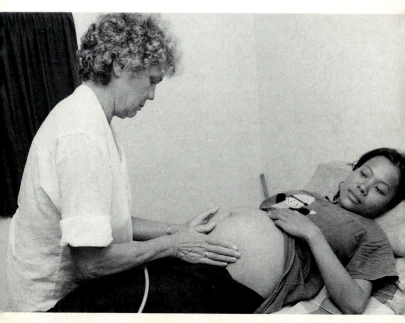

Deutschunterricht an Bord der CAP ANAMUR II. Dr. Uda Shibata als Lehrerin.

Transitlager Palawan in Puerto Princesa auf den Philippinen. Ohne Aufnahmegarantie für ein Drittland dürfen die Flüchtlinge nicht von Bord.

Ankunft im Lager Palawan in Puerto Princesa.

Notunterkunft im Lager – bis zur Weiterreise das Zuhause der Flüchtlinge.

Prof. Dr. Dr. Klaus König
Ministerialdirektor
Leiter der Abteilung
Innere Angelegenheiten; Sozialpolitik und Planung
im Bundeskanzleramt

5300 Bonn 1, den 30 . Mai 1986
Adenauerallee 141
Telefon (0228) 562300

Herrn
Dr. Rupert Neudeck
Komitee Cap Anamur
Kupferstraße 7

5210   Troisdorf/Köln

Sehr geehrter Herr Dr. Neudeck,

für Ihr Schreiben vom 15. Mai 1986 darf ich Ihnen im Auftrage von Bundesminister Dr. Schäuble verbindlich danken.

Wie Sie wissen, richtet sich die Aufnahme von Ausländern aus humanitären Gründen nach den von den Regierungschefs des Bundes und der Länder am 5. März 1982 vereinbarten "Verfahrensgrundsätzen für die Aufnahme von Ausländern aus humanitären Gründen". Darin haben sich Bund und Länder früheren Erfahrungen entsprechend darauf verständigt, Flüchtlinge aus humanitären Gründen nur noch gemeinsam und bei Vorliegen bestimmter Voraussetzungen aufzunehmen.

Der innerhalb der Bundesregierung fachlich zuständige Bundesminister des Innern hat die Aktion "Cap Anamur II" unter dem Gesichtspunkt dieser Verfahrensgrundsätze geprüft und ist zu dem Ergebnis gelangt, daß deren Voraussetzungen nicht erfüllt sind. Das Auswärtige Amt hat bestätigt, daß dies auch aus seiner Sicht so ist.

Es fehlt insbesondere die Bereitschaft aller Länder, Flüchtlinge aus dieser Aktion aufzunehmen. Lediglich Nordrhein-Westfalen, Baden-Württemberg und Niedersachsen haben sich zur Aufnahme von zusammen 200 Flüchtlingen aus dieser Aktion bereiterklärt, allerdings nur außerhalb der Verfahrensgrundsätze und als einmalige Ausnahme. Dieses Vorgehen entspricht nicht den

Verfahrensgrundsätzen, mit den der Bund und alle Länder vereinbart haben, nur noch gemeinsam zu handeln. Dementsprechend haben sich Hessen und Saarland nach ihren mir vorliegenden Schreiben nur unter den - nicht erfüllten - Voraussetzungen der Verfahrensgrundsätze bereiterklärt.

Hinsichtlich der 200 Flüchtlinge hat die Bundesregierung gleichwohl die erforderlichen Übernahmegarantie-Erklärungen gegenüber den Erstaufnahmeländern abgegeben. Hinsichtlich der bis dahin gegebenen Fälle Nordrhein-Westfalen und Baden-Württemberg hat Bundesminister Dr. Schäuble am 10. April 1986 selbst an Sie geschrieben.

Unter den gegebenen Umständen ist es dem Bundesminister des Innern nicht möglich, das in den Verfahrensgrundsätzen vorgesehene Verfahren zur Aufnahme von Flüchtlingen aus humanitären Gründen einzuleiten.

Mit freundlichen Grüßen

Und — am Montag wäre auch der Sachbearbeiter wieder da, der die Sache kennt. Ich bohre dann am Samstag weiter, alarmiere unseren Brüssel-Vertreter Albert Guyaux, der sich am gleichen Tag noch bei seinen Behörden durch intensive Recherche unbeliebt macht. Aber nun scheint die Transportfrage geklärt, das Budget für diese 30 Flüchtlinge scheint »debloqué« zu sein.
Die erste Mitteilung von Albert Guyaux ist noch verdammt pessimistisch: Der Budgetminister muß noch das Geld finden (»encore trouver l'argent«), um die Transportkosten zu dek-

ken, und das wird mehrere Tage in Anspruch nehmen. In der nächsten Mitteilung – nur einen halben Tag später – war dann das entsprechende Budget – wie es französisch in dem Telex so schön hieß – »débloqué«. »Lundi je continue les contacts. Selon moi et d'après les renseignements obtenus l'argent sera trouvé mais il faut attendre, hélas... Bien à Vous«, schreibt Albert Guyaux über den Ticker. »Am Montag werde ich die Kontakte fortsetzen. Meiner Meinung nach und nach den Informationen, die ich erhalten habe, dürfte es nicht schwierig sein, das Geld zu finden, aber wir müssen warten...«

3. Juni 1986
Am Samstag, den 31. Mai, dem letzten Tag des dritten Charter-Monats, habe ich die MV »Regine«/CAP ANAMUR II für den Monat Juli weitergemietet. Das ist das, was wir von heute aus voraussehen können.
Ansonsten gab es den Weltkongreß der »Internationalen Ärzte gegen den Atomkrieg« (abgekürzt IPPNW), auf dem ich drei Tage hintereinander war. Ich habe insgesamt fünf Beiträge für den Deutschlandfunk aus Anlaß dieses Weltkongresses gemacht. Am Donnerstag (Fronleichnam), am Freitagnachmittag, am Sonntag das »Interview der Woche« mit dem großen alten Mann der US-Wirtschaftswissenschaften, John Kenneth Galbraith, am Sonntagabend den Kommentar, jetzt vielleicht noch ein »Themen der Zeit«...
Über die »Ärzte unter dem Nationalsozialismus« referierte ein junger Arzt, Hartmut Hanauske-Abel, am ganz frühen Freitagmorgen. Die Teilnehmer waren so bewegt von dem mit Fotos untermauerten Trauerarbeits-Referat, daß sie sich selbst aus Ergriffenheit und Dankbarkeit für diese Art der Aufklärung Beifall zollten. Der Referent zitierte Hans Scholl:
»If I am German medical doctor, still can face an international audience of physicians, it is because men like him. Hans Scholl, member of the Weißen Rose.« – »Wenn ich, ein deutscher Arzt, hier vor Ihnen, einem Auditorium international vertrete-

ner Ärzte sprechen darf, dann nur seinetwegen ...« Hans Scholl wurde am 18. Februar 1943 gefaßt, er wollte am 22. Februar 1943 noch Dietrich Bonhoeffer treffen und schrieb einige Stunden vorher auf einen kleinen Zettel: »Ich sehe, daß ein Arzt Philosoph und Politiker sein muß. So waren also die verflossenen Jahre eher ein Gewinn als ein Verlust. Denn was ich an rein fachlichem Wissen verloren habe, werde ich rasch nachgeholt haben. Dafür kann ich den Menschen, der immer im Mittelpunkt des ärztlichen Denkens steht, in die Welt und in den Staat einordnen.«

Am Tag meiner Rückkehr aus Singapur via Frankfurt nach Hamburg habe ich im Ratsweinkeller im Hamburger Rathaus mit Jobst Plog, dem Hamburger NDR-Stellvertreter des Intendanten, Mittag gegessen und dabei auch über Vietnam gesprochen. Jobst Plog war als Leiter einer ARD-Delegation in Hanoi und hat dort ein Kooperationsabkommen geschlossen. Sensation innerhalb der Sensation: Die Vietnamesen haben sogar in Artikel IV a) des Abkommens deutsche Ausbilder angefordert. Wir spinnen so vor uns hin und erwägen, mit der CAP ANAMUR II einen Ü-Wagen der ARD, des deutschen Fernsehens, nach Haiphong zu schicken, vielleicht in Verbindung mit einem Hilfsgüter-Transport ... Ich sollte die Greenpeace-Zentrale in Hamburg mal ansprechen, vielleicht ist dieser Verein gar nicht so blöd und läßt sich auf partielle Zusammenarbeit ein. Wie ich jüngst las, ist Eva Goris jetzt Pressesprecherin des Verbandes geworden − und Eva Goris war die allererste Journalistin, die eine Reportage über den damals noch klitzekleinen Verein »Ein Schiff für Vietnam« gemacht hat.

Wir müssen jedenfalls die Barrieren in Richtung Vietnam schleifen, es darf nicht weiter so sein, daß alle Regierungen, um den Weg des geringsten Widerstandes zu gehen, bei dieser Frage einfach kneifen, um sich nur ja nichts einfallen lassen zu müssen. Ich überlege, das Schiff ein ganzes weiteres Jahr zu chartern, das wäre ein Kostenaufwand von 2 Millionen 800 000 Deutsche Mark. Das könnten wir ja machen, die

Alternative hieße: Das Schiff für zwei Jahre, greenpeace-like kaufen, damit aber auch die Last und Verpflichtung haben, daß wir das Schiff besetzen müßten, daß wir es mit Kapitän, Offizieren und Matrosen besetzen müßten.
Nach den Zahlen, die ich dieser Tage über die Weltbevölkerung lese, kann man Regierungen der Dritten Welt ja manchmal verstehen, wenn sie einen Teil ihrer Bevölkerung loswerden wollen − so wie das die Regierung in Hanoi nun mal will. Schließlich gehört dieses bettelarme Land zu den volkreichsten mit einer Zuwachsrate von 2,9 Promille. Das Land steht auch auf der Liste der Länder, die von dem United Nation Funds for Population Activities, den UNFPA, unterstützt werden. 53 UN-Mitgliedsländer werden von diesem UNFPA gefördert, der direkt dem UN-Generalsekretariat unterstellt und der Fachaufsicht des Entwicklungsprogramms der UN (UNDP) übertragen wurde. Kriterien für alle diese 53 Länder: ein jährlicher Zuwachs von mindestens 100 000 Menschen und mehr; Bruttoreproduktionsrate von 2,5 pro Tausend und mehr; Säuglingssterblichkeit von 160 oder mehr auf 1000 Lebendgeburten; Dichte schließlich der Landbevölkerung auf ackerbarem Land von zwei Personen und mehr auf einem Hektar.
In das Land Vietnam, aus dem schon eine halbe Million Flüchtlinge über das Meer, 600 000 über das Land geflohen sind, darf − bis heute − niemand zurück. Kein Flüchtling, auch wer unter Schwüren und Schuldbekenntnissen seinem vormaligen Ziel abschwören würde, darf in sein geliebtes Heimatland zurück. Selbst einige Fischersleute, die von Flüchtlingen überfallen und gezwungen wurden, mit ihren Booten, gleichsam als erzwungene Leihgabe, die Flucht nach Hongkong zu machen und die bei den Flüchtlingsbehörden in Hongkong dann die Repatriierung reklamieren, werden nicht wieder aufgenommen. Wer einmal den Fuß in der Tür nach draußen hatte, wird nicht mehr hineingelassen. Eine furchtbare Regierung, ein Land und ein Volk, die durch eine so rigide, starre, dogmatische Regierung wirklich kaputtgemacht werden.

Vietnam – »boat people«. Dieter Rogalla, der sozialdemokratische Abgeordnete des EUROPA-Parlaments, schickt mir die Resolution des Parlaments in Straßburg und bedauert, daß er nicht einer der Initiatoren sein durfte. Rogalla ist dieser unkonventionelle Typ, der für Europa immer irgendeinen publizistischen Wirbel, irgendeine PR-Idee im Koffer hat. Die Resolution könnte ja doch noch ihre zündende Wirkung haben, wenn es stimmt, daß der EG-Kommissar Claude Cheysson den italienischen Tausendsassa und EP-Abgeordneten Panella für eine Initiative in Italien zugunsten des Schiffes CAP ANAMUR II gewonnen hat. Panella wurde mir schon vor zwei Jahren als der einzige Politiker in Italien genannt, der innerhalb kurzer Zeit Millionen bewegen kann, Millionen Menschen, aber auch Millionen Lire – diesmal geht es nicht um Millionen, sondern um hundert, hundert Visa oder hundert Aufnahmeplätze.

»Eurorogalla«, wie er sich werbeträchtig selbst nennt, oder der »Eddy Merckx der Europapolitik« sollte uns auch behilflich sein können, die CAP ANAMUR II-Resolution des Europäischen Parlaments mit etwas mehr politischem Leben zu erfüllen. Merkwürdigerweise habe ich ja auf meinen Brief an den Präsidenten des Europa-Parlaments Pierre Pflimlin noch keine Antwort erhalten.

4. Juni 1986

Heute morgen – es ist leider schon Mittwoch, der 4. Juni 1986 – konnten die Flüchtlinge von Bord. Ich gehe mal davon aus, daß die letzte Unsicherheit beseitigt war. Antony Selvam rief mich bei ganz schwacher Leitung gestern aus Manila an, sagte durch, daß erstens die 172 Plätze bestätigt wären und der entsprechende Garantiebrief der Deutschen Botschaft jetzt nach Puerto Princesa unterwegs sei, und daß zweitens eine Zusage der Belgischen Botschaft wohl mündlich in Puerto Princesa vorliege. Jedenfalls ging der immer vorsichtige und realistische Makler Antony davon aus, daß wir am Mittwoch hinausgehen können. Damit haben wir bedauerlicherweise auf dem Altar der lahmarschigen Europa-Bürokratie vier Tage Verzögerung in Kauf nehmen müssen, mit angestauter Wut und dem Taschentuch zwischen den Zähnen. Wenn ich von Kosten von DM 8000,– pro Tag ausgehe, haben uns das Bonner Auswärtige Amt, die Botschaft in Manila sowie die belgische Regierung Kosten in Höhe von DM 32 000,– eingebrockt. Wem, bitte schön, dürfen wir die Rechnung übersenden?

Gestern haben wir die Öffentlichkeit über die Entscheidung der Bundesregierung informiert, kein Sonderverfahren zugunsten des neuen Schiffes zu eröffnen. Diese Meldung geht über ddp sofort in alle Himmelsrichtungen, der Sender Freies Berlin will zu Mittag gleich etwas haben. »Mal sehen, ob es was nützt«, sagt der solidarische Kollege Maass in Berlin, nachdem ich per Telefon das Interview gegeben habe. Mit dem Abgeordneten der Bürgerschaft Gert Boysen rede ich – und bekomme einen furchtbaren Schrecken. Boysen will in eine neue Anfrage an den Senat schreiben: diese Flüchtlinge seien nun wirklich extrem Lebensbedrohte, die sich auch gut eingliedern lassen, nicht etwa so wie die »aus dem hinterletzten Anatolien«. Auch das muß man sich manchmal gefallen lassen, weil ich auch nicht ständig auf dem Spot oder dem Quivive bin, um sofort auf solche feingesteckten Andeutungen zu reagieren. Aber vielleicht bin ich auch nur zu feige, wage nicht, mir einen kleinen taktischen Vorteil kaputtmachen zu lassen.

Für die Zukunft allerdings sollte ich mir doch nicht verkneifen zu sagen: Das eine hat mit dem anderen nichts zu tun. Und: Entweder machen Sie in dem einen menschlichen (menschlich heißt ja übersetzt »humanitär«) Feld mit, dann auch auf dem anderen, oder nicht.

Genauso stört es mich natürlich, wenn irgend etwas zum Lobe unserer Initiative in den Zeitungen steht, die ansonsten meinen, die Kerle und Kinder wie Karnickel kriegenden Leute aus Anatolien sollen uns gestohlen bleiben. Was tun? Oder ist es nur meine Feigheit, die mich hindert, mir das sofort zu verbitten? Was hätte Heinrich Böll in solchen Fällen getan? Er wußte

— wir haben oft darüber gesprochen —, daß man sich bei einer solchen parteipolitisch nicht gebundenen Aktivengruppe die publizistische Unterstützung nicht auswählen kann.
Man wird immer schuldig, macht sich immer die Hände schmutzig, wenn man aktiv wird, wenn man eingreift und sich nicht damit begnügt, die Händel dieser Welt mit einem reinen Gewissen zu beobachten. Ich muß dabei immer an den Aphorismus von Stanislaw Jerzy Lec denken: »Er hatte ein reines Gewissen, er benützte es nie . . .«

»boat women« — Opfer des Meeres und der Piraten

»Boat women« sollte man die Frauen der »boat people« nennen, die am meisten und gräßlichsten unter den Gefahren des Meeres, der Flucht und der Piraterie im Südchina-Meer zu leiden haben. Die »boat-women« müssen auf dem Meer mit Reihum-Vergewaltigung, mit schändlichstem und bis zum Tode gehendem Mißbrauch in sexueller Absicht rechnen.
Ich werde mein Leben lang die Gesichter der beiden jungen Mädchen nicht vergessen können, die wir im Januar 1982 mit der CAP ANAMUR I retten konnten. Sie waren auf zwei Booten der Piraten immer hin und her, hinüber und herüber gereicht worden. Etwa 15 Tage lang fürchteten sie zitternd den Einbruch der Dämmerung, weil es dann erneut mit dem *gangraping,* dem Reihum-Vergewaltigen weiterging. Die ersten zehn Tage nach der Rettung sind diese beiden Mädchen den versteinerten, furchtbaren Ernst der Gewalt, die ihnen immer wieder ohne jeden Unterlaß angetan worden war, nicht losgeworden. Schließlich konnten sie auf dem unendlichen Meer, diesem Ozean, ja nicht einmal irgendwohin ihre unendliche Verzweiflung hinausbrüllen, hinausweinen, hinausschreien, es wäre ja nur die unsinnigste Kraftverschwendung in einer Situation gewesen, in der sie ihr Leben schon längst aufgegeben hatten. Wenn man ihnen ein Messer oder eine Rasierklinge gegeben hätte, wären sie schon lange nicht mehr unter den

Lebenden. Erst nach etwa zwei Wochen huschte manchmal so ein leises, nur angedeutetes leichtes Lächeln über das Gesicht, nein, vorsichtiger: über einige Gesichtsmuskeln hinweg, das das Versprechen enthielt, daß diese kleinen Mädchen vielleicht doch irgendwann in mittelfristiger Zukunft mal wieder würden lachen können.

Die Psychoanalytikerin Thu-Khuong Shroeder Dao kam für sechs Monate auf die Insel Pulau Bidong in Malaysia, um Opfer solcher Vergewaltigungen zu beraten und zu betreuen. Sie schrieb einen Bericht nach diesem Besuch auf der »Ratten-Insel«, auf der heute die verzweifeltesten Menschen wohnen, die etwa 8000 *long stayers,* die übrig geblieben, nachdem alle starken, kräftigen arbeitsfähigen Landsleute von den Regierungskommissionen der USA, Kanadas, Australiens, der Bundesrepublik aussortiert, man kann auch sagen: selektiert wurden. Hier der Bericht:

Im Durchschnitt werden auf der Insel jeden Monat unter den Neuankömmlingen etwa 20 Fälle gemeldet. Es gibt unter den Opfern viele Typologien:

1. »Ich hatte das Gefühl, daß meine bloße Anwesenheit das Boot beschmutzte. Die anderen ließen mir mehr Platz – entweder aus Mitleid oder weil ich schmutziger war als sie. Ich war froh, wenn sie vermieden, mich anzusehen.«
2. »Es ist wie eine unsichtbare Krankheit. Auch wenn die Menschen einen vielleicht lieben, so verabscheuen sie doch die Krankheit, die man in sich trägt.«
3. »Ganz gleich, was mein Mann sagt, ich werde ihm nie glauben, daß er das vergessen kann.«
4. »Ich versuche es als einen Unfall zu betrachten. Aber die Wunden an Leib und Seele gingen tief. Je mehr Mitleid mir gezeigt wird, um so elender fühle ich mich. Die anderen sind für uns der Spiegel, in dem wir uns sehen.«

Das elfjährige »boat girl« K. M. sagte: »Es ist, als ob man mir meine Kindheit gestohlen hätte.«

Die Mutter von M. L., einem nur zehnjährigen Mädchen, kann immer noch nicht richtig fassen, was da geschehen und daß es ihrer eigenen Tochter geschehen ist: »Ich hatte Angst um meine Schwestern und um mich, als sie uns angriffen. Wer hätte gedacht, daß sie über ein Kind herfallen würden? Seitdem ist es, als ob ein Schatten über ihre Kindheit gefallen sei.«

Diese Schilderungen geben die Palette der Tragödien, die sich auf dem Meer abspielen, aber eben auch hinterher, weil solche Gewalttaten natürlich ihre (Lebens-)Zeit brauchen, um verarbeitet zu werden. Wenn sie überhaupt verarbeitet werden können! Viele jüngere Vietnamesinnen, also noch jugendliche, junge Mädchen, werden wahrscheinlich sehr lange und heftiger und trübsinniger leiden, weil sie niemanden haben, mit dem sie sich darüber verständigen können. Männer können das nach dem traditionellen Familien- und Frauenschema und Bild nicht sein.
Wir saßen in Troisdorf jüngst mit einer Vietnamesin zusammen, die bisher nie über Vergewaltigungen hat sprechen können. Sie hat zwar in Köln eine eigene Wohnung, ist auch über die Sozialleistungen abgesichert, hat sogar einen vietnamesischen Freund. Aber mit diesem 19jährigen, der zudem noch ein Jahr jünger ist als sie, kann sie sich nicht darüber verständigen, was ihr angetan worden ist. Auch deshalb nicht, weil die Entjungferung etwas Bedrohliches für ihre Heirats- und Zukunftschancen hat.
Thu-Khuong Shroeder Dao erzählt weiter:
»Im Prinzip wird die Vergewaltigung als Schicksalsschlag betrachtet, und man stellt eine gewisse Resignation fest gegenüber diesem unvermeidbaren Unfall. Dieser Unfall ist das geringere Übel im Vergleich mit dem Tod, dem die Flüchtlinge ins Auge sehen, wenn sie von Piraten angegriffen werden. Es fällt einer Frau leichter, sich zu opfern, wenn sie damit die anderen Mitglieder ihrer Familie retten kann. Stärker als alles ist der Wille, zu überleben, selbst zu einem unglaublich hohen Preis. Genau durch eine solche Entscheidung, um des Überlebens willen sich mit dem irgendwie

abzufinden, was ihr geschehen ist, gerät die vietnamesische Frau in einen Konflikt mit der Wertehierarchie der vietnamesischen Gesellschaft. Traditionsgemäß ist die Frau dazu verpflichtet, ihren Körper und ihre Unberührtheit zu verteidigen. Die Vergewaltigung zerstört also ihr sozialkulturelles Erbe, erniedrigt sie, schließt sie aus der Gemeinschaft aus, beschmutzt die Ehre ihrer Familie. Sie wird deshalb niemals ihren Verwandten in Vietnam von dieser Vergewaltigung berichten. Sie wird sich lange Zeit, vielleicht für immer, innerhalb der Kommunität der Vietnamesen als Ausgestoßene betrachten und empfinden.
Da die Vergewaltigung meist vor den Augen der anderen Bootsinsassen – auch der Kinder, aber eben auch der Männer – gleichsam öffentlich stattfindet, fühlt sich das Opfer auch von jenen abgelehnt, die nichts taten, die ihr nicht zu Hilfe gekommen sind. Tatsache ist«, sagt die Psychoanalytikerin weiter über ihre Gespräche mit »boat women« auf Pulau Bidong, »daß die Flüchtlinge keinerlei Vorsorge treffen, sich zu verteidigen. Sie haben auch keine Waffen an Bord. Das einzige, ziemlich nutzlose Mittel zur Abschreckung besteht aus einem Gemisch aus Safran und Motoröl, das sich die Frauen ins Gesicht schmieren in der Hoffnung, dadurch häßlich auszusehen und die Piraten abzustoßen.«

Nach Erfahrungen mit den Flüchtlingen an Bord der CAP ANAMUR I muß ich ergänzend sagen: Wir hatten auch gerettete Bootsflüchtlinge, die mit Handfeuerwaffen kleineren Kalibers an Bord kamen, weil sie um die Attacken der Piraten wußten. Manche von ihnen hatten sich auch verteidigen müssen. Wir nahmen ihnen diese Waffen natürlich sofort ab. Aber die meisten fluchtwilligen Vietnamesen haben keine Möglichkeit, sich Waffen zu beschaffen.
Ein anderes vorbeugendes Mittel, von Müttern angewandt, besteht darin, den kleinen Töchtern die Haare abzuschneiden, ihnen Jungenkleider anzuziehen und einen Jungennamen zu geben. Ich habe eine Mutter kennengelernt, die vormals eine

berühmte Sängerin in Vietnam war. Sie war selbst vergewaltigt worden, war darüber sicher schneller hinweggekommen, weil sie ihrer 13jährigen Tochter dieses Schicksal ersparen konnte. Sie hatte sie als Junge, als ihren Sohn zurechtgemacht, angezogen und das Haar entsprechend geschnitten.

Weiter erschwerend kommt hinzu, daß die Frauen wiederum Zeuge der absoluten Hilflosigkeit ihres eigenen Mannes, ihres Verlobten und der anderen Flüchtlinge geworden sind. Diese leiden wiederum unter unausgesprochenen Schuldgefühlen und unter der schrecklichen Erniedrigung, daß sie selbst ihre eigenen Frauen nicht schützen konnten.

Wie vergewaltigend die Situation an Bord ist, wie gewalttätig und damit zu Versuchungen auch der Feigheit und des geringsten Widerstandes die Situation sich entwickeln kann: In manchen Fällen wird eine bestimmte Frau zur Besänftigung der Piraten benutzt, die manchmal in ihrer Grausamkeit so weit gehen, aus Zeugen Mittäter zu machen. Manchmal kommt es zu einem Tauschhandel, wenn zum Beispiel ein junges Mädchen als Tauschobjekt gegen die Freiheit der übrigen Bootsinsassen angeboten wird. Dies wird auf dem Meer genauso Realität sein, wie in manchen Fällen bei allzu langer und verzweifelter Bootsflucht der Kannibalismus. Wir wissen von Flüchtlingen, daß es dazu kommen kann und auch kommt.

Vergewaltigung ist natürlich auch eine Beleidigung des Ehemannes, dessen Autorität vielleicht für das ganze Leben erschüttert ist. Das Leben eines Ehepaares kann durch solch ein Erlebnis heillos zerrüttet werden. Wenn der Ehemann später darauf besteht, daß es sich um einen Unfall handelt, gegen den sie beide machtlos waren, und daß sie alles vergessen und neu anfangen sollen, so ist das eine – wenn auch nur angedeutete – Beleidigung der Frau.

Allein, mutterseelenallein sieht die vergewaltigte Frau ihre menschlichen Beziehungen bedroht. Die Beziehungen zu ihrem Mann, ihrem Verlobten, zu den Menschen, die sie umgeben, zu der Gesellschaft, von der sie sich verdammt fühlt.

Es gibt andere Folgen und Konsequenzen des furchtbarsten

Geschehens, das man sich immer wieder mal vorstellen muß: Da müssen solche Flüchtlinge – Männer, Frauen, Kinder – mit mindestens zwei, manchmal drei Gegnern und Gefahren kämpfen. Einmal werden sie von Piraten überfallen, belästigt, mit Messern oder Feuerwaffen bedroht, die Männer über Bord geworfen, die Frauen vergewaltigt und manchmal mitgeschleppt und entführt. Die Gegner sind das Meer und seine Gefahren, die es für ein mickriges, seeuntüchtiges Flußboot bereithält. Dann sind da die Küstenwache und die Polizei an der Küste, die erst mal alles tun, um einen Fluchtplan durch Verhaftung und Arretierung zunichte zu machen. Dazu kommt die mögliche Gefahr, daß nach Überwindung dieser Barrieren alles dadurch mißlingt, daß man vielleicht nach ein, zwei, drei Tagen von dem falschen Schiff falscher Flagge gerettet und nach Ho Chi Minh-Stadt zurückgebracht wird, dort in die obligatorische Haft von ein oder zwei oder mehr Jahren kommt. Von dieser Gefahr her wird man verstehen, daß die Fluchtboote selbst um die CAP ANAMUR II immer noch einen ganz großen, mehrfachen Bogen schlagen. Sie gucken sich erst die Augen aus, um irgendeinen Hinweis auf den Charakter, die Nationalität, die Flagge des Schiffes zu erkennen. Wie oft haben wir mit den Flüchtlingen an Bord darüber gesprochen, wie oft haben sie uns gebeten, das Schiff doch weiterhin sichtbar zu kennzeichnen als Rettungsschiff. Eventuell – so meinte jetzt der Bootsführer des Bootes mit den 96 Insassen – sollten wir doch ein großes Rotes Kreuz an die Schiffswand pinseln!

Wie soll ich den vom Tode bedrohten und gerade aus dieser Gefahr, aus dem Meer geborgenen Menschen klarmachen können, daß der »Verein« Rotes Kreuz uns den Gebrauch seines Markenzeichens für so einen Zweck verbietet. Wenn es darauf ankommt, wird man sich – wie in Mosambik und Uganda – darüber einfach hinwegsetzen, aber das Argument zeigt die büroverhangene Kleinkariertheit und Empfindungslosigkeit bürokratischer Apparate, zu denen auch das Rote Kreuz oft erstarrt ist. Nicht immer haben wir unter den Rot-Kreuz-

Leuten — sowohl den nationalen wie denen vom Internationalen Komitee des Roten Kreuzes — unsere Combattanten und Freunde.

Aber nachdem diese drei Gefahren überwunden sind, kommt die vierte, manchmal oder gar oft die schrecklichste überhaupt, die menschenverachtendste, in jeder Beziehung die skandalöseste: Piraten. Zunächst auf Profitmachen ausgerichtet, durchsuchten sie in den Jahren ab 1978 die Boote nach allem, was brauchbar war, besonders nach Gold-Taels, den kleinen Goldplättchen, von denen es in Vietnam noch eine ganze Menge geben muß, nach Dollars, Schmuckstücken, dann auch nach Gold als Füllung in den Zähnen, wobei das Gold aus den Zähnen mit Hämmern und Kneifzangen herausgehauen wurde. Das sind keine Greuelmärchen, ich habe die Zeugen gesprochen, die jetzt noch voller Schauder zusammenzucken, wenn sie darauf angesprochen werden und über dieses Erlebnis, diese brutale Vergewaltigung, diese physische Unterjochung berichten sollen. Manchmal weinen diese Menschen, von einer Minute auf die andere, nur leise vor sich hin, sie haben sich so stark gemacht durch energisches Vergessen, daß diese nichtgewollte Erinnerung durch meine Frage sie in ein Verlies ihrer eigenen Biographie führt, das sie gern abgeschlossen hinter sich gelassen hätten. Natürlich eine trügerische Hoffnung, denn irgendwann holt diese schreckliche Erinnerung sie wieder ein.

Da aber auf den Booten kein Gold, kein einziger Dollar, kein oder kaum ein Schmuckstück mehr vorhanden ist, haben sich diese mörderischen Piraten auf das *bloody business* des Frauen-Entführens spezialisiert. Ich zitiere noch einige Passagen aus dem Schrecken verbreitenden Bericht der Psychoanalytikerin Thu-Khuong Shroeder Dau:

»Andere Folgeerscheinungen sind Alpträume, Schlaflosigkeit, krankhafte Angst vor Männern, die ihrem Peiniger entfernt ähnlich sehen. Ihre Angst kann auch von einem starken Rachedurst überdeckt sein, von Aggressivität oder auch einfach von Apathie im Sinne von ›Ich habe sowieso nichts mehr zu verlieren‹, was wiederum zu Prostitution oder zu einer Art von Infantilismus führen kann. Obwohl einige Frauen versuchen, aus ihrem schrecklichen Erlebnis einen Vorteil zu ziehen und als einer der Sonderfälle betrachtet zu werden, für die die Formalitäten für eine Neuansiedlung beschleunigt werden, sind die meisten davon überzeugt, daß sie kein Recht mehr auf ein normales Leben haben.«

Die Psychologin und Analytikerin bittet die Aufnahmekomitees des Flüchtlingskommissariates, ihr Möglichstes zu tun, »diesen Flüchtlingsfrauen wieder zu Selbstvertrauen zu verhelfen, aus ihnen wieder ganze Menschen zu machen und die Probleme, die sie durch ihr Trauma bei der Eingliederung haben, auf ein Minimum zu beschränken. Neben der Vorbereitung auf ihr neues Leben im Westen sollte ihnen auch eine geeignete Berufsausbildung geboten werden. Außerdem sind Taktgefühl, absolute Diskretion, aufmerksames Zuhören – wenn möglich in Anwesenheit einer anderen asiatischen Frau – und fallweise verschiedene Therapien notwendig, um aus diesen Bootsfrauen keine Ausgestoßenen zu machen.«

Wir vom Komitee CAP ANAMUR werden diesen Kampf gegen die Piraterie auch dann weiterführen, wenn dieses allen sehr unangenehm ist. Wir werden den Kampf führen

1. mit den Thailändern, will sagen der dortigen Regierung, Armee und Marine, weil diese drei Institutionen dauernd so tun, als ob sie täten, aber nichts machen.
2. mit der Bundesregierung, die meint, sie sei fein heraus, wenn sie jährlich eine halbe Million Mark in das sogenannte Anti-Piracy-Programm gibt, was in der Regel darin besteht, daß die thailändische Navy ein Patrouillenboot und ein Köderboot bekommt, aber von Kontrolle der Ausgabe dieser Mittel sowie von irgendeiner Art Überwachung nicht die Rede sein kann. Im Gegenteil: Als die westlichen Geber-Staaten mal den Plan hatten, die Mittelvergabe durch einen kleinen Ausschuß ihrer Botschafter in Thailand kontrollieren zu lassen, blockierten Thailands Regierung und Admiralität. Das Programm kam für ein halbes Jahr zum Erlie-

gen, was allerdings an der grausamen Situation im Südchina-Meer nichts geändert hat.
3. mit den Piraten. Immerhin stellte die CAP ANAMUR I in den Jahren 1979 bis 1982 wie jetzt die CAP ANAMUR II ein wirkliches Drohpotential und eine kleine Abschreckung. Wir haben auch bei unserer letzten und vorletzten Rettungsfahrt wieder die Nummern der Boote aufgeschrieben, die von der CAP ANAMUR II mehrmals als untätige, in Rudelform auf der Lauer liegende Piratenboote identifiziert wurden. Ich habe diese Bootsnummern hintereinander notiert und diese Liste in den letzten Tagen an folgende nationale und internationale Behörden geschickt:
- den UNHCR, das Flüchtlingskommissariat in Genf,
- das ICRC in Genf — immer mit der Bitte um Weitergabe an die entsprechenden Büros in Bangkok,
- die thailändische Regierung über die deutsche Botschaft in Bangkok,
- den Verband deutscher Reeder,
- das Bundesverkehrsministerium,
- das Auswärtige Amt.

Nicht, weil wir uns von dieser Postabwurfsaktion viel versprechen, aber manchmal ist es wichtig, daß das schlechte Gewissen derer, die eigentlich etwas tun müßten, wenigstens noch düsterer gemacht wird, damit es vielleicht doch irgendwann drückt.

> Zum wiederholten Mal seit 1980 hat das Komitee CAP ANAMUR/Deutsche Not-Ärzte e. V. an die internationalen Instanzen — also den Flüchtlingskommissar der Vereinten Nationen wie an das Internationale Komitee des Roten Kreuzes wie an die thailändische Regierung in Bangkok appelliert, etwas gegen das furchtbare Wüten, Morden, Vergewaltigen und Entführen der Piraten im Golf von Thailand und im Südchina-Meer zu unternehmen — und zwar schnell

und bald. Im Folgenden die Liste, die wir den Autoritäten in Genf, Bonn, New York und Bangkok geschickt haben: Sie enthält alle Piraten-Trawler, die das Schiff CAP ANAMUR II bei seiner zweiten Rettungsfahrt vom 20. April bis zum 20. Mai 1986 zweifelsfrei registrieren konnte.

26. April	Thai-Piraten-Boot Nr. 0205	Position 9.24 Nord/ 107.42 Ost
	Thai-Piraten-Boot Nr. 0095	Position 9.19 Nord/ 107.43 Ost
	Thai-Piraten-Boot Nr. 2323	Position 9.19 Nord/ 107.46 Ost
	Thai-Piraten-Boot Nr. 0786	Position 9.19 Nord/ 107.58 Ost
	Thai-Piraten-Boot Nr. war nicht zu lesen	Position 9.18 Nord/ 107.59 Ost
	Thai-Piraten-Boot Nr. 0065	Position 9.20 Nord/ 107.58 Ost
	Thai-Piraten-Boot Nr. 0157	Position 9.21 Nord/ 107.01 Ost
	Thai-Piraten-Boot Nr. 0205	Position 9.23 Nord/ 107.37 Ost
27. April	ca. 13.00 Uhr konnten 6 Thai-Piraten-Boote zwischen Position 9.17 und 9.12 Nord und 108.05 und 108.00 Ost ausgemacht werden	
28. April	Thai-Piraten-Boot Nr. 0095	Position 9.27 Nord/ 107.57 Ost
	Thai-Piraten-Boot Nr. 2323	Position 9.26 Nord/ 107.57 Ost
	Thai-Piraten-Boot Nr. 0468	Position 9.25 Nord/ 107.59 Ost
	Thai-Piraten-Boot Nr. war nicht zu lesen	Position 9.18 Nord/ 107.56 Ost

	Thai-Piraten-Boot Nr. 0157	Position 9.18 Nord/ 107.56 Ost
	Thai-Piraten-Boot Nr. 0786	Position 9.19 Nord/ 107.55 Ost
29. April	Thai-Piraten-Boot Nr. 1	Position 9.25 Nord/ 107.44 Ost
	Thai-Piraten-Boot Nr. 4	Position 9.27 Nord/ 107.51 Ost
	Thai-Piraten-Boot Nr. 96	Position 9.19 Nord/ 107.41 Ost
	Thai-Piraten-Boot Nr. 25	Position 9.19 Nord/ 107.39 Ost
	Thai-Piraten-Boot Nr. 0787	Position 9.15 Nord/ 107.59 Ost
	3 Thai-Piraten-Boote Nrn. waren nicht zu lesen	Position 9.38 Nord/ 107.48 Ost
30. April	Thai-Piraten-Boot Nr. 1 aus Perapun	Position 9.32 Nord/ 107.32 Ost
	Thai-Piraten-Boot Nr. 4 aus Perapun	Position 9.37 Nord/ 107.33 Ost
	Thai-Piraten-Boot Nr. 96 »Thaipradit«	Position 9.35 Nord/ 107.40 Ost
	Thai-Piraten-Boot Nr. 4	Position 9.37 Nord/ 107.35 Ost
	Thai-Piraten-Boot Nr. 1	Position 9.38 Nord/ 107.36 Ost
	Thai-Piraten-Boot Nr. 96	Position 9.36 Nord/ 107.36 Ost
01. Mai	Thai-Piraten-Boot Nr. 0787	Position 9.20 Nord/ 107.41 Ost
	Thai-Piraten-Boot Nr. 4	Position 9.37 Nord/ 107.36 Ost

	Thai-Piraten-Boot Nr. 1	Position 9.39 Nord/ 107.35 Ost
03. Mai	3 Thai-Piraten-Boote Nrn. waren nicht zu lesen	Position 9.30 Nord/ 107.55 Ost
	Thai-Piraten-Boot Nr. 25	Position 9.16 Nord/ 107.48 Ost
	Großer Thai-Piraten-Trawler	Position 9.18 Nord/ 107.48 Ost
	4 Thai-Piraten-Boote Nrn. waren nicht zu lesen	Position 9.30 Nord/ 107.09 Ost bis 9.34 Nord/108.04 Ost
	3 Thai-Piraten-Boote Nrn. waren nicht zu lesen	Position 9.31 Nord/ 107.56 Ost
04. Mai	Viele Thai-Piraten-Boote	
	Thai-Piraten-Boot Nr. 25	Position 9.17 Nord/ 107.48 Ost
	Großer Thai-Piraten-Trawler	Position 9.20 Nord/ 107.47 Ost
	Großer Thai-Piraten-Trawler	Position 9.27 Nord/ 107.44 Ost
	Thai-Piraten-Boot Nr. war nicht zu lesen	Position 9.36 Nord/ 107.51 Ost
	Thai-Piraten-Boot Nr. 0787	Position 9.34 Nord/ 107.56 Ost
	Thai-Piraten-Boot Nr. 4	Position 9.34 Nord/ 108.00 Ost
	Thai-Piraten-Boot Nr. 0786	Position 9.31 Nord/ 108.01 Ost
	Thai-Piraten-Boot Nr. war nicht zu lesen	Position 9.28 Nord/ 107.59 Ost

	Thai-Piraten-Boot mit aufgemaltem Drachen	Position 9.23 Nord/ 107.59 Ost
	Thai-Piraten-Trawler, schwarz, Nr. 25	Position 9.11 Nord/ 107.45 Ost

05. Mai Rettungsaktion auf Position 9.10 Nord und 107.25 Ost. Um 15. 30 Uhr etwa 80 Seemeilen südlich des Mekong-Deltas wurde ein Fluchtboot von 5 Thai-Piraten-Booten gejagt. Als die CAP ANAMUR II den Platz erreichte, war das Fluchtboot schon von 5 Thai-Piraten-Booten umkreist.

Zweimal rammte die CAP ANAMUR II beinahe ein Thai-Piraten-Boot, die die Angewohnheit haben, sich in der Nacht ohne Licht, also ohne Positionslampen, zu bewegen.

08. Mai 22.00 Uhr Rettungsaktion: ein Boot mit 23 Personen, 21 Männer und zwei Frauen.

21. Mai	6 Thai-Piraten-Boote Nrn. waren nicht zu lesen	Position 8.55 Nord/ 107.57 Ost
	2 Thai-Piraten-Boote Nrn. waren nicht zu lesen	Position 9.02 Nord/ 107.52 Ost
	Thai-Piraten-Boot, weit entfernt, Nr. war nicht zu lesen	Position 9.01 Nord/ 107.53 Ost
	Thai-Piraten-Boot Nr. war nicht zu lesen	Position 9.02 Nord/ 107.55 Ost
	Thai-Piraten-Boot Nr. war nicht zu lesen	Position 9.01 Nord/ 107.49 Ost
	Thai-Piraten-Boot Nr. war nicht zu lesen	Position 9.02 Nord/ 107.58 Ost

Thai-Piraten-Boot Nr. war nicht zu lesen	Position 9.04 Nord/107.57 Ost
4 Thai-Piraten-Boote Nrn. waren nicht zu lesen	Position 9.10 Nord/108.02 Ost

In der Nacht war wieder eine ganze Perlenkette von Thai-Piraten-Booten zu erkennen, Position 8.04 Nord/107.37 Ost.

In den Tagen vom 8. bis 21. Mai wurde kein einziges Thai-Piraten-Boot gesehen, es herrschte rauhe See und Windstärke bis 8.

Dr. Rupert Neudeck
Vorsitzender des Komitees CAP ANAMUR/Deutsche Not-Ärzte
Singapur, 27. 5. 1986

Am 30. April 1986 konnte die »Thaipradit« auf Position 9.35 Nord/107.40 fotografiert werden.

Warum, so werde ich an vielen Abenden bei Veranstaltungen mit Deutschen gefragt, warum kommen denn nun schon elf (!) Jahre nach Ende des Krieges die Menschen aus Vietnam immer weiter aus ihrem Land heraus?

Ich erzähle erst mal die Geschichte von Lam Phan Phat, einstmals Innenminister Südvietnams, der in Singapurs Flüchtlingslager Sempawang anzutreffen ist. Nach eigenen Aussagen lebte Lam Phan Phat seit jeher in kritischer Distanz zu den US-Amerikanern – es hat ja viele kluge, bedächtige Vietnamesen im Süden gegeben, die zum Teil mit Bestürzung erkannt haben, was alles die Amerikaner bei ihrer nicht nur militärischen Invasion Vietnams an Zerstörung gewachsener Strukturen angerichtet hatten. Deshalb gab es ja eine starke »Dritte Kraft«, eine große politische Gruppe im Süden, die auf der Basis eines national-patriotischen Programms durchaus bereit gewesen wäre, nach 1975 mit dem Norden zusammenzuarbeiten. Der frankreichfreundliche Lam Phan Phat hatte gute Hoffnungen, daß das ausgepowerte, korrupt und krank gewordene Land nach Ende des schlimmsten Krieges, den es in der glorreichen Geschichte der Vietnamesen bisher gegeben hat – 30 Jahre dauerte er mit einigen Unterbrechungen –, daß sich dieses Land im Rahmen nationaler Souveränität im Frieden einen gewissen Wohlstand und eine klare Stabilität würde erarbeiten können. Bei seinen Schilderungen über die Zeit nach dem Krieg überrascht uns, wie relativ human die neuen Machthaber seinerzeit mit ihm, der ja auch Oberbefehlshaber der südvietnamesischen Streitkräfte in Saigon war, umgegangen waren. Sie stellten ihn nach dem 30. April 1975 zunächst nur unter Hausarrest. Nach einiger Zeit wurde er in ein Umerziehungslager gesteckt, später, 5 Jahre nach dem Krieg, nun plötzlich als Kriegsgefangener ins Lager Hatay nach Hanoi gebracht, aus dem er 1981, aus Angst vor der immer angespannteren innenpolitischen Lage, in den Untergrund floh. Zwei Unzen Gold pro Person war der Preis für den Platz auf dem Boot. Zusätzlich nochmals eine weit höhere Menge als Bestechung an die lokalen Autoritäten für den letztendlich geglückten Versuch. Seit 1981 hatte Lam Phan Phat insgesamt 21 Fluchtversuche unternommen. Zweimal landete er dabei im Gefängnis. Bei seinem letzten Versuch hatte er ungewöhnliches Glück: Schon das zehnte Schiff, das an ihnen vorbeikam, nahm die elf schiffbrüchigen Flüchtlinge an Bord und brachte sie nach Singapur.

Das »Orderly Departure Program« und warum es nicht ausreicht

Es gab in den letzten beiden Jahren die Hoffnung – die reale Hoffnung, denn niemand von uns kann weiterhin wünschen, daß diese Menschen bei einer eigenen Überlebenserwartung von nur 20 Prozent aus ihrem Land als potentielle Selbstmordkandidaten hinausgehen –, daß die Möglichkeit des »Orderly Departure Program« immer mehr genutzt würde und damit auf Dauer die beschwerliche illegale Ausreise zu Boot oder zu Lande ersetzen würde. Diese Hoffnung hat getrogen. Einmal ziehen die vietnamesischen Behörden den eigenen Landsleuten, die auf einer Warteliste stehen, so lange das Geld aus der Tasche, daß diese die Hoffnung verlieren, es könne noch irgendwann einmal mit dem Flugzeug über Bangkok nach Paris, San Francisco oder Vancouver gehen – und dann eben fliehen. Einige Flüchtlinge auf unserem Schiff CAP ANAMUR II, die ich in den letzten Mai-Tagen 1986 in Singapur traf, waren solche, die schon im potentiellen Genuß eines Visums von einem Drittland waren, nun aber doch die Warterei und das dauernde Zahlen nicht weiter aushalten konnten und deshalb die erstbeste Möglichkeit zur Flucht genutzt hatten.

Über eines sollte sich niemand Illusionen machen, der dieses Buch liest, wie auch niemand, der Flüchtlings- und humanitäre Politik in der Bundesrepublik zu »verwalten« hat: Der Flüchtlingsstrom wird nicht abrupt aufhören! Eine halbe Million Menschen stehen auf der Warteliste für eine legale Ausreise in die USA. Das ist nur die Eisbergspitzen-Ziffer derer, die gerne herauswollen aus ihrem Heimatland, weil sie sichtbar und spürbar seit 1975 nicht mehr Bürger ihres Landes sind, mit vollen Rechten und Pflichten. Die Zahl derer, die zu der Million hinzukommen, die schon geflohen sind, dürfte bei 2 bis 4 Millionen liegen.

Dabei ist die Situation der Menschen, die aus eigener Kraft irgendeine Küste erreichen, eben nicht etwa besser, sondern radikal schlechter als die Lage derjenigen, die von einem Schiff der Handelsflotte oder einem Schiff wie der CAP ANAMUR II gerettet werden. Die Flüchtlinge, die von einem Flaggenschiff gerettet werden, haben das ganz große Los gezogen. Sie sind wirklich ganz und gar gerettet, weil sie dadurch auch einen Aufnahmeplatz in einem Drittland garantiert haben. Sie haben eine Perspektive, während derjenige, der als *illegal immigrant* wie ein Verbrecher von den Behörden in Hongkong oder Bangkok registriert wird und in ein *closed camp* kommt, für mindestens fünf Jahre sagen muß: »Lasciate ogni speranza voi qu entrate« – »Laßt alle Hoffnung fahren, ihr, die ihr hier eintretet . . .«

Vor ein paar Monaten – im Juli 1985 – traten die Insassen des geschlossenen Lagers Hei Ling Chau in einen Hungerstreik. Das zwar zwei Jahre nach der Einführung dieser *closed camps* für alle Neuankömmlinge. Mit dieser Aktion wollten die 2400 Flüchtlinge auf ihre Situation und ihre Existenz aufmerksam machen. Die Ausreisen aus Hongkong in Drittländer werden immer seltener, und im benachbarten Macao schwillt die Flüchtlingszahl schon deshalb an, weil die Zahl der Geburten im Lager die der Ausreisenden übersteigt.

Warum fliehen sie (immer noch)?

Warum sie fliehen? Das größte Kontingent der Fliehenden sind
1. jene, die in irgendeinem Konnex, einer sehr engen oder auch distanzierten Arbeitsbeziehung zum vormaligen südviet-

namesischen Regime standen. Das ist ein riesengroßes Kontingent, weil dazu nicht nur alle Soldaten der südvietnamesischen Armee, des Regierungsapparates, der Polizei und der Miliz zählen, sondern ausnahmslos alle, die mit den USA oder einer anderen Westmacht in geschäftlichem oder dienstlichem Kontakt waren. Dazu gehören aber auch die Sekretärinnen der damaligen Deutschen Botschaft – um nur noch eine Kategorie anzudeuten, die mitgemeint ist.
2. junge Leute, männliche Jugendliche, die nicht das Himmelfahrtskommando eines mehrjährigen Einsatzes im feindlichen Kambodscha mitmachen wollten, der oft mit dem Tode des Betreffenden bezahlt wird.
3. religiöse Gruppen, die in Vietnam stark verfolgt werden, sich zumindest nicht entfalten können. Auf der CAP ANAMUR (I und II) kommen immer wieder geschlossene Gruppen von Katholiken wie auch von Buddhisten an, die an Bord auch gleich ihren religiösen Schwerpunkt demonstrieren. Im Jahr 1981 kam eine geschlossene Kleingemeinde mit einem Diakon und all ihren Heiligenbildern, mit dem verkitschten Herzen Jesu wie dem heiligen Franz Xaver und dem heiligen Antonius zu uns auf das Schiff.
4. alle die, die schon einige Familienmitglieder auf die Flucht geschickt haben, die vielleicht irgendwo angekommen sind.

UNHCR-Vertreter gibt CAP ANAMUR-Ergebnisse nach Genf

Der UNHCR-Vertreter auf Puerto Princesa hat gleich nach Ankunft des Schiffes im philippinischen Hafen die Flüchtlinge und den Kapitän befragt und gibt folgenden Bericht (hier in deutscher Übersetzung) nach Genf durch:
2. Juni 1986
   a. Der Kapitän hat bestätigt, daß die Rettungsoperation bis an 48 Meilen außerhalb des Mekong-Mundes an der Südvietnamesischen Küste vorgetrieben wurde. Der Kapitän bestätigte, daß diese Position deshalb eingenommen wurde, weil

die Flüchtlinge besonders bedürftig sind, wenn sie unmittelbar herauskommen. Eine Gruppe Flüchtlinge begann ihr Fluchtunternehmen nur 30 Kilometer von der Kambodscha-Grenze. Alle aufgefischten und entdeckten Fluchtboote waren offene Flußboote, nicht alle waren seetauglich, und die meisten der erreichten Boote hatten niemanden an Bord, der in Navigation Ahnung, geschweige berufliche Erfahrung hatte.

b. Die Flüchtlinge erklärten, daß der Preis für einen Flucht-Platz bei etwa 4000 US-Dollar liege. Viele Flüchtlinge werden in allerletzter Minute noch entdeckt und kommen ins Gefängnis, auch wenn sie schon gezahlt haben. Die Flüchtlinge rechnen ganz klar damit, daß 80 Prozent von ihnen, die die Flucht-Abreise heimlich mit dem Boot schaffen, unterwegs gestoppt, arretiert oder ermordet werden, bevor sie das offene internationale Gewässer erreichen. Von den übrigbleibenden 20 Prozent würden etwa 50 Prozent oder mehr auf See sterben.

c. Die Flüchtlinge hatten generell die Idee und Absicht, nach Pulau Bidong, in das Transitlager Malaysias, zu gelangen. Die Grundlinie der Fluchtunternehmung: Erst einmal in Richtung der vielbefahrenen Singapur-Hongkong-Schiffahrtslinie zu gehen, dann westwärts in Richtung Malaysia-Küste.

d. Das Suchgebiet der CAP ANAMUR II war auch identisch mit einem Gebiet, in dem sogenannte Thai-Fischer-Boote lauerten, insbesondere solche, die ganz offensichtlich keine Arbeit als Fischersleute hatten. Der Kapitän berichtete, daß er an einem Tag allein 20 Thai-Boote gesehen habe. Meistens bildeten sie ganze Rudel von lauernden Booten, um die Flüchtlingsboote abzufangen, die sich auf den Weg machten, um die Singapur-Hongkong-Linie zu erreichen.

e. Die Fluchtboote suchen nach kommerziellen Schiffen an der Singapur-Hongkong-Linie, die sie aufnehmen könnten. Ein Fluchtboot fuhr bis auf 50 Meter an einem Container-Schiff vorbei, das »Marytime Triumph« hieß und ein norwegisch beflaggtes Schiff sein soll. Dieses Schiff ignorierte die Anstrengungen des Bootes, sich bemerkbar zu machen, obwohl zu diesem Zeitpunkt dieses Fluchtboot schon zwei Löcher hatte und Wasser machte.

f. Der Kapitän berichtete mit einigem Kummer, daß die Berichte über die Aktivität der Cap Anamur II im vietnamesisch-sprachigen Dienst von BBC fortgesetzt würden. Deshalb auch wußten dieses Mal die Führer und Organisatoren von allen Fluchtbooten von der Cap Anamur II. Dennoch, BBC gab keine genaue Position von der Cap Anamur II. Nur, daß das Schiff irgendwo in internationalen Gewässern und in der Nähe der südvietnamesischen Küste operiere. Der Kapitän wollte den Nutzen von BBC-Berichten in englischer Sprache für das europäische Publikum wohl akzeptieren, er war aber verärgert über den möglichen Anzieh-und-Anlock-Faktor (engl. *pull-factor*), den solche Berichte über den vietnamesisch-sprachigen Dienst von BBC darstellen. Er wünschte, daß man diese Berichte doch möglichst bald einstellen möge ...

g. Dennoch: keiner der Bootsführer hat das Land Vietnam verlassen, weil er von der Cap Anamur II gehört hatte, noch hatte irgendeiner seine Abreise bzw. Flucht aus Vietnam und die lange Vorbereitung der Flucht wegen der Cap Anamur II beschleunigt.

Unter Punkt **h.** folgen noch Bemerkungen über die Schwierigkeit des Prozesses, die Flüchtlinge fein säuberlich unter die einzelnen kleinen Aufnahmequoten zu bringen. Das wird natürlich für die nächste, die aktuell laufende dritte Rettungsfahrt die große Schwierigkeit sein: Es hat ja nicht mal einen Termin mit Franz Alt und mir bei Wolfgang Schäuble, dem Staatsminister im Bundeskanzleramt, gegeben. Ich hatte Franz Alt noch in den Tagen, da die Cap Anamur II auf Puerto Princesa zutrieb, gebeten, einen möglichst hochrangigen Bonn-Termin für uns beide zu machen. Warum ich so etwas nicht selbst versuche? Ganz einfach: Wenn die Stimme des Chefs der »Report«-Redaktion in Bonn zu hören ist, ergreift Furcht und Zittern die höheren und niederen Beamten der Bonner Regierungsbehörden. Übrigens gilt das für die Apparate der vergangenen wie der jetzt herrschenden Regierung. Weil hinter Franz Alt im Zeitalter der Telekratie, also der Bestimmung und Beherrschung aller Politik-Wege und Zugänge durch das Fernsehen, immer die Möglichkeit eines Lobes, eines Verrisses oder einer Kritik, einer bösen zuschlagenden Sendung oder eines Affronts der Regierung steht. Schon das Androhen eines Besuches bedeutet die Möglichkeit, es könne jemand oder eine Politik plötzlich sehr gut oder sehr schlecht im Fernsehen dastehen.

77 »boat people« nach 4 Tagen, 4 Nächten und 9 Stunden gerettet

Samstag, 7. Juni 1986, 07.00 Uhr morgens. Die Telefonklingel schellt, das übliche Intercontinental-call-Klicken ist in der Ohrmuschel. »Hold on MV Regine is on the line«, höre ich und erkläre, daß ich ›Mr. Njudeck‹ sei . . . Kapitän Behrens hat schon zwei Tage nach dem Auslaufen von Puerto Princesa die erste Rettungsnachricht:
Um 09.30 Uhr lokaler Zeit ist die CAP ANAMUR II fast genau auf der Singapur-Hongkong-Linie auf ein winziges, jämmerlich überladenes Fluchtboot mit nicht weniger als 77 Flüchtlingen gestoßen. Die Flüchtlinge waren schon vier Tage, vier Nächte und 9 Stunden unterwegs. Sie hätten keine Chance gehabt, die Fluchtfahrt lebend zu überstehen, denn sie hatten kein Frischwasser mehr. Die 28 Kinder an Bord dieses 10 mal 2,6 Meter-Bootes wären in den nächsten 24 Stunden ausgetrocknet und verröchelt. Die übrigen, 25 Männer und 24 Frauen, waren ebenfalls am Rande der Erschöpfung. Ich gratuliere der Mannschaft und dem Kapitän Eine halbe Stunde später rattert der Telexapparat unsere Meldung über den Rettungserfolg der CAP ANAMUR II an die großen Presseagenturen in Bonn:

».. . und hatten keinen Tropfen Trinkwasser mehr an Bord – was schon für in den nächsten 24 Stunden für die 28 Kinder eine Katastrophe bedeutet hätte. Die Flüchtlinge wurden aus einer Position 210 Seemeilen südöstlich des Mekong-Deltas geborgen (07.03 Nord, 108.18 Ost).
Die Flüchtlinge hatten in den letzten beiden Tagen 30 Handelsschiffe gezählt, die auf der Singapur-Hongkong-Schiffahrtsroute an ihnen vorbeigefahren waren.
Das Komitee CAP ANAMUR/Not-Ärzte appelliert erneut an die Bundesländer, die noch nicht mitgeteilt haben, ob sie sich an der europaweiten Rettungsoperation mit Beteiligung der französischen, der belgischen und der Regierung von Luxemburg beteiligen wollen. Das Komitee hat erneut die Ministerpräsidenten von Schleswig-Holstein, Bayern, Rheinland-Pfalz angeschrieben und um eine bescheidene Beteiligung gebeten.«

Das geht am frühen Morgen des 7. Juni (= Samstag) hinaus. Jeder Tag hat immer seine zusätzlich politische oder humanitäre Plage oder auch seine Highlights. Denn neben der Schiffsaktion ist das Komitee ja weiter (und nicht zu knapp) in Afrika, in Somalia, Uganda, dem Tschad und dem Sudan tätig. In Nicaragua geschehen die menschenverachtendsten Aktionen. Vor einigen Tagen, genau am 5. Juni, wird auf offener Straße der alte große Helfer der EG, der Belgier Paul Deffers, abgeknallt. Wir erinnern uns alle an ihn als an unseren besten Freund. Eine kleine, unscheinbare Meldung, nur in der »Süddeutschen Zeitung« zu finden. Mehr hat die Bundesrepublik für die Ermordung eines Europa-Helfers nicht übrig. Wir machen als Komitee eine Presseerklärung, die ich am Sonntag, dem 8. Juni, über die Agentur-Ticker gebe:
»Komitee CAP ANAMUR protestiert gegen den Contra-Mord an dem EG-Entwicklungshelfer Paul Deffers in Nicaragua

Troisdorf, 7. Juni. Wieder haben die Contras in Nicaragua einen europäischen Helfer ermordet. Paul Deffers leitete zwei Jahre lang ein Straßenbauprojekt der EG in der Provinz Matagalpa. Auf dem Weg von El Tuma nach Waslala wurde er einfach umgelegt. Das Komitee CAP ANAMUR hat in Waslala sehr eng mit Paul Deffers zusammengearbeitet, der einer der wirksamsten und auch kritischsten Helfer im Lande war. Der heimtückische Mord an dem Belgier EG-Mitarbeiter Deffers wurde gestern begleitet von den 100 Mio US-Dollar, die der US-Präsident im Kongreß unbeschadet für diese Mord- und Terrorbande forderte.

Das Komitee erklärt nach diesem erneuten Mord: Bei allen Meinungsverschiedenheiten der demokratischen Parteien in der Bundesrepublik sollte es doch einen Konsens darüber geben:

1. eine Mordbande wie die Contras verdient nicht den Ehrentitel »Befreiungs-Bewegung«, 2. die Bundesregierung sollte dem US-Präsidenten mitteilen, daß er die Mörder europäischer Helfer und die Entführer deutscher Entwicklungshelfer mit seinen Dollars stützt . . .«

Wir haben mit Uganda zu tun. Team-Chef Dr. Barbara Krumme ruft an und berichtet über die Arbeiten in drei Projekten, die das Komitee dort betreut:

1. eine Ambulanz mit kleiner Klinik in Kirioya, nebenbei eine größere Dispensary im Ort Bukomero an der Hoima-Road;

2. das berühmt berüchtigte Hospital Nakaseke, um das in den Jahren des wütenden Bürgerkrieges so heftig gekämpft wurde und in dem wir die schlimmsten 12 Monate versucht hatten, weiterzuarbeiten – bis zu dem Überfall auf einen unserer Wagen am 4. September 1984;

3. das Hospital Yumbe, weit oben im Norden, das sich nun durch etwa 30 000 Rückkehrer aus dem Sudan zu einer besonderen Emergency Station ausgeweitet hat.

Wie immer sind die Probleme und der Alltag dieser Arbeit wahnsinnig konkret und handfest, und wer sie mitmachen will,

muß wissen, daß man in diesen winzigen Angelegenheiten und Anforderungen immer in Form bleiben muß, keine der Fragen negieren darf, die die praktische Durchführung von Hilfe erleichtern oder ermöglichen.
Oft habe ich verschämt darüber nachdenken müssen, daß der »Grabspruch des (Ignatius von) Loyola«, des Gründers des Jesuitenordens, doch ganz treffend ist, wenn man ihn mal all den Bildungsbürgern und Salonlöwen aus den Klauen gerissen hat: »Non coerceri maximo, contineri tamen a minimo divinum est.« Das ist ein Grundsatz, der über jedem Projekt der deutschen Not-Ärzte steht: »Vom Größten nicht bezwungen werden, im Kleinen sich aber dennoch eingeschlossen und verantwortlich fühlen, ist göttlich.«
Heinrich Böll hat unserer Arbeit in einer seiner letzten improvisierten Reden auch noch einen Hölderlin-Satz vermacht. Er sagte ihn im dänisch-jütländischen Holstebro nach der feierlichen Verleihung des Jens-Bjørneboe-Preises im Odin-Teatret. Wir finden ihn zusammen mit der Rede in dem Band mit den Reden und Interviews, Artikeln und Vorworten aus den letzten Jahren, die der Lamuv-Verlag herausgebracht hat. Und so lautet dieser Satz Friedrich Hölderlins:
»Mitleidend bleibt das menschliche Herz doch fest.«

Hilfe auch in Vietnam?

Wie aber kommt man an die Wurzeln der Flüchtlingstragödie in Vietnam?
Das ist eine Frage, die jeder Ministerpräsident immer wieder gratis und ohne Gefahr ausspricht. Ohne Gefahr? Ja, ohne daß ihn irgendwer beim Wort nehmen würde. Bei welchem Wort? Daß man an die »Wurzeln der Flüchtlingstragödie« gehen müsse, statt mit der behelfsmäßigen Aufnahme dieser Menschen in der Bundesrepublik nur Trostpflästerchen auf die Wunde zu kleben. Ja, aber wie macht man das, an die Wurzeln eines Problems gehen? Politiker begnügen sich damit, verbal

an etwas heranzugehen oder allenfalls mit einer schriftlichen Anfrage im Parlament oder in einem Interview im Generalanzeiger XYZ. Doch kann man an einige Wurzeln des Problems sehr wohl richtig heran, indem man etwas in Vietnam zu tun versucht.
Peter Krebs und andere Journalisten, Dr. Noeldecke und andere aus dem Auswärtigen Amt, Botschafter Claus Vollers und sein Nachfolger, Andreas Kohlschütter und andere Publizisten, Freimut Duve, Helga Schuchardt und andere Politikerabgeordnete haben immer mal wieder versucht, in die Vietnam-Lähmung der deutschen Politik und Publizistik eine Bresche zu schlagen. Meistens vergeblich, denn das Thema ist von allen drei Seiten verrammelt:

1. besteht das in allen Europa-Regierungen gültige Verbot der Entwicklungshilfe an Vietnam, solange es in Kambodscha Besatzungsmacht ist;

2. ist es wahnsinnig schwierig, bei der dogmatischen Verkrustung und den Brettern, die der Apparat in Vietnam vor viele seiner Köpfe geschlagen hat, etwas auf der anderen Seite genehmigt oder zugestanden, ermöglicht oder gar erleichtert zu bekommen. Vietnam ist unter Gesichtspunkten des internationalen Austauschs eine Katastrophe;

3. besteht an Vietnam in der großen deutschen Öffentlichkeit kein gesteigertes Interesse . . .

»Nach offiziellen Angaben aus Washington wurden in Südvietnam während des Krieges 57 000 Tonnen Agent Orange versprüht. Die amerikanische Akademie der Naturwissenschaften hat errechnet, daß darin 170 Kilogramm des Supergiftes Dioxin enthalten waren, das erst seit Seveso bei uns ein Begriff ist.«
Ulrike Bauer hat eine journalistische Reise nach Vietnam gemacht und berichtet über ihre Gespräche in Vietnam im Südfunk Stuttgart (7. Juni 1986). Im Provinzkrankenhaus hat man Ulrike Bauer erzählt, daß sich die Zahl derjenigen, die an Leberkrebs erkrankt sind, in den letzten 10 Jahren verdreifacht

hat. Die Gruppe der westdeutschen Journalisten kommt nach Tan Binh, einem Dorf, das 1969 mehrfach intensiv besprüht wurde. Nguyen Tih Lua ist Mutter von zwölf Kindern und wohnt in einer selbstgebauten Hütte: Strohmatten, vier Betten, eine Kochstelle und ein kleiner Hausaltar mit Marienbild und Plastikblumen, denn Frau Lua ist katholisch.
Die 53jährige Frau Lua weiß Erschütterndes zu berichten:
»Ich bin 1974 mit meiner Familie aus Kambodscha gekommen. Die Luftangriffe der Amerikaner waren so schlimm, daß wir nicht in unserem Dorf bleiben konnten. Die Guerilla brachte uns damals über die Grenze in dieses Gebiet, das seit einiger Zeit befreit war. Als ich hierherkam, hatte ich schon zehn Kinder. Ich war damals mit meiner jüngsten Tochter schwanger, sie kam 1975 hier zur Welt. Sie ist das einzige Kind in unserer Familie, das behindert ist. Ihre Hände sind verkrüppelt.
Als ich hierherkam, hatten in diesem Gebiet schon mehrere Sprüheinsätze stattgefunden. Ich selbst habe dann mehrere Male miterlebt, wie dieses Gift aus den Flugzeugen auf uns herabregnete. Die meisten Bäume hatten schon, als wir kamen, keine Blätter mehr. Aber wir wußten nicht, daß das, was da versprüht wurde, auch für uns und unsere Kinder so gefährlich war. Denn es gab damals eine ganze Menge Frauen, die behinderte Kinder zur Welt brachten.«

Wenn Ministerpräsidenten etwas tun wollten, um an die Wurzeln des Problems heranzukommen, dann sollten sie statt nach China einmal nach Vietnam reisen und sich das Land und seine vom Krieg und von den Amerikanern zerstörte Struktur ansehen. Noch immer wächst eben der Maniok, eines der Hauptnahrungsmittel in Tay Ninh, nicht so hoch wie in anderen Gebieten. Noch immer bringt ein Teil der Bananenstauden überdimensionale Früchte hervor, die ungenießbar sind. Und noch immer schlagen alle Versuche fehl, größere Landstriche mit Mangobäumen zu rekultivieren, die hier früher zu Tausenden gestanden und Frucht gegeben haben.

Ja, wenn einmal ein Bernhard Vogel oder Lothar Späth, ein Johannes Rau oder Ernst Albrecht das Elend mit Tränen in den Augen gesehen hätten, dann, ja dann wären durchaus nicht alle Wurzeln der Flüchtlingstragödie ausgerissen, und es gäbe die Chance, mit deutscher Hilfe die Lebensbedingungen der Menschen ein wenig zu erleichtern. Im Provinzkrankenhaus sollten sie sich die steigende Rate von Fehlgeburten vom leitenden Arzt erklären lassen.

»1979 endeten 20 Prozent aller Schwangerschaften mit einer Fehlgeburt, 1985 waren es laut Statistik 25 Prozent. Doch die Statistiken sind lückenhaft, Vorsorgeuntersuchungen bei Schwangeren finden kaum statt. Es fehlt an einfachstem medizinischen Gerät, in der ganzen Provinz gibt es keine Möglichkeit der Ultraschall-Untersuchung, von komplizierten Methoden der Diagnostik ganz zu schweigen. So bringen auch heute noch verzweifelte Mütter sogenannte Monsterbabys zur Welt: Kinder ohne Gehirn, ohne Augen und Nase, mit deformierten Extremitäten, auch siamesische Zwillinge, die fast nie lebensfähig sind.«

Ulrike Bauer traf mit Dr. Phuong zusammen, der Leiterin des Tu Du Krankenhauses in Saigon. Ulrike Bauer: »Sie hat an mehreren internationalen Tagungen und Kongressen teilgenommen, unter anderem in der Bundesrepublik.« Und: »Dennoch ist das Interesse an ihrer Arbeit und die praktische Unterstützung aus dem Ausland gering.«

Der letzte Satz ist – eine Halbwahrheit. Vietnam tut auch alles, um Hilfe, die nicht aus ideologisch reiner Quelle kommt, abzublocken. Das Komitee Not-Ärzte ist Leidtragender und Objekt einer solchen Politik Vietnams, die dauernd Hilfsangebote ausschlägt und die Welt wissen läßt, daß sie statt dessen auf die Millionensummen wartet.

Es ist viel passiert – in Äthiopien: Unser Team verläßt das Land, im »Deutschen Allgemeinen Sonntagsblatt« ist am 6. Juni 1986 beschrieben, weshalb wir uns auf die Erpressung der äthiopischen Regierung nicht einlassen wollten:

»Die Art, wie aus aller Herren Länder Organisationen ins Land gelockt wurden, einen speziellen Vertrag aushandelten, nach einem Jahr zu einem *general agreement* erpreßt wurden, das der Regierung mehr Rechte gibt, als eine Nicht-Regierungsorganisation sich genehmigen darf, ist Realität in diesem Äthiopien. Auch die Tatsache, daß die Hungerhilfe vom Westen, zum Teil sogar vom westeuropäischen Militär durchgeführt wurde, während die äthiopische Armee ihren Krieg im Norden weiterführen könnte.«

Wir müssen die Vietnamesen zusammenbringen und mit ihnen eine gemeinsame Haltung gegenüber der deutschen Öffentlichkeit probieren und auch exerzieren, die öffentliche Schlägereien zwischen politisch verfeindeten Gruppen nicht mehr zuläßt. Die Vietnamesen, die ich in letzter Zeit mehr und mehr kennenlerne, wollen mitwirken in allen Beziehungen. Die Nachmittags-Pressekonferenz mit der Lokalpresse in Krefeld im Johannes-Paul-Haus ist beispielhaft. Etwa 50 CAP ANAMUR-Gerettete kann ich sprechen – die Sprache ist aber immer noch nicht allen so vertraut, daß sie alles mitverfolgen können. Deshalb muß Herr Da Be übersetzen, was er aber mit Bravour macht.

Ein Brief sollte hier stehen, der auf den ersten Blick rührselig wirkt, auf den zweiten aber interessant ist. Unter dem Datum des 18. Mai 1986 kam er hier an, und Christel Neudeck hat ihn mir doch noch mal in mein Fach gelegt:

»Liebe Familie Neudeck,
früher hörte ich schon von Ihren Rettungsaktionen in verschiedenen Ländern und spendete auch Geld, was bei meinen bescheidenen Einkünften als Schüler und jetzt als Steinmetzlehrling in Frage kam. Seit drei Monaten bin ich mit einem vietnamesischen Mädchen zusammen. Die schlimmen Erlebnisse, die sie, Mai Thu, während des Krieges und der Flucht gehabt hat, belasten sie noch sehr stark. Es ist für mich auch sehr schlimm, wenn ich hören muß, was diese Menschen schon alles in ihrem Leben leiden mußten. Wissen

Sie, früher nahm ich das gar nicht so bewußt wahr, oder verdrängte gar, welche Not es im Südchinesischen Meer gab und gibt. Seit ich jedoch Mai Thu kenne, nehme ich es um so mehr wahr.

... Ich selbst kenne bisher nur das nähere Schicksal von Mai Thu und ihrer Familie. Ihre Schwester wurde von den Piraten getötet, den Verlust von ihr hat Mai Thu bis heute kaum verkraftet. Auch das Heimweh ist so stark bei ihr. Können Sie sich vorstellen, wie man sich fühlt, wenn man einen Menschen liebt, der so Schreckliches erlebt hat? Aber das brauche ich Ihnen wohl nicht zum Ausdruck zu bringen, Sie lieben doch bestimmt auch alle Menschen und Kinder, die Sie retten, und Sie werden wissen, wie einen so etwas bewegt.«

9. Juni 1986

Wieder hat es eine Rettungsaktion gegeben. Wieder der wunderbare, weil Menschen rettende Zufall, wieder sind sich auf dem unendlichen Meer zwei Punkte, zwei Stecknadelköpfe wie durch Vorsehung nähergekommen, haben sich schließlich gefunden. 10.00 Uhr morgens war es im Südchina-Meer, das ist genau 04.00 Uhr nachts bei uns in Mitteleuropa. Drei Stunden später, also um 07.00 Uhr morgens unserer Zeit, rief Kapitän Max Behrens an, die Seefunkverbindung war sehr schlecht: In einem Fluchtboot von 10 m Länge und 2,9 m Breite hat die CAP ANAMUR II bei immer noch sehr gutem Wetter ohne größere Schwierigkeiten 52 Seenotflüchtlinge bergen können. Es war ein geschlossenes, völlig seeuntüchtiges Fischerboot, das die Flüchtlinge für ihre Flucht erstanden hatten – genauere Einzelheiten werden wir ja sehr viel später erfahren, zum Beispiel, ob das eine Art Familien- oder Verwandtschaftsflucht war, für die ein Fischer das Boot für die gemeinsame Flucht zur Verfügung gestellt hat.

Die Flüchtlinge waren nach den Strapazen der Fluchtreise und der mühseligen Vorbereitungen unter dem ständig über ihren

Köpfen schwebenden Damokles-Schwert der Entdeckung ihres Plans sehr erschöpft und mußten sich erst erholen. An Bord des Fluchtbootes – für einen auf Lebens- und Gesundheitsgarantien versessenen Mitteleuropäer völlig unverständlich – ein wirkliches Neugeborenes von 17 Tagen Lebenszeit!
An Bord des vorigen Fluchtbootes mit den 77 Insassen habe man sich verzählt, sagt mir Max Behrens. Es seien 32 Kinder (statt 28!) unter 14 Jahren gewesen.
Im Telex an die Agenturen heißt es dann weiter:
»Die Rettungsaktion fand in einer Entfernung von 120 Seemeilen südlich der Vietnam-Küste statt (08.30 Nord und 108.04 Ost). Die Flüchtlinge berichteten, ein Frachtschiff wäre an ihnen vorübergezogen, ohne ihre SOS-Zeichen zu bemerken. Das Schiff CAP ANAMUR II hat damit bereits 129 Gerettete an Bord.«

Erst gestern, schreibe ich in das Nachrichten-Telex früh am Morgen des 9. Juni, erreichte die CAP ANAMUR II ihr eigentliches Suchgebiet. Das Schiff fand am Samstag, erzählte mir der Kapitän, ein leeres Fluchtboot. Die 30 Insassen sollen in der Nähe von einem Containerschiff gerettet worden sein. Die Frage an den Kapitän, woher er das denn bei einem leeren Boot wissen könne, verkneife ich mir über den offenen Seefunk, das werde ich Antony Selvam in Singapur lieber über die geschützte Telefonleitung fragen.

Nun wird es aber Zeit, einige neue Plätze zu bekommen – über die fünf hinaus, die uns das Großherzogtum Luxemburg angeboten hat.
Was alles können wir tun? Wir müssen die Länder, die schon die Zahl von Aufnahmeplätzen genannt haben, auffordern, diese Zusage jetzt souverän für ihr Land zu geben. Das betrifft die Länder Hessen (das schriftlich 50 Aufnahmeplätze disponiert hat), Schleswig-Holstein (das uns in einer Erklärung des Ministerpräsidenten Uwe Barschel 50 Plätze in Aussicht gestellt hatte), das Saarland (das uns in einer öffentlichen

Erklärung »bis zu sechs Plätze« zugesagt hat). Wir müssen die Bemühungen im Bundesland Bayern intensivieren. Ich bin sehr gespannt, ob wir die 20 Plätze vom Staatsministerium in München genehmigt bekommen. Eine Pressekonferenz des Komitees in München am 10. Juni um 16.00 Uhr im Franziskaner wird darüber Aufklärung geben. Ich werde mit Christel dabei sein, weil wir eine Einladung für den Abend vom Evangelischen Forum zu einem Vortrag haben, Titel: »›Menschenfischer‹ – Der Journalist Rupert Neudeck berichtet über die aktuelle Situation der Arbeit des Komitees CAP ANAMUR/Not-Ärzte e.V. im Südchinesischen Meer und in den Notstandsgebieten Afrikas und Mittelamerikas.«

Ich bereite folgende Erklärung vor:
»Das Komitee CAP ANAMUR/Not-Ärzte e.V. hat von fast allen Bundesländern in formvollendeten Briefen die Zusage bekommen, daß man gern etwas zugunsten der geretteten Bootsflüchtlinge tun werde, man warte auf die Einleitung eines abgesprochenen Verfahrens durch das Innenministerium Bonn. Die Bayerische Staatsregierung (z. B.) hat uns mitgeteilt, daß man nur im Rahmen eines solchen zwischen dem Bund und den Ländern im März 1982 abgesprochenen Verfahrens handeln werde zugunsten der vom Tod durch Ertrinken im Südchina-Meer real Geretteten.
Nun hat das Bundeskanzleramt in einem Schreiben vom 30. Mai dem Komitee mitgeteilt, daß es ein solches Verfahren nicht geben wird. Jetzt ist es also an den einzelnen Ministerpräsidenten, selbst souverän und ohne Absprache zu entscheiden, wieviel Aufnahmeplätze sie einer Aktion geben, die bereits mit großer Unterstützung der Regierungen in Paris, in Brüssel und nun auch des Großherzogtums Luxemburg läuft. 335 Aufnahmeplätze haben die Europa- und EG-Länder Frankreich, Belgien und Luxemburg zur Verfügung gestellt. Dies ist die erste europaweit mitgetragene humanitäre Aktion, zu der wir gern auch die Unterstützung aller deutschen Bundesländer haben möchten. Wir

fordern deshalb die Staatsregierung in Bayern auf, sich schnell für diese Schiffbrüchigen zu entscheiden, die heute gerettet und morgen aufgenommen werden müssen. Wir fordern auch die Ministerpräsidenten von Hessen, Schleswig-Holstein und dem Saarland auf, uns jetzt auf dem einfachen Wege die bisher zugesagten Plätze zu geben, die bisher an die gemeinsame Verfahrensordnung gebunden waren. Hessen versprach 50, Schleswig-Holstein auch 50, das Saarland 6.

Wir bitten in dieser Stunde, da wir schon 124 Menschen zuviel gerettet haben, zu bedenken, daß Menschen, Vietnamesen, die bei Nacht und Nebel aus ihrem Land hinausgehen, wissen, daß nur 20 Prozent eine Überlebenschance haben. Von diesen Menschen kommen nur 20 Prozent durch. Viele Flüchtlingsfrauen werden entführt, um nach entsprechender Vergewaltigungsorgie, entsprechendem profitträchtigen Gebrauch in den Bordellen Bangkoks vielleicht auch deutschen Sextouristen zur Verfügung stehen. Es soll später niemand sagen, er habe es nicht gewußt. Die Piraten liegen, wie eine Perlenschnur vor dem Mekong-Mund aufgereiht, auf der Lauer nach weiterer Beute. Da auf den Fluchtbooten nichts mehr zu holen ist, haben sich die Piraten mit ihren sehr gut ausgerüsteten Booten auf die Frauen von 11 bis 40 Jahren spezialisiert. Das bringt ähnlich viel wie seinerzeit in den Jahren ab 1979 die Suche nach ein paar Tael Gold (also Goldunzen) oder Dollars oder Schmuckstücken...

Wir bitten Sie – allein mit dem Titel der humanitären Lebensrettung aus dem Wasser und in letzter Minute – um Ihre Hilfe, Herr Ministerpräsident, wir wissen, daß der humanitäre Titel für die Welt der Politik kein Rechtstitel, kein Anspruch ist. Der Titel Humanität ist immer ein Schrei. Unsere Hoffnung ist, daß unsere europa- und zivilisationsmüden Ohren für diesen Schrei aus elender Not, der Schrei vor dem Untergang, nicht taub geworden sind.

Troisdorf, den 10. Juni 1986

Gerhard Hoffmann hat versucht, für den 18. Juni 1986 beim Südwestfunk eine Fernsehsendung für das Dritte Programm durchzukriegen. Chefredakteur Reinhard Kleinmann hat das dann vorsichtshalber erst einmal in eine Asylsendung umfunktioniert. Der Grund? Damit daraus nicht wieder so eine Werbesendung für die CAP ANAMUR II wird, nach Franz-Alt-Zuschnitt mit der Konto-Nummer am Ende!

Der Diakon von der CAP ANAMUR ist Josef Vu-Xuan-Huyen. Josef Vu-Xuan-Huyen wurde in der Erzdiözese Paderborn zum Diakon geweiht und steht jetzt vor der Priesterweihe.
Er erzählt: »Die Flucht im Mai 1980 war mit drei Booten geplant. Doch kaum waren wir nachts ausgelaufen, wurden wir von der Küstenwache verfolgt, und zwei der Boote wurden aufgebracht. Nur das unsere konnte unerkannt den Verfolgern entkommen. Unser Kapitän war ein früherer Marine-Offizier. Mit 80 Menschen war das Boot so überladen, daß wir unsere Wasservorräte auf das Äußerste beschränken mußten. Für jeden von uns gab es dreimal am Tag nur drei Eßlöffel voll zu trinken. So waren wir vier Tage auf hoher See unterwegs. Der Durst war furchtbar. Ein paar Frauen waren schon ohnmächtig, die Kinder wimmerten. Da hörten wir auf einmal ein Brummen, sahen einen Hubschrauber in der Ferne, der tiefer und tiefer herabkam, bis er so nah über uns war, daß wir in der Kanzel die Männer erkennen konnten, die uns mit Zeichen aufforderten, unsere Richtung zu ändern. Der Hubschrauber trug keine nationalen Kennzeichen. Schließlich drehte er wieder ab. Unser Kapitän war argwöhnisch, daß wir in eine Falle gelockt werden sollten, und wollte unbedingt weiterfahren. Es kam zum Streit, und schließlich übernahm der Mann, der das Boot gekauft hatte, das Steuer, und ging auf den Kurs, den der Hubschrauber uns gewiesen hatte. Und dann, nach einer Zeit verzweifelter Spannung, sahen wir das große Schiff, kamen näher und näher, erkannten den Namen CAP ANAMUR und wußten, daß wir einem jämmerlichen Ende auf See entkommen waren. Wir waren die ersten, die aus dem Meer gefischt

worden waren, und so blieb die CAP ANAMUR noch zwei Wochen vor der vietnamesischen Küste, bis unsere Zahl auf 500 Flüchtlinge angewachsen war.«
Nie würde er vergessen, hat Diakon Josef Vu-Xuan-Huyen gesagt, daß sie einmal ein Floß sichteten, das leer war: »Welche Tragödien mochten sich da abgespielt haben?«
Josef Vu-Xuan-Huyen ist eigentlich Nordvietnamese, in Nam-Dinh geboren. Er entstammt, wie so viele Nordvietnamesen, einer alten katholischen Familie. »Immerhin«, so erzählt er, »hat das Christentum in Vietnam eine Tradition, die bis zum Beginn des 16. Jahrhunderts zurückreicht.« Als es in Nordvietnam zu einer kommunistischen Regierung unter Ho-Chi Minh kam, flüchteten in Panik und manchmal auch in Hysterie eine Million katholische Gläubige aus dem Norden in den Süden des Landes. Josef Vu-Xuan-Huyen: »Auch meine Familie. Auf einem französischen Handelsschiff verließen wir 1954 die Hafenstadt Haiphong und fanden in der südvietnamesischen Großstadt Bien-Hoa eine neue Heimat.«
Nach der Grundschule besuchte er dort ein Internat und nach dem Abitur das Priesterseminar. »Als die nordvietnamesischen Truppen uns überrollten, durften wir Seminaristen zwar weiterstudieren, nur mußten wir einen Tag in der Woche im Reisfeld arbeiten. So konnte ich im Jahr 1978 meine theologischen Studien abschließen, gleichzeitig aber wurde mir klargemacht, daß ich als Sohn eines früheren Bürgermeisters nie die staatliche Erlaubnis zur Priesterweihe erhalten würde. Dennoch hoffte ich, zum Priester geweiht zu werden; aber nach zwei Jahren vergeblicher Bemühungen, entschloß ich mich schweren Herzens zur Flucht und nahm auf Bitten meiner Mutter auch meinen jüngsten Bruder mit, den ich auf dem heimlichen Weg in die Hafenstadt Vung-Tau meist auf meinen Schultern trug.«
Ob er für immer in Deutschland bleiben wird, fragen wir Josef Vu-Xuan-Huyen. »Ich möchte ein guter Seelsorger in diesem Land werden, das ich sehr liebgewonnen habe. Aber falls es wieder einmal möglich sein sollte, würde ich selbstverständlich

wieder in meine Heimat Vietnam zurückkehren. Hätte ich dort Priester werden können, wäre ich niemals geflüchtet.«

Gegen das Schiff MV »Marytime Triumph« und die Reederei des Schiffes sowie gegen den Kapitän werden wir klagen. 52 Bootsflüchtlinge können aussagen, daß das Voll-Containerschiff am 20. Mai 1986 mit nur 50 m Abstand bei Windstärke 8 und schwerer See an dem winzigen, schon lecken und manövrierunfähigen Fluchtboot vorbeigefahren ist. »Marytime Triumph« hat das winzige Boot gesehen, weil die Flüchtlinge durch Verbrennen von Kleidung auch ein Feuerzeichen gaben.

Collegium Augustinum nimmt 20 Flüchtlinge auf

Am frühen Morgen des 11. Juni 1986, um 07.00 Uhr, setzen wir uns – Christel Neudeck und ich – in München-Harlaching in eine Taxe und fahren zum Stiftsbogen nach München 70, auf der Grenze zwischen Klein- und Neu-Hadern. Eine ganze Weltreise. Wie groß diese Städte wie München, Hamburg und Berlin auf den Fremden immer wirken, zumal, wenn da noch so eine Taxiuhr klickt und im – wie es dem Zahlenden erscheint – rasenden Takt die 20-Pfennig-Marken steigen läßt. Kurz: wir kommen gegen 07.45 Uhr nach einer Fahrt durch die Münchener Rush-Hour dort an und finden uns in einer Atmosphäre ähnlich dem Berliner Hansa-Viertel wieder. Wir sind von Pfarrer Georg Rückert zum Arbeitsfrühstück in die »Weinstube« des Collegium Augustinum eingeladen. Georg Rückert hatte den Mut, dem bayerischen »hochverehrten« Innenminister Hillermeier zu schreiben und ihm 20 Aufnahmeplätze für diese Flüchtlinge anzubieten, die die CAP ANAMUR II gerettet hatte oder im Begriff war, zu retten. Heute morgen, das war einer der wichtigsten Gründe, weshalb wir nach München gekommen sind, sollen wir eine Antwort kriegen, ob denn das Ministerium bereit war, auf diese großartige Gratis-Offerte des kirchlichen Instituts Collegium Augustinum einzugehen.

Wir kommen in eine große Runde. Ein vornehmes Frühstück ist angerichtet, aber es stört uns nicht, weil die Menschen, die da zusammengekommen sind, sehr sympathisch und hilfsbereit sind. Allen voran Johanna Haberer, Pfarrerin, also so etwas, was sich unsere katholische Kirche dummerweise immer noch versagt, die Tochter von Georg Rückert. Sie hat den ganzen Vorgang angerührt und ist natürlich auch da. Sie versucht dafür zu sorgen, daß der mächtige Vater richtig agiert, der seine Rolle innerhalb des bayerischen und Münchener Macht-Zirkels zwar richtig einzuschätzen versteht, aber in dieser diffizilen Frage eher zu unbegründetem Optimismus neigt. Frau Rückert ist ebenfalls weniger berauscht als die Männer in der Runde, eher dazu geneigt, realistisch zu fragen: Ja, was soll denn nun geschehen?

Kurz: Das Ehepaar Rückert war gerade an einem der Vortage im Büro von Innenminister Hillermeier – im Beisein vom Sachbearbeiter Zitzelsberger – gewesen. Die Antwort nach etwa vier Wochen Wartezeit, in der die Bayerische Staatsregierung zu nichts weiter aufgefordert war, als eine Antwort auf ein freies, kostenloses Angebot des CA (Collegium Augustinum) zu geben, ist kläglich. Hillermeier bittet erst einmal um einen Antrag in qualifizierter Form – dies auch deshalb, weil da eine dicke Intrige in dieser nicht gerade fremden- und ausländerfreundlichen CSU-Behörde läuft. Sachbearbeiter Zitzelsberger macht die Leute ganz verrückt, weil er etwas davon erzählt, daß es in Vietnam gar keine Umerziehungslager mehr gibt, ergo auch gar keine Flüchtlinge im genauen Verständnis der Genfer Konvention, daß die CAP ANAMUR II also da einfach Faulenzer und Drückeberger aus den jämmerlichen seeuntüchtigen Booten aus dem Wasser zieht und aus den Klauen der Piraten rettet ...

Soweit ist die Intrige des Bundesinnenministeriums schon gelangt. In einer Antwort auf die »Kleine Anfrage« von etwa 30 Bundestagsabgeordneten zur Lage der Indochina-Flüchtlinge hatte das Deutsche Bundesinnenministerium geantwortet, daß die Lage der Flüchtlinge nicht mehr ernst sei, daß es keinen

Tatbestand politischer Verfolgung mehr gäbe, daß also auch dieses Problem nicht mehr bestehe, daß sogar bald an eine Repatriierung der Flüchtlinge zu denken sei. Dazu kommt ein Brief des bayerischen Sozialministers auf den Frühstückstisch mit dem Aussendedatum des 6. Juni 1986, in dem noch einmal die Gebetsmühle leiert: Man könne erst die Zustimmung zur Aufnahme von solchen 20 Flüchtlingen geben, wenn die Verfahrensordnung vom 5. März 1982 erfüllt sei.
Da reißt mir der Geduldsfaden: Schließlich können sich, wenn es schon um Rettung von Menschen aus Seenot geht, die Behörden wenigstens in ihren Ablaufordnungen mal kurzschließen. Wenn Bonn etwas am 30. Mai entscheidet – durch den Brief des Professor König aus dem Bundeskanzleramt – dann kann es, verdammt noch mal, das zuständige bayerische Ministerium doch schließlich am 6. Juni wissen? Wofür bezahlen wir denn diese Beamten, wenn sie über ihrem Schriftverkehr und Briefwechsel noch einschlafen? Es ist eine grobe Unverschämtheit, daß solche Ämter auch so ungeniert mit der Blödheit derer rechnen, denen sie da auf solche dumme Art schreiben, während die Basis solcher Briefe und Argumentationsgebäude schon zusammengebrochen ist. Nur, wen zieht man für derlei Unverschämtheiten zur Rechenschaft? Wer ist zuständig und kann dafür geradestehen, wenn so etwas passiert? Wer straft diese bayerische Regierung dafür, daß sie fahrlässig 20 Aufnahmeplätze für Menschen ausschlägt, die sonst ersaufen oder den Haifischen zum Fraß dienen? Wer kann da etwas mit seiner Empörung tun, wer kann diesen Apparat ankratzen, der in seiner Wagenburg von Schriftsätzen und gesetzgeberischen Absicherungen und endunterzeichneten Rückversicherungen weiter vor sich hindöst? Nein, ich bin nicht mehr bereit, da milde zu sein, wenn sich ein solcher Skandal auf ordentlichem Wege dahinschleppt.
Eine Institution wie das Collegium Augustinum und ein Pfarrer Rückert haben sich natürlich an den verzögernden Durchlauferhitzer längst gewöhnt und fassen ihn behutsam an, der da heißt, königlich-sträußliche Kameralistik im Freistaat Bayern.

Ich möchte hier in diesem Buch erklären: Ich werde mich mit dieser Qual der Moderne, der alles aufsaugenden, alle Initiative und alle Spontaneität von Bürgern auffressenden und verdauenden und damit bis zur Unkenntlichkeit verändernden Bürokratie *nie* abfinden! Mir tun dabei nur die ganz wenigen Beamten leid, die da unter dieses Verdikt fallen und es nicht verdienen, wie jener Herr Noeldecke aus dem Referat 301 im Auswärtigen Amt, über den wir uns nur positiv zu wundern haben, der uns ein ganz neues Beamtengefühl vermittelt haben würde, wenn . . . ja, wenn er nicht so isoliert in der Landschaft dastände. Ebenso jener Michael Zickerich, zweiter Mann der Botschaft in Uganda, der nun wirklich alles tut, um humanitäre Fragen in der Botschaft der Bundesrepublik zu beschleunigen. Zickerich sitzt am späten Abend des 10. Juni um 23.00 Uhr mit einem Haufen von Komiteelern im Straßencafé Tannenbaum in München, die Nacht ist lauschig, ein göttliches Gefühl, endlich, nach so vielen naßkalten Maiwochen endlich einmal im Freien sitzen zu können. Zickerich wendet sich mir an dem großen Tisch zu, meint grummelnd, schon wieder hätte der »Neudeck ganz undifferenziert von *den* Diplomaten« gesprochen, er sollte doch mal wieder sagen, daß es dabei die *einen* und die *anderen* gibt. Ja, ich nehme es mir vor, ich werde es wieder tun, werde das von Mal zu Mal wieder versuchen.

Mit großer innerer Anteilnahme haben alle im Evangelischen Forum den 15minütigen Trailer zu dem großen Film gesehen, den Barna Kabay und Imre Gyöngyössy auf unserem Schiff Cap Anamur II gemacht haben. Die Leinwand ist zu klein im Saal des Forum, um die Bewegung auf dem Schiff, die Geräusche, das Geschrei, das Hoffnungsgezitter aufzufangen, das nach 15 Tagen entstand, als endlich, endlich das erste Boot gefunden wurde. Trang, der Kapitän Max Behrens, Claus Heinrich, Paul Ellmerer, Mihaly Moldvay, der »stern«-Fotograf, Tycho Heitmüller, der Erste Offizier Friedrich Drenkhahn – alle sind gespannt. Zunächst sind oben auf der Brücke zwei Personen auszumachen, dann sechs Fischersleute. Niemand hat zu dem

Zeitpunkt ahnen können, daß es sich doch um ein Fluchtboot handelt, es war ja noch vier Meilen entfernt. Doch dann beginnt der Alarm, alles stürmt die Treppe hinunter, das Schlauchboot wird ausgefahren, Trang nimmt das Megaphon und sagt in diesem immer etwas krächzenden Singsang der monoton-schönen Sprache der Flüchtlinge, was das für ein besonderes Schiff sei, die CAP ANAMUR II, daß es ein westdeutsches sei, keine kommunistische Flagge hätte, sondern – eben! – die westdeutsche ...
Und dann kommen sie hoch, größte anstrengendste Aktivität auf dem Schiff, die Gesichter angespannt, die Maschinen gestoppt, Geschrei oben und unten. Die Gefahr, daß so ein Boot kentert, ist jede Sekunde neu gegeben, weil beim Aufbrausen der Hoffnung, daß es wirklich die Rettung ist, die da winkt, alle auf einmal zur Bordwand der CAP ANAMUR II stürmen und damit das Fluchtboot, jämmerlich ausgerüstet, wie man es an diesem Abend in München auf der fast dreckig werdenden Leinwand zu sehen bekommt, gefährden. Manchmal werden ja Filmbilder von der aufgenommenen Realität so infiziert, daß sie selbst krank, krankmachend, dreckig, schmierig, anstrengend, voller Blut, mit Schweiß und Tränen imprägniert wirken – das allerhöchste Lob, und schon hier von diesen Buchseiten aus die Ankündigung für uns alle: Demnächst werden wir diese harte physische und psychische Mut- und Belastungsprobe in einem spannenden Kinofilm aushalten müssen. So wie die Realität der Flucht und die Anstrengungen der Rettungsaktionen wirklich sind, mit allen politischen und physischen Widerständen – das werden wir in der Bundesrepublik alle sehen können, vielleicht auch synchronisiert viel mehr Menschen überall in der Welt, weil Europa auch mal etwas über sich aussagen soll, was Europa auszeichnet, wenn es zu sich selbst findet, sich in seiner »Hegemonialkrise« nicht ersäuft und sich nicht an ihr aufhängt. Dann nämlich hat Europa weiter das Größte, das Entscheidende der ganzen bekannten Welt zu geben: Nämlich jene CAP ANAMUR II zum Beispiel, jene menschliche Mitleids-Aktivität, Hilfe um der

Menschen willen, nicht um des eigenen Lohnes willen. Wie gern möchte ich, daß unsere Schiffsunternehmung auch über den August hinaus fortgesetzt werden könnte ...

Jeder kann etwas tun, niemand ist ausgeschlossen, es sei denn, er schließt sich selbst aus. Aber Ärzte, Krankenschwestern, Pfleger, handfeste Allround-Techniker haben es leichter, sie haben schon den richtigen Beruf, um konkret helfen zu können. Und für andere ist es noch schwerer, nicht an der Frustration und Vergeblichkeit zu ersticken. Zumal, wenn man nicht einen Beruf hat, wie ich ihn habe, mit dem man öffentlich immer noch etwas machen kann. Ein deutscher Tanker hat zwei Tage nach der Aktion am 9. Juni ein Fluchtboot entdeckt: 68 Menschen gerettet. Jetzt haben wir 129 an Bord.

Ein ganz neuer Ton und ein ganz neuer Inhalt liegt den Rundschreiben Nr. 12 des Verbandes deutscher Reeder zugrunde, das am 5. Juni an die Reedereien hinausgeht. Während der VDR immer steif und fest auf der Position beharrte, daß nichts an der deutschen Handelsschiffahrt zu kritisieren und zu bekritteln sei, selbst wenn viele anders-geflaggten Handelsschiffe verbrecherisch die Aufnahme von Seenotflüchtlingen verweigern und verweigert haben, so dies hat *niemals* ein Schiff deutscher Flagge getan, *niemals*. Dies kann auch nicht so sein, bei der international ausgezeichneten Qualität und Güte der deutschen Flagge. Kurz, es war immer die gleiche Erklärung, die mir um die Ohren gehauen wurde: Das alles kann nicht sein, weil es nicht sein darf.

Jetzt aber, nachdem am 31. Mai 1986 Bundespräsident Richard von Weizsäcker beim Seeschiffahrtstag in Cuxhaven höchstpersönlich auf die Pflicht zur Seenotrettung hingewiesen hat und sich davon auch nicht hat abbringen lassen, obwohl der Verband auch ihm hätte weismachen können, es sei alles zum Besten bestellt, fühlt sich der Verband deutscher Reeder bemüßigt, seine Handelsschiffe und die Reeder einmal um Aufklärung darüber zu bitten, was eigentlich alles in den vergangenen sechs Jahren passiert ist:

»Vom UN-Flüchtlingshilfe-Kommissar sind zwischenzeitlich erneut Statistiken und kritische Hinweise speziell hinsichtlich der Beteiligung deutscher Reedereien an Rettungsaktionen vorgelegt worden. Der Bundesminister für Verkehr hat uns gebeten, ihm hierzu eine ausführliche Stellungnahme vorzulegen. Auch uns erscheint es wichtig, daß künftig fehlerhafte Interpretationen in der Öffentlichkeit und bei politischen Diskussionen aufgrund mangelnder Sachaufklärung unterbleiben.
Wir bitten Sie deshalb«, fährt das Rundschreiben an die Reedereien fort, »den beigefügten Fragebogen möglichst umgehend bis zum 18. Juni an uns zurückzusenden, damit wir unsere Argumentation auf eine möglichst breite und sichere Daten- und Informationsbasis stellen können. Auch für ergänzende allgemeine Anmerkungen zu dieser Thematik wären wir dankbar.«
Die Fragen lauten in diesem Rundschreiben wie folgt:
1. Haben von Ihrer Unternehmensgruppe disponierte Schiffe das Südchinesische Meer 1985 bzw. im ersten Halbjahr 1986 durchfahren?
2. Waren von Ihrer Unternehmensgruppe disponierte Schiffe während dieses Zeitraums an der Aufnahme vietnamesischer Bootsflüchtlinge beteiligt?
3. Waren solche Schiffe während der Jahre 1980 bis 1984 an der Aufnahme vietnamesischer Bootsflüchtlinge beteiligt?
4. Waren solche Schiffe seit 1980 an der Aufnahme von Flüchtlingen in anderen Teilen der Welt beteiligt?
5. Sind bei den Rettungsaktionen Probleme aufgetreten, die einer optimalen Abwicklung im Wege standen?

Das ist ja nun der schlagende Beweis dafür, daß die Seeschiffahrt durch verschiedene Ereignisse der letzten Monate aufgescheucht worden ist.
Amnesty International hält in seinen Vietnam-Berichten sehr nüchtern und klar fest, welche De-facto-Realität die Lager, die *re-education-camps* immer noch darstellen. Amnesty International hält weiter einige in den Lagern für *ihre* Gewissensfra-

gen, so Dr. Truong van Quynh, der weiter im Camp Nam Ha eingeschlossen ist. Auch einige katholische wie protestantische Priester sind weiter in diesen Umerziehungslagern. So seien nach dem Bericht eines vietnamesischen »senior«-Kirchenmannes im Juni 1984 noch 200 Priester in Umerziehungslagern gefangengehalten worden. Amnesty International adoptierte Pater Trinh Cong Trong aus der südvietnamesischen Diözese Vinh Long.

Im Juni 1982 verkündete der vietnamesische Außenminister Co Thach den Willen und die Absicht Vietnams, alle in den Umerziehungslagern einsitzenden Gefangenen freizulassen, wenn sie von den USA aufgenommen würden. US-Außenminister Shultz reagierte spontan positiv, indem er die Bereitschaft der Immigrationsbehörden der USA feststellte, daß man vorbereitet sei, 10 000 Insassen aus den Lagern aufzunehmen.

Amnesty International hat sich um politische Gefangene in Vietnam über all die Jahre hindurch gekümmert: so um Thai Nhu Sieu, einen Vietnamesen chinesischer Herkunft aus Hanoi. Ausgeschlossen aus der seinerzeit regierenden Lao Dong (= Labour/Arbeiter)-Partei 1972, war Thai Nhu Sieu der frühere Herausgeber des Tan Viet Hoa (Xin Yue Hua), des offiziellen Organs der vietnamesisch-chinesischen Vereinigung von Nordvietnam. 1978 war er zur Zeit der aufkommenden Spannungen zwischen der Sozialistischen Republik Vietnam und Rot-China verhaftet worden. Erst fünf (!) Jahre nach seiner Verhaftung wurde Thai Nhu Sieu wegen Subversion und Spionage für China zu einer Gefängnisstrafe von 20 (zwanzig!) Jahren verurteilt.

Der 63 Jahre alte Poet Bui Hoang Cam, der von Amnesty International, aber auch vom P. E. N.-Club und Heinrich Böll seinerzeit besonders gefördert und ständig im Bewußtsein der westeuropäischen Öffentlichkeit gehalten wurde, wurde tatsächlich im Januar 1984 freigelassen. Vielleicht bekommen wir ihn einmal als »boat-people« auf unser Schiff CAP ANAMUR II. Denn fast alle, die in Vietnam nach 1975 arretiert oder in ein Umerziehungslager geschickt wurden, sind »outcasts«, sind außerhalb der Gesellschaftsordnung, Bürger und Vietnamesen zweiter Klasse. Bui Hoang Cam wurde im August 1982 verhaftet und verurteilt, weil er »cultural relations with foreigners« – »kulturelle Beziehungen mit Fremden« gehabt habe ... Er wurde beschuldigt – das muß man erst einmal begreifen – er wurde vor Gericht beschuldigt, das heißt, es galt als ein gefängniswürdiges Verbrechen für die neuen Autoritäten in Vietnam – zumindest noch 1982, daß er mehrmals versucht habe, ein oder einige Gedichte an seine Tochter nach Vietnam zu schicken.

Das Verlangen, genauer zu wissen, wie es weitergehen kann mit unserer Aktion MENSCHENFISCHER, mit der CAP ANAMUR II, ist bei mir wie bei unseren engsten Mitkämpfern natürlich sehr ausgeprägt. Die Sehnsucht zu wissen, ob dieses alte humanistische Europa, das sich zwischendurch immer noch den Titel des christlichen Abendlandes zulegen will, ganz faul, morsch, angefault und verderbt, im Wohlstandsfieber und Wachstumsrausch erstickt ist – oder noch nicht. Wir sind manchmal am Ende unserer Nerven und Geduld. Doch andere haben noch viel mehr Geduld aufzubringen – die Bootsflüchtlinge selbst, die wieder irgendwo auf dem Meer sind und hoffen, aufgegriffen zu werden. Aber auch jene etwa 2000 schwarzen Südafrikaner, die als Bürger vierter oder fünfter Klasse ohne irgendein gerichtliches Verfahren, geschweige denn einen Haftbefehl jetzt nach dem am 12. Juni 1986 ausgerufenen Ausnahmezustand in Südafrika von jedem Polizisten und jedem Soldaten der Armee ohne jede Angabe von Gründen verhaftet werden können. Der Kampf um die Menschenrechte ist überall auf der Welt der gleiche; es macht nicht ein Jota Unterschied für uns, ob wir uns um die auf das Meer oder die aus dem Ogaden nach Nordwest-Somalia Fliehenden oder ob wir uns um die von den südafrikanischen Sicherheitsbehörden Verfolgten kümmern.
Ich werde am 22. Juni zum ersten Mal nach Südafrika fliegen, von dort (= Johannesburg) nach einem Tag Aufenthalt gleich weiter nach Swaziland gehen. Wir sollten uns in Swaziland ein

Zwischenquartier aufbauen – für alle Fälle und um für die furchtbaren und blutig-mörderischen Explosionen gewappnet zu sein, die dort leider mit einiger Gewißheit schon in den nächsten Monaten und Jahren zu erwarten sind.
Am 16. Juni 1986 wollen die schwarzen Südafrikaner mit einem riesigen Sit-in den zehnten Jahrestag des bisher fürchterlichsten Massakers, des Zusammenschießens und Ermordens von mehr als 700 Kindern und Erwachsenen in der unwürdigen Schlafstadt Soweto begehen.
Die Dominikaner-Schwester und Nonne Thandi Klöker schreibt uns aus Manzini/Swaziland: »Wenn die Leute das schaffen, könnte es ihnen vielleicht eine Erfahrung ihrer eigenen Stärke geben. Wenn in Südafrika für eine Woche alle Maschinen stillstehen und alle Arbeiter zu Hause sitzen würden, dann würde die Regierung auf die Knie gezwungen werden, und das wäre meines Erachtens der wirksamere Druck als jeder andere von außen. Zwar sind Disinvestments und Economic sanctions auch ein Zeichen von Solidarität – nur ist es so schwer zu sagen, ob die Arbeitslosigkeit, die dadurch verursacht wird, und die Not, die daraus erwächst, das Mittel in jedem Fall rechtfertigt.«
Joseph Lelyveld berichtet in seinem Buch »Die Zeit ist schwarz« über die infamen Foltermethoden der südafrikanischen Polizeimörder, für die diese noch einmal ganz furchtbar, möglicherweise in einem großen Racherausch zur Rechenschaft gezogen werden: Lelyveld hatte ein Treffen mit dem Gewerkschaftsführer ausgemacht, der Frank Tongo hieß. »Ich hatte bei meinen früheren Besuchen zwei Frank Tongos kennengelernt: einmal den selbstbewußten Arbeiterführer im Gewerkschaftsbüro, dann den furchtsamen schwarzen Angestellten, als mich der Firmendirektor aus dem Geschäftsgebäude der Hoover-Company in Fort Elizabeth hinausbegleitete. Jetzt trug Frank Tongo keine der beiden Masken. Er hatte etwas Schreckliches hinter sich, und er wollte es auf keinen Fall noch einmal durchmachen. Die Polizei hatte gedroht, ihn umzubringen, falls er das, was ihm im Gefängnis zugestoßen

war, ausplaudere. Er glaubte nicht wirklich, daß sie es ernst meinten, aber seit seiner Entlassung litt er an Schlaflosigkeit, und die Drohung beschäftigte ihn jede Nacht.
Und Reporter Joseph Lelyveld von der »New York Times« berichtet minutiös, was alles mit so einem wichtigen Südafrika-Führer und potentiellen Politiker angestellt wurde:
»Gegen sieben Uhr morgens wurde Frank Tongo aus der Zelle in einem gewöhnlichen Gefängnis geholt und nach Cambridge gebracht (= Hauptquartier der Sicherheitspolizei in East London). Um 16.30 Uhr wurde er hergerichtet und zurückgeschickt. In den dazwischenliegenden Stunden war er bis auf die Unterhosen ausgezogen, trug Handschellen und Beineisen und wurde von Zeit zu Zeit, mit an den Fersen gefesselten Handgelenken, zu einem menschlichen Kringel verdreht. Dies ermöglichte seinen Verhörern, ihn an einer Kette von einem Brett baumeln zu lassen, das sie über zwei Schreibtische gelegt hatten, so daß sein Körper knapp über dem Fußboden hing. Dann wurde er an der Kette herumgewirbelt und mit Stöcken geschlagen – eine Prozedur, die täglich eingehalten wurde, ohne ihn zu dem Geständnis zu bringen, daß die Führung seiner Gewerkschaft Instruktionen des Afrikanischen Nationalkongresses befolge. Man erklärte ihm wiederholt, sich dadurch selbst zu retten, daß er Geschichten bestätigte, die die Verhörer aus (einem anderen Gewerkschaftsmann) Gaweta und anderen herausgequetscht zu haben behaupten. Sie beschuldigten mich ›ANC-Mitglied‹ zu sein, sagte Frank Tongo. Als er geleugnet habe, sei ihm eine weiche Gummihaube über den Kopf gestülpt worden, die sich wie ein Ballon dehnte, wenn er ausatmete, aber an seinem Gesicht festklebte, wenn er einatmete, so daß er das Gefühl hatte zu ersticken...«

(Joseph Lelyveld, *Die Zeit ist schwarz*, Ullstein Berlin 1986, S. 218 f.)

Was das mit den auf dem Meer bei Windstärke 5–9 Ersaufenden, den Kindern, die bei Frischwassermangel an Bord austrocknen, bei denen, die nach tage- oder gar wochenlanger Bootsfahrt wahnsinnig werden und im Fieber- und Wahndelirium anfangen, Mitflüchtlinge zu verzehren, die gerade gestorben sind oder dieses Sterben ein wenig in ihrem Wahn beschleunigen – was das damit zu tun hat? Ich glaube kaum, daß mich ein Leser dieses Buches das fragen wird, dennoch stelle ich mir rhetorisch die Frage selbst. Und sage: ALLES. Es geht bei humanitären Einsätzen immer um die Menschenrechte, um – wörtlich – gleiche, unveräußerliche Rechte für alle Menschen, für alles, was Menschenantlitz trägt, auch wenn dieses Paradies und diese wunderbare Utopie der Menschenrechte immer wieder so schändlich besudelt wurden. Es geht darum, um diese Rechte zu kämpfen, auch darum, daß jetzt in dieser Minute, die entsetzliche und manchmal todbringende Folterei aufhört. Wenn wir uns manchmal klarmachen, daß die Scheußlichkeiten, die bestialischen Folterqualen jetzt, in dieser Stunde – geschehen; wenn wir die Folterqualen in Geräuschen mal in einen Raum wie das Palais Schaumburg oder die Villa Hammerschmidt einspeisen könnten: es würden keine 24 Stunden vergehen, und die Welt wäre so aufgebracht, die deutschen Mitbürger allesamt auch, daß wir nicht Ruhe geben würden – daß wir auf alle Fälle nicht mehr über die Verluste jammern würden, die wir durch den Einfuhrstop an Chrom und Mangan, an Gold und Kohle erleiden könnten. Einfach deshalb, weil wir die Welt nicht eine Woche so lassen würden wie sie ist, wenn wir die tierischen Schreie der Gehängten, der so brutal bis vor die physische Grenze des Erstickens und des Zerquetschtwerdens gebrachten *hören*, wenn wir Knochen *knacken*, wenn wir diese unendlich entwürdigenden Geräusche hören würden, mit der Menschen wie wir schreiend und quälend hervorstoßen: »Mein Gott, mein Gott, warum haben unsere Menschenbrüder uns verlassen.« Diese Menschenbrüder mit den großen Worten auf den Lippen und sonst nichts. *Deshalb* hatten Südafrika und das grausame Los der unterdrückten Mehrheit der Schwarzen in ihrem Land alles zu tun mit denen, die die Verdammten der Meere sind.

Jetzt schon 222 Flüchtlinge und nur 111 Plätze

Samstag, 14. Juni 1986. Ein Tag vor der Wahl in Niedersachsen, der dritte Tag des Ausnahmezustandes in Südafrika. Vom Schiff wurde gestern zweimal angerufen. Einmal ganz früh, um 07.00 Uhr morgens, zu dem abgesprochenen Routineanruf, den Kapitän Max Behrens und ich für den Rhythmus von jeweils drei Tagen abgesprochen haben. Max Behrens klang fast etwas enttäuscht: Die Flüchtlinge, die an Bord sind, die 129, hätten von den sich ständig verschärfenden Kontrollen erzählt, denen sie in der Küstennähe unterworfen seien. Deshalb wäre man die letzten vier Tage ohne eine neue Rettungsaktion auf dem Meer nur getrieben bzw. hätte das Planquadrat abgefahren. Am späten Nachmittag ruft Max Behrens überglücklich noch einmal an. Was ist geschehen? Schon in der Dunkelheit, nach 19.00 Uhr, also 13.00 Uhr unserer Zeit, sei ein zwar langes (15 m), aber verdammt schmales (2,7 m) Boot gekommen, in dem 69 Menschen zusammengepfercht waren. Sie waren noch nicht lange unterwegs und haben die Cap Anamur II bei der Position 09.15 Nord und 107.36 Ost erreichen können. Diese 69 sind überglücklich, erschöpft eher von der furchtbaren Angst, kurz vor der Ausreise noch entdeckt zu werden. Es sind 37 Männer, 25 Frauen, 7 Kinder.

Es geht mir an diesem letzten Tag, da ich etwas für dieses Buch schreiben kann, nicht mehr aus dem Kopf: Wenn alle Menschen in der Bundesrepublik wüßten, was Menschen auf der Welt zu leiden haben, wenn sie wirklich die Schreie der Erschöpften, der von der stundenlangen Sonneneinstrahlung auf dem Südchina-Meer Ausgedörrten hören könnten, wenn sie die Gesichter derer sehen könnten, die an Bord der Cap Anamur II getragen werden und dort zusammenbrechen, wenn sie die entspannten Gesichter sehen könnten, wenn die gerade Geretteten in der Bordküche der Vietnamesen ihren ersten heißen Tee, nach vielen Tagen wieder ein menschenwürdiges Getränk schlürfen können, dann würde ihnen ihre (unsere) Härte und Hartherzigkeit vergehen.

14. Juni 1986

Ich mache am frühen Samstagmorgen ein Telex fertig für die Agenturen. Überschrift: »137 Flüchtlinge zuviel gerettet.«
Die Rechnung ist klar: Wir haben 198 Menschen gerettet und an Bord. An Plätzen haben wir 5 vom Großherzogtum Luxemburg — ich rechne natürlich mit den schriftlich angekündigten 50 vom Bundesland Hessen sowie den 6 vom Saarland. Eine Stunde später liegen drei Briefe deutscher Regierungschefs auf unserem Tisch. Staatssekretär Kopp, Chef der Staatskanzlei des Saarlandes, schreibt uns kurz und knapp: »Unbeschadet« der Tatsache, daß es zu keinem »koordinierten Aufnahmeverfahren« mit allen Bundesländern kommen wird, »stellt das Saarland entsprechend unserer Zusage vom 23. 4. 1986 bis zu sechs Aufnahmeplätze zur Verfügung.«
Ministerpräsident Dr. Barschel von Schleswig-Holstein schreibt:
»Die außergewöhnlich große Bedrängnis, in der sich die von ihrem Schiff CAP ANAMUR II geretteten Menschen befunden haben, und die besondere Verfahrenssituation, die ein abgestimmtes Verhalten aller Bundesländer nicht mehr ermöglicht, veranlaßt mich Ihnen, nunmehr, entsprechend meiner grundsätzlichen Zusage, Aufnahmeplätze bis zu 20 Personen in Schleswig-Holstein zur Verfügung zu stellen. Diese Anzahl entspricht der Quote des Landes Schleswig-Holstein, die es bei Anwendung der Verfahrensgrundsätze übernommen hätte.«
Sehr vorsichtig geht alles zu bei diesem Plätzegewährungsritual, einzig der niedersächsische Ministerpräsident Ernst Albrecht hatte seine Zusagen immer ohne »wenn« und »aber« einfach mit »lieber Herr Neudeck« und »freundlichen Grüßen« gegeben. Uwe Barschel aber schreibt:
»Ich gehe davon aus, daß eine solche Situation, die die Anwendung der Verfahrensgrundsätze hindert, einmalig bleibt und die Praxis seit 1982, Kontingentflüchtlinge ausschließlich nach den Grundsätzen der Bund-Länder-Vereinbarung aufzunehmen, in der Zukunft ausnahmslos beibehalten wird ...« (Brief vom 13. Juni 1986)

Eine große, schöne Überraschung ist der kurze klare Brief des Regierenden Bürgermeisters von Berlin, Eberhard Diepgen:
»Ich kann Ihnen jetzt mitteilen, daß Berlin insbesondere unter Berücksichtigung des humanitären Aspektes Ihres Anliegens zu einer einmaligen Ausnahme bereit ist und 30 Aufnahmeplätze für die derzeitige Aktion CAP ANAMUR II zur Verfügung stellen wird.
Die Bundesregierung habe ich gebeten, die entsprechende Übernahmegarantie-Erklärung abzugeben.« (Brief vom 12. Juni 1986)

Weiterhin haben wir allerdings mit der humanitären Unempfindlichkeit solcher Bundesländer wie Bayern, aber auch Rheinland-Pfalz zu kämpfen. Eine Bürgerin aus Hamburg, die sich für die Komitee-Sache durch das Schreiben guter, heftiger Briefe an Staatskanzleien einsetzt, Katharina Hoffmann in Hamburg, erhält einen katastrophal gefühllosen Brief endunterzeichneter Behörde mit der Unterschrift eines Oberregierungsrates. Da heißt es zum Schluß, und da kann es einem schon vor Empörung ordentlich heiß werden: »Auf Dauer kann es nicht eine Lösung der Flüchtlingsprobleme in Südostasien und auch in anderen Teilen der Dritten Welt sein, Menschen, die dort Freiheit und bessere Lebensbedingungen suchen, nach Deutschland in einen grundlegend anderen Lebens- und Kulturbereich umzusetzen.« Ich habe mit einem Brief um Aufklärung gebeten, was denn der Herr Oberregierungsrat meint, wenn er von »umsetzen« spricht ...

Wie werden die Flüchtlinge aufgenommen? Wie wird es Ihnen hier ergehen? Ich werde die Stunden Gespräch mit den Flüchtlingen an Bord des Schiffes nicht vergessen, die ich bei meinem letzten Aufenthalt von CAP ANAMUR II in Singapur hatte. Vietnamesen sind Kleinhändler, Unternehmer, Familienunternehmer. »Sie kommen nach Deutschland und geben stolz und ehrlich ihren Beruf an: Kaufmann. So verlieren sie ihren Anspruch auf Arbeitslosenhilfe, auf Umschulungshilfen, die in Deutschland

für Arbeitnehmer reserviert sind. Und die Deutschen, für die Geschäftsleute zu den Bessergestellten gehören, halten sie für Angeber. Denn sie wissen nichts von Buchführung und Betriebsführung. Die Deutschen sind mit Recht stolz auf ihr perfektes System der Förderung von Existenzgründungen. Aber wenn man von einem auf Unterstützung angewiesenen Leben loskommen, nicht von Sozialhilfe leben und ein kleines Geschäft aufmachen will, da stößt man erst einmal auf die Förderung von Existenzgründungen. Aber wenn diese Leute nicht von Sozialhilfe leben wollen, dann stoßen sie auf Formulare, Vorschriften und Standesordnungen. Die Deutschen halten sich für perfekt versorgt mit allem, was zum täglichen Leben gehört. Brauchen die kleinen Händler eine durchschaubarere und weniger festgelegte Gesellschaft, um arbeiten zu können? Brauchen die Deutschen diese Art von Selbständigkeit, damit ihre Gesellschaft wieder lebendig wird?«
So sagt es die Vietnamesin Phuong Doan Minh in einem Artikel der neuen Vietnamesen-Zeitschrift »Giao Diem«, zu deutsch »Begegnung«, Kulturforum Junger Vietnamesen, soeben als Nr. 1 in Bonn vom Vietnamesischen Kulturzentrum e.V. herausgegeben (Colmantstr. 5, 5300 Bonn 1, 02 28/ 6 38 66).
Wie wird es Ihnen gehen in der Bundesrepublik – denen, die in der Nacht vom 13. auf den 14. Juni gerettet wurden und für die wir heute Plätze, Aufnahmeplätze von Schleswig-Holstein, Berlin und dem Saarland bekommen haben? Hoffentlich besser als dem Tamilen-Ehepaar Ponnanpalam Nagaiah und Ariamalar Panchalingam, für die der Münsteraner Rechtsanwalt Helmut Budde dem Landratsamt Weißenburg und der Regierung von Mittelfranken schreiben muß:
»Ich vertrete die Eheleute Panchalingam, welche in der Sammelunterkunft Gundekarstraße 2 in Heidenheim zusammen mit acht weiteren Asylbewerbern eine 86 qm große Wohnung bewohnen. Der Familie P. steht ein 13,60 qm großes Zimmer und ein Kühlschrank zur Verfügung, während Küche, Eßdiele, Bad und WC gemeinsam benutzt werden. Die Eheleute P.

haben zwei Kinder, eine 3jährige Tochter und einen Säugling. Für jede Person steht also eine Wohnfläche von 3,4 qm zur Verfügung. Nach Ansicht des Landratsamtes Weißenburg-Gunzenhausen sind meine Mandanten ›in der derzeitigen Situation bestmöglichst‹ untergebracht. Nach Ansicht des Landratsamtes kann von einer unzureichenden Unterbringung kaum gesprochen werden.« Das läßt Budde nicht so stehen: »Es gab in Nordrhein-Westfalen mal einen Runderlaß des Innenministers, der vorschrieb, daß die Unterkunft für Obdachlose so zu bemessen sei, daß je Person mindestens 8 qm Wohnraum zur Verfügung steht. Für Obdachlosen-Familien mit Kindern sollten mindestens 2 Räume zur Verfügung gestellt werden. Die Verfügung ist inzwischen als unzumutbar und unzeitgemäß aufgehoben. Außerdem bin ich der Ansicht, das Asylbewerber nicht schlechthin mit Obdachlosen verglichen werden können.«
Budde meint: »Eine Wohnfläche von 3,4 qm pro Person ist menschenunwürdig. Ich glaube, daß das Tierschutzgesetz für die Tierhaltung bessere Maße vorschreibt. Für mich grenzt diese Art der Unterbringung an Körperverletzung und Freiheitsberaubung.« Dem Landratsamt schreibt Budde ins Stammbuch: »Sie können davon ausgehen, daß ich die Argumente der Behörden zu den angeblichen Unterbringungsschwierigkeiten kenne. Sie können ferner davon ausgehen, daß mir auch die gesetzlichen Vorschriften zur Verteilung und Unterbringungen vertraut sind. Ich kenne auch die vom Innenminister vorgelegten Zahlen und weiß, daß sie falsch sind. Vielleicht wissen Sie aber nicht, daß sich zahlreiche Asylbewerber gezwungen sehen, ihr im Grundgesetz garantiertes Recht auf Asyl aufzugeben, weil der Status eines Asylbewerbers in weiten Teilen des Bundesgebiets inzwischen unerträglich geworden ist.«

»Zur Wiedervorlage« heißt ein fester Bestandteil gut organisierter Büros – bei mir und bei uns würde dieses Körbchen immer überquellen, weshalb ich nur per Zufall und Absicht

mich wieder an etwas erinnern kann. Jeder Tag hat schließlich seine immer neue Freude, Plage und Mühe. So fällt mir der dreiseitige Bericht über die Bedrohung von Bootsflüchtlingen durch Piraten im Südchina-Meer sowie im Golf von Thailand wieder in die Hände, den ich Bundeskanzler Helmut Kohl am 25. April 1986, das war just der Samstag, da der Kanzler zu seiner Asienreise nach Delhi aufbrach, die ihn danach nach Bangkok und schließlich zum Weltwirtschaftsgipfel nach Tokyo brachte, zusandte. Eine Woche nach Rückkehr des Kanzlers erfuhr ich über Herrn Dr. von Leukart, daß der Kanzler dieses Thema im Gespräch mit dem thailändischen Premierminister zur Sprache gebracht hat. Die Thais hatten eine schriftliche Antwort in Aussicht gestellt, aber keinen Termin, bis zu dem diese Antwort in Bonn sein sollte. Dr. von Leukart rechnete mit sechs Wochen. Heute, vier Tage nach dem Redaktionsschluß – da ich »heimlich« noch ein paar Schlußseiten für das Buch niederschreibe, also am 14. Juni 1986, ist noch nichts zu erfahren. Der Kollege Jürgen Wahl vom »Rheinischen Merkur« war so sehr interessiert, etwas über die Reaktion und praktische Antwort der Thais zu erfahren. Sed frustra. Wir sind also weiter ohne Antwort von den Thais, auch ohne Antwort auf unsere Evidenz-Beobachtungen im Südchina-Meer: »Die mörderische Piraterie hat im Südchina-Meer als Gefahr für Flüchtlinge und Flüchtlingsboote zugenommen. Unser Schiff CAP ANAMUR II mußte bei zwei von fünf Rettungsaktionen (18. und 23. März) einmal 47, ein andermal 51 Flüchtlinge aus den Klauen von Piraten befreien, die schon in einem Rudel von einmal 7, ein andermal 10 Piraten-Booten um die Flüchtlinge herumlagen.« Auch die »Washington Post« hatte noch am 18. März darauf hingewiesen: »Sharp increase of rapes (= Vergewaltigungen) and abductions (= Entführungen) of Vietnamese women by pirates.« Ich hatte alle Zahlen des UNHCR aufgeführt und alle *bloody business*-Tatsachen in das Papier aufgenommen. No comment.
Zur Wiedervorlage, Herr Bundeskanzler! Ist das nicht doch

unsere Aufgabe, auch wenn dabei keine deutsche Haut mit deutschem Paß geritzt wird? Müssen wir Deutsche uns nicht gerade dieser humanitären Fragen annehmen, müssen und sollen wir uns nicht auszeichnen, wenn wir uns der Welt mit einem ganz neuen Bild, dem einer Nation und Gesellschaft, die helfen will und die sich menschenfreundlich verhalten soll, anbieten wollen!?

Viel schöne Zustimmung bei so vielen aus der Bevölkerung, die die Nachricht von unserem Schiff hören und sich melden. Heute ein Arzt aus Saarbrücken, Dr. Edgar Altmeier. Ich bin immer sehr vorsichtig bei diesen Anrufen, weil bei uns noch ein Syndrom nachwirkt: Ein Pop-Star wollte damals bei der ersten CAP ANAMUR möglichst ein kleines schnuckeliges Kind im Alter von genau x bis x Jahren, möglichst mit vorher geprüftem Gewicht und bester Gesundheit in seine Berliner Wohnung mit einem Hubschrauber gebracht bekommen. Es gibt viele, die nur so aus einem spontanen humanitären Gesäusel heraus sich melden – ein Gefühl, das die Angewohnheit hat, schnell zu verfliegen, spätestens dann, wenn man mitgeteilt bekommt, daß so ein Kind, noch bevor es eigentlich da ist, Arbeit macht, Behördengänge, Prüfungen, lästiges Herumfragen und Gefragtwerden. Aber viele sind dabei, die einen solchen Entschluß schon sehr lange haben und festhalten und die – was das Juristische angeht – schon sehr lange so eine Adoptionserlaubnis haben. Dr. Edgar Altmeier hat mit seiner französischen Frau Marie-Christine schon zwei Kinder aus Brasilien adoptiert. »Das werden Sie nicht so wissen, da in Brasilien ist große Not . . .« Durch unsere Komitee-Freunde und Mittäter Hans-Georg und Ingeborg Ullrich, weiß ich sehr genau über dieses Brasilien-Problem. Ullrichs hatten im März selbst ein Kind aus Brasilien geholt und adoptiert, sie hatten Erschütterndes berichtet über das Schicksal der Waisenkinder in Heimen in Brasilien. Altmeiers haben einen größeren Kernkreis von solchen adoptionswilligen starken Familien um sich herum, vielleicht wären einige von ihnen bereit, sich auch für Vietname-

sen-Kinder, für alleinstehende »boat-people«-Kinder zu erwärmen. Jeder Strohhalm, der aus einem menschlichen Engagement besteht, muß aufgegriffen, verstärkt, gehegt, es muß mit ihm gearbeitet werden.
Ein bißchen Wiedervorlage ist auch da, was vom Verband deutscher Reeder auf meinen Tisch flattert. Am 3. Januar 1986 hatte uns der VDR auf die »Spiegel«-Anzeige hin geschrieben, in der wir dreimal hintereinander – und das zur Weihnachts- und Neujahrszeit – Gelegenheit hatten, an die »deutschen Reeder und Kapitäne zu appellieren, Ihre Augen nicht zu verschließen und sich an der Rettungstat der M/S »Anja Leonhardt« ein Beispiel zu nehmen.
Der Reeder-Verband wehrte sich – wie schon bei einigen früheren Fällen, bei denen wir das Verhalten der internationalen Handelschiffahrt kritisch beurteilten – auch dieses Mal dagegen, daß wir schrieben, es würde nicht genügend getan im Südchina-Meer. Er führt in seinem Brief die Fälle von drei Schiffen deutscher Eigner mit Billig-Flagge an, die vom 31. 5. 1983 bis zum 29. 9. 1984 gerettet haben: 1. die »Helvetia« mit 38 Flüchtlingen; 2. die »Invicta« mit 48 Flüchtlingen und 3. die »Scandutch Edu« mit 42 Flüchtlingen. Und fährt fort: »Sollten Sie dies wirklich nicht zur Kenntnis genommen haben, muß die Frage wohl erlaubt sein, wie solide Sie ihre öffentlich erhobenen Appelle absichern.«
Gut gebrüllt Löwe! Bis dahin war uns kein Fall eines Schiffes bekannt, im dem die Besatzung in flagranti ertappt worden war – seit Mitte Mai ist das anders. Wir haben gegen das Schiff »Marytime Triumph« die Rechtsverfolgung eingeleitet. In den Lloyds Schiffsregistern steht die »Marytime Triumph« mit der laufenden Nr. 7930412 verzeichnet, registriert ist sie bei der Panama-Firma »Recols Navigation Co. Inc.«. Es handelt sich um ein Containerschiff von 109,71 m Länge, 20,07 m Breite, 6,9 m Tiefe. Der Besitzer sitzt in Hongkong, Firma: »International Marytime Carrier«, 19th Floor, United Centre, 95, Queensway, Central District Hongkong, Telefon: 5–292161, Telex: 73630ntma Cable SHIPCARRIER and INTMACO.

Die zweite wichtige Tatsache: Die Handelsschiffahrt ist verunsichert worden durch offizielle Berichte des UNHCR, in denen vor allem anzüglich der merkwürdige, weil ganz unwahrscheinliche Zufall erwähnt wird, daß die deutsche Handelsflotte im Südchina-Meer nur *einmal* in sieben Jahren schiffbrüchige Bootsflüchtlinge gerettet hat.

An diesem schönen Sonnabend vor der Niedersachsenwahl und dem Tag wütenden Terrors gegen die Schwarzen in Südafrika, zwei Tage vor dem furchtbaren Jubiläum abgrundtiefer Traurigkeit, dem 16. Juni 1986, an dem die Millionen Schwarzer in Südafrika ihrer mehr als 700 Toten von Soweto gedenken, die bei dem furchtbaren Polizeiterror am 16. Juni 1976 ums Leben kamen, ruft Kapitän Max Behrens um 15.00 Uhr am Nachmittag an, im Südchina-Meer ist es schon 21.00 Uhr, also tiefschwarze Nacht. Ich höre über die mühselige Intercontinental-call-Strecke die aufgeräumte Stimme des Kapitäns: CAP ANAMUR II hat um 18.30 bis 19.30 Uhr in einer technisch nicht schwierigen, aber so bitter notwendigen 14. Rettungsoperation genau 24 Bootsflüchtlinge bergen können, die 18 Stunden vorher hinausgingen aus Vietnam, bei Nacht und Nebel, und von der Küstenwache nicht entdeckt wurden. Diese 24 glücklich Geretteten wurden auf einer Seeposition etwa 75 Meilen südöstlich vom Mekong-Delta aufgenommen. Das Boot war 9 mal 2 Meter groß, für die 24 also von der Größe her zureichend, hatte aber kaum noch Proviant an Bord, weil die Flüchtlinge in großer Eile ihre Flucht beginnen mußten. Jetzt haben wir also 222 Bootsflüchtlinge an Bord. Es gibt keinen schwierigen medizinischen Fall an Bord, die Flüchtlinge sind nach Auskunft des Kapitäns glücklich, gerettet worden zu sein. Es herrscht eine sehr gute Stimmung. Die von unserem Schiff Geretteten, wie überhaupt alle von einem Schiff Geretteten, haben das ganz große Los gezogen; denn alle, die aus eigener Kraft eine Küste oder ein Lager oder ein Gefängnis erreichen (wie anders denn als ein Gefängnis kann man die *closed camps* in Hongkong, die nicht weniger geschlossenen Lager in Sikhiu in Thailand, Pulau Bidong in Malaysia, Galang in Indonesien bezeichnen), kommen da kaum jemals noch heraus. Tun kann man weltöffentlich nur etwas für die, die mit wertvollen Instrumenten aus Europa oder den USA gerettet werden.

Es hat seit 1982 zum ersten Mal wieder ein Schiff deutscher Flagge gegeben, das Flüchtlinge gerettet hat: den deutschen Tanker »Naurica«. 1982 war die letzte Rettungsoperation die des Hapag-Lloyd Schiffes »Tokyo Express« — danach gab es kein weiteres Schiff, das den Flüchtlingen und damit auch uns zu Hilfe gekommen ist, die wir vom Komitee diese Unterstützung derer, die auf dem Südchina-Meer in Seenot geraten, immer wieder propagiert haben. Die 68 Menschen wurden vom Tanker »Naurica« nach Brunei gebracht. Wir werden uns bei der Reederei noch mal erkundigen, ob im Königtum Brunei auch alles klargegangen ist mit der Anlandung, mit dem Garantiebrief, mit der Deutschen Botschaft Manila, mit der Rückzahlung der Summe, die die Reederei gebraucht hat, um den Umweg zu fahren. Wo befand sich dieses Schiff eigentlich, welche Route wollte es nehmen, in welcher Verfassung befanden sich die Schiffbrüchigen zum Zeitpunkt der Rettung?

Ich werde heute noch die vier säumigen Bundesländer anschreiben: Bayern, also Franz Josef Strauß, Rheinland-Pfalz, das Land, in dem man die letzten Jahre Ministerpräsident Bernhard Vogel nicht hindern konnte, immer wieder zu sagen, daß es für die Menschen besser sei, sie würden in ihrem Kulturkreis bleiben und nicht hierher verpflanzt. Daß das für diese Menschen bedeutet, daß sie ersaufen und eingehen, ist diesem Politiker offenbar nicht bewußt. So oft haben wir es ihm schon klarmachen wollen, daß ich nur noch davon ausgehe, daß er das mutwillig betreibt, dieses falsche Spiel — mit einem abstrakt richtigen Satz. Dann Bremen, Bürgermeister Wedermeier, und Hamburg, der starre Bürgermeister Dohnanyi. Aber immerhin, wenn man bedenkt, daß wir damals am 3. März 1986 ohne einen einzigen Aufnahmeplatz hinausgingen, dann können wir schon sagen: Es ist gelungen, schon jetzt für 641 Gerettete Plätze zu finden, 641 sind schon ganz garantiert, gerettet haben wir bisher schon 752 Menschen. Wir brauchen also noch gut 200 Plätze. Optimistisch, wie man hierbei sein muß, rechne ich fest mit dem unbesiegbaren Stolz der Bayern, die es sich nicht nehmen lassen werden, Nordrhein-Westfalen eine größere Quote zu lassen als die eigene – also hundert Plätze von Bayern; ich möchte gern mit 50 aus Quebec/Canada rechnen. Dazu 20 von Rheinland-Pfalz, 20 von Hamburg, 10 von Bremen.

Es geht alles darum, wie wir in unserer Zeit leben und überleben wollen. Wir leben in einer Zeit, in der die Stimmung und Haltung zunimmt, die sich in einem deutschen Gemeinspruch ausdrückt: »Hilf dir selbst, so hilft dir Gott.« Daß wir Deutsche uns nach dem Kriege, dem fürchterlichsten, der je und dann noch von uns über die Menschheit gebracht wurde, geschworen hatten, eine offene, hilfsbereite, menschenfreundliche Gesellschaft zu werden, haben viele von uns sehr pünktlich vergessen, als sie wieder was wurden. Es geht aber darum, etwas zu tun.

Albert Camus hat unsere bescheidene und manchmal beschämende Situation in einem prophetischen Buch vorweggenommen, 1956 erschienen: »Der Fall«, *La Chute,* was der Sündenfall ist. Er vergleicht die Zeit, in der wir leben mit der »Vorhölle« oder der »flachen Hölle«. *»Im Grunde möchten wir nicht mehr schuldig sein und gleichzeitig keine Anstrengung machen, um uns zu läutern. Nicht genug Zynismus und nicht genug Tugend. Wir haben weder die Kraft zum Bösen noch die zum Guten. Kennen Sie Dante?«* fragt der Autor-Erzähler Jean-Baptist Clamans in dem Roman: *»Wirklich? Sie wissen also, daß es bei Dante Engel gibt, die im Streit zwischen Gott und Satan neutral bleiben. Und er weist ihnen ihren Aufenthalt in der Vorhölle an. Wir befinden uns in der Vorhölle, verehrter Freund.«*

Es ist die Zeit, in der die vielen um ihre Sicherheit, ihre

Versicherung bangen und wie sie ohne Risiko ihr Leben durchlangweilen. Daß dies nichts mehr mit dem christlichen Evangelium oder der Nachfolge Christi zu tun hat, darf niemandem klarwerden: Man stelle sich vor, was passieren würde. »Wärest du doch kalt oder warm! So aber, weil du lau bist und weder warm noch kalt, will ich dich aus meinem Munde speien«, heißt es in der Offenbarung des Johannes 3,15 f.
In der Vorhölle gibt es nur dieses laue Gerede, alle wollen etwas tun, keiner tut was – und wenn die Situation da ist, dann möchte jeder was tun, ist aber pünktlich durch juristische und formalistische Fesseln erst einmal schön gehindert, das zu tun. In dieser Zeit kann ein deutscher Offizier eine alte Frau sehr höflich ersuchen, unter ihren beiden Söhnen denjenigen auszuwählen, der als Geisel erschossen werden soll – aber es gibt keine Unbedingten mehr, die wissen, daß etwas getan, gesagt werden muß, und das Widerstand geleistet werden muß, auch wenn das Folgen hat . . .
Unser aller Versagen besteht darin, daß wir nicht springen, wenn die Situation da ist: Clamans hielt die junge Frau auf der Seinebrücke nicht vor dem Selbstmord zurück und machte nicht den geringsten Rettungsversuch. *»Von dem Abend an, da ich aufgerufen wurde – denn ich wurde wirklich aufgerufen –, mußte ich antworten oder zumindest nach der Antwort suchen.«* Wenn er ein zweites Mal gerufen würde: *»Ein zweites Mal, welch ein Leichtsinn! Stellen Sie sich vor, lieber Kollege, man nähme uns beim Wort. Dann müßten wir ja springen. Jetzt ist es zu spät, es wird immer zu spät sein, Gott sei Dank.«* Clamans hat es für uns gesagt: die einzige Nützlichkeit Gottes bestände darin, »die Unschuld zu verbürgen; ich selbst würde die Religion eher als eine große Weißwäscherei betrachten – was sie übrigens einmal gewesen ist, genau drei Jahre lang und damals hieß sie nicht Religion. Seither fehlt es an Seife, wir haben Rotznasen und schneuzen uns gegenseitig.«

So will ich noch etwas erzählen in diesem Buch, was in den nächsten 14 Tagen zu einem schönen, wunderbaren Ergebnis

führen könnte – und auch dann erzählenswert bleibt, wenn es zu nichts kommt. *Israel* könnte 50 vietnamesische Bootsflüchtlinge aufnehmen! Gestern (16. 6. 1986) war Pater Immanuel Jacobs OSB, der Prior vom Dormition-Benediktiner-Kloster hoch oben auf der höchsten Spitze des Zion-Berges, im Amtssitz des israelischen Ministerpräsidenten Shimon Peres und hat mit ihm über die Anfrage des Komitees CAP ANAMUR/Deutsche Not-Ärzte an die Regierung Israel gesprochen. Immanuel, unser bester humanitärer Verbündeter in Israel, hatte es geschafft, die Anfrage vor die höchsten Spitzen der israelischen Regierung zu bringen. Erst hatte er mit Teddy Kollek, dem Bürgermeister von Jerusalem, darüber gesprochen, dann mit dem zuständigen Minister »for absorption«, so heißt der tatsächlich in der jüdischen Ungeschminktheit, die einen Teil des Charmes Israels und auch wieder des Gegenteils für den Besucher von außen darstellt. Teddy Kollek hatte Immanuel auch dann die Stange gehalten, als der Minister for Absorption ablehnend gewesen war. Father Immanuel, der quicklebendige kleine Benediktiner aus dem Saarland (6645 Beckingen bei Saarbrücken) hat es geschafft: Er ist bis zu Peres selbst vorgedrungen, hat ihm persönlich das Anliegen vorbringen können. Peres hat interessanterweise gefragt: Warum nimmt Schweden nicht solche Bootsflüchtlinge auf? Immanuel fragt mich das am Abend am Telefon. Ich kann ihm nur stotternd zweierlei sagen: 1. Vielleicht ist es ein Versäumnis, Schweden noch nicht attackiert zu haben mit der Bitte um Plätze, aber 2. kommt man im Moment und seit einiger Zeit gar nicht auf die Idee, Plätze für Bootsflüchtlinge in Schweden zu fordern. Schweden bietet sich seit Jahren als Staat an, der sehr rigoros Asylbewerber als Wirtschaftsflüchtlinge abweist, zurückschickt, nicht mehr akzeptiert am Flughafen und weiterschickt. Dennoch: interessant, daß Peres zuerst auf Schweden kommt, während er über das Problem informiert wird.
Daß die Zustimmung der Regierung Israels zur Aufnahme von 50 Flüchtlingen eine große Affaire wäre, ist ganz ohne Frage. Die Medien hier würden sich überschlagen. Ja, vielleicht würde

es gelingen, ohne das vorher anzusagen, die Flüchtlinge dann direkt bis in den Hafen von Tel Aviv zu bringen oder sie im Suez-Hafen auszuladen, weil es ja gute oder zumindest erträgliche Beziehungen zwischen Ägypten und Israel gibt. Hoffen wir, daß das nicht nur ein Traum ist oder ein Traum bleiben wird.

Joelle Eisenberg, die aktive Mitarbeiterin im Hauptquartier der »Médecins du Monde«, sagt mir: »Il y a un espoir de recevoir cent visas a part du Québec.« – »Es gibt eine wirkliche Hoffnung, daß wir 100 Plätze von Kanada bekommen.« Bernard Kouchner, der Präsident der französischen »Médecins du Monde«, war die letzte Woche zu einer Konferenz in Kanada und hat als Ergebnis die Einschätzung mitgebracht, daß da etwas sein könnte. Das würde uns an Bord natürlich erheblich entlasten. Wir haben die 222 Flüchtlinge an Bord. Antony Selvam hat noch die genauen Daten der allerletzten Rettungsaktion durchgegeben: Es waren am Samstagabend 18.30 Uhr 24 Flüchtlinge in einem Boot von 9 mal 2,3 Meter Länge. Es handelte sich um 9 Männer, 7 Frauen und acht Kinder in einem offenen Flußboot. Gerettet wurden diese 24 Menschen auf der Position 9.14 Nord und 107.41 Ost. »All in average conditions«, will sagen, es war niemand dabei, der in einer besonders akuten Weise krank oder sonstwie gefährdet ist.

Zugleich wird bekannt: Vietnam verzögert seit Wochen die legale Ausreise. Erst hatte man geglaubt, das richte sich allein gegen Kanada, dann, daß es auch eine politische Maßnahme gegen die USA sei. Jetzt scheint es so zu sein, als würde überhaupt etwas gestoppt, obwohl man mit der Beurteilung solcher staatlich-bürokratischer Entscheidungen in Vietnam vorsichtig sein muß. Neil Kelly berichtete schon vor einem Monat der Londoner »Times« aus Bangkok: »Die legale Ausreise von offiziell anerkannten Flüchtlingen aus Vietnam ist immer mehr heruntergegangen und könnte in den nächsten Monaten überhaupt stillstehen. Die westlichen Diplomaten wie die UN-Vertreter nehmen nicht an, daß der bevorstehende 6. Kongreß der Kommunistischen Partei Vietnams an dieser Entwicklung etwas ändern wird. Mann überdenkt wohl in Hanoi dieses ganze Flüchtlingsthema. Dieses wird wohl auch ein wichtiger Programmpunkt bei dem nächsten Kongreß der Partei im Januar 1987 werden. Hanoi jedenfalls stoppte den Prozeß des sog. *orderly departure program,* indem es den westlichen und UNHCR-Vertretern untersagte, die Bewerber für die Ausreise weiter zu interviewen. Obwohl noch einige Menschen, die schon für das Programm akzeptiert waren, auch noch ausgeflogen werden, ist deren Zahl doch sehr viel niedriger: 1400 verglichen mit 2200/1985. Die Vietnamesen sagen offiziell, daß die das Programm erst mal stoppten, weil sie mit der Art, wie die westlichen Staaten es betreiben, namentlich die USA, unzufrieden wären.«

Jeder Tag hat seine humanitäre Plage — und seine humanitäre Freude. Die Tage unterscheiden sich danach, was jeweils den Vorzug hat: die Plage oder Freude. Heute gibt es Freude, weil wir die 100 Kanada-Plätze versprochen bekamen.
Übermorgen will ich nach Johannesburg fliegen, um dort einen der menschenfeindlichsten Plätze der Welt zu besuchen. Einen Ort, an dem alles Humanitäre sein offizielles Recht und seine Daseinsberechtigung verloren hat. Könnten wir doch nur um Südafrika mit einem Schiff herumsegeln, um wenigstens alle die aufzugreifen, die von der Polizei verfolgt werden — daß man ihnen wenigstens die Möglichkeit gibt, mit einem Fischerboot hinauszugehen und von einem Schiff deutscher Flagge gerettet zu werden. Aber was würde das für einen Wirbel hierzulande machen. Schließlich sind wir ja offiziell und auch insgeheim so stark gegen Apartheid, weil es gratis ist, weil es uns nichts kostet. Stellen Sie sich vor, liebe Mitbürger und Leser, das wäre kostspielig für uns, wir müßten uns entscheiden, wir müßten springen — in das Wasser!? Nicht auszudenken. Noch einmal hole ich mir meinen Gewährsmann Jean-Baptiste Clamans aus Camus' Erzählung »Der Fall«:

»*Ich war auf den zu dieser Stunde menschenleeren Pont des Arts getreten, um den Fluß zu betrachten, den man in der nun völlig hereingebrochenen Dunkelheit nur ahnte. Dem Vert-Galant gegenüberstehend, überblickte ich die Insel. Ich spürte ein gewaltiges Gefühl von Macht und, wie soll ich sagen, von Erfüllung in mir aufsteigen, und mir wurde weit ums Herz. Ich richtete mich auf und wollte eben eine Zigarette anzünden, die Zigarette der Befriedigung, als hinter mir ein Lachen ertönte. Voll Überraschung wandte ich mich blitzschnell um – niemand.*
. . .
Eine Sekunde lang zögerte ich, dann setzte ich meinen Weg fort. Auf dem anderen Ufer schlug ich die Richtung zum Platz Saint-Michel ein, wo ich wohnte. Ich hatte schon etwa fünfzig Meter zurückgelegt, als ich das Aufklatschen eines Körpers auf dem Wasser hörte; in der nächtlichen Stille kam mir das Geräusch trotz der Entfernung ungeheuerlich laut vor. Ich blieb jäh stehen, wandte mich jedoch nicht um. Beinahe gleichzeitig vernahm ich einen mehrfach wiederholten Schrei, der flußabwärts trieb und dann plötzlich verstummte. In der unvermittelt erstarrten Nacht erschien mir die zurückgekehrte Stille endlos. Ich wollte laufen und rührte mich nicht. Ich glaube, daß ich vor Kälte und Fassungslosigkeit zitterte. Ich sagte mir, daß Eile not tat, und fühlte, wie eine unwiderstehliche Schwäche meinen Körper überfiel. Ich habe vergessen, was ich in jenem Augenblick dachte. »Zu spät, zu weit weg . . .« oder etwas Derartiges. Regungslos lauschte ich immer noch. Dann entfernte ich mich zögernden Schrittes im Regen. Ich benachrichtigte niemand.«

Zu spät, zu weit weg. Das sind unsere klassischen Ausreden. Manchmal formulieren wir sie noch kunstvoller und überzeugender. Ein Alibi haben wir immer zur Hand. Dafür sind mir die Briefe, die gesammelten der Politiker und der Ministerpräsidenten, für immer ein Beweisstück, das ich mit mir herumtrage. Pünktlich und automatisch, wenn wir wieder etwas tun wollen und die Behörden davon informieren, wird mir erst einmal mitgeteilt was alles man in unserer unendlichen Güte und Großmut schon getan hat. Vielleicht entscheidet dies allein darüber, ob wir etwas tun wollen und es dann auch tun – ob wir den Schrei, den Schrei der Leidenden und der Unterdrückten, der Gefolterten und der auf dem Meer oder in der Wüste Ausgesetzten auch dann nicht überhören, wenn es ein stummer Schrei der wimmernden Kreatur ist: *»Da merkte ich, daß jener Schrei, der Jahre zuvor in meinem Rücken auf der Seine ertönte, aus dem Fluß in den Ärmelkanal getrieben war und nicht aufgehört hatte, über die unermeßliche Weite der Meere hinweg durch die Welt zu geistern, daß er auf mich gewartet hatte bis zu dem Tag, da ich ihm wieder begegnen würde.«*

Für mich war der Schrei aus der deutschen Ostsee bis durch die Malakkastraße auf das Südchinesische Meer getrieben. Der Schrei wartet dort nicht auf uns, er wiederholt sich allmorgendlich und alltäglich neu . . .

Flüchtlinge hinter Schloß und Stacheldraht:

»boat people«
in Hongkongs *closed camps*
von Friedrich Schütze-Quest

Die singenden Kinder sind zwischen drei und fünf Jahren alt, vierzehn Jungen und Mädchen im Vorschul-Kindergarten. Sie tragen keine richtige Kleidung, nur kurze Hosen und manche ein T-Shirt. Aber alle sehen gesund aus und gut genährt, und sie sind munter und aufgeweckt. Das Besondere an ihnen ist: Diese Kinder leben hinter Stacheldraht. Sie sind die jüngsten Gefangenen der Erde . . .
Niemand kann sagen, wann sie je freikommen. Manche von ihnen sind ohne Eltern, andere haben Geschwister oder Angehörige − ein paar Kilometer weit weg −, aber sie dürfen mit ihnen nicht zusammensein. Noch etwas anderes: Das Lager, in dem sie gefangen sind, liegt nicht in einem kommunistischen Land. Auch nicht in einem Staat Afrikas oder Südamerikas mit einem despotischen Regime oder einer Militärregierung. Nein, dieses Lager, mit Wachttürmen und Stacheldraht rundherum, liegt in einem freien Land des Westens.

Dies ist ein Bericht über Menschen, für die sich nirgendwo auf der Welt ein Platz findet. Nicht kranke oder behinderte Menschen und schon gar nicht Kriminelle. Sondern »boat people« − Flüchtlinge aus Vietnam.
Sie leben in einem geschlossenen Lager in Hongkong, in einem von vier sogenannten *closed camps*, die es dort gibt. Von der Außenwelt hermetisch abgeriegelt.
Hongkong ist der am dichtesten besiedelte Fleck der Erde. Gerammelt voll mit Flüchtlingen, aus dem kommunistischen China vor allem. Sozusagen bis unter die Decke voll. Stati-

stisch hat jeder der fünf Millionen Einwohner Hongkongs nur dreieinhalb Quadratmeter Wohnfläche: zwei Meter fünfzig mal einen Meter fünfzig für jeden von fünf Millionen Menschen. Oder sechs Millionen – die genaue Zahl weiß keiner.
Es gibt Hunderttausende in Hongkong, die umschichtig schlafen und wohnen müssen: zwölf Stunden hat der eine den Raum und das Bett, und wenn er zur Arbeit geht, hat es ein anderer – für die nächsten zwölf Stunden.
In Hongkong können die »boat people« nicht bleiben. Japan, die zweitgrößte Industrie-Nation der Erde, hat im letzten Jahr ganzen vierhundert von ihnen Asyl gewährt. »Weil sie nicht in unsere Gesellschaft passen«, sagt die Regierung von Tokyo. Die USA, Kanada und Australien haben Zehntausenden die Einreise erlaubt – und erlauben sie noch immer, aber immer restriktiver. Es sind einfach zu viele Flüchtlinge, eine Million seit dem Fall von Saigon vor nunmehr elf Jahren, und zu wenig andere Länder, die Flüchtlinge aufnehmen.
Frankreich, das schon Probleme mit den Menschen anderer Hautfarbe aus seinen afrikanischen Besatzungen hat, hat 1985 immerhin noch einigen tausend Vietnamesen Zuflucht gewährt. Die Briten, Herz- und Mutterland der Demokratie, haben 88 genommen – ganze 88 in einem Jahr.
In der Bundesrepublik, mit zweihundertvierzig Einwohnern je Quadratkilometer, feilschen die Behörden um 50 oder 100 Vietnamesen.
In Hongkong, wo sich die Leute gegensetitig auf den Füßen stehen, wo auf einem Quadratkilometer bis zu 120000 Menschen leben – das sind dreißigmal mehr als in den dichtesten Ballungsräumen deutscher Großstädte –, fanden dennoch mehr als 110000 Vietnamesen Zuflucht. Bis auch dort die Schotten dichtgemacht wurden: Das war am 2. Juli 1982. An diesem Tag führte die Regierung von Hongkong die *closed camps* ein, die geschlossenen Lager. Wer nach diesem Datum kam, wurde eingesperrt, bis sich ein anderes Land für die Aufnahme findet. Für Tausende von ihnen fand sich, bis heute, kein anderes Land.

Hongkong ist eine quirlige Hafenstadt am Südchinesischen Meer. Sie liegt rund 100 Kilometer von den Philippinen entfernt, etwa in der Mitte zwischen der Ostküste Vietnams und der Westküste der Insel Taiwan. Das Festland ringsherum gehört zum kommunistischen China, doch Hongkong ist Teil des freien Westens: Es ist britische Kronkolonie. Noch bis 1997, bis die Kolonie an China zurückgegeben werden soll, hat London hier das Sagen. Der Gouverneur und die Spitzen der Verwaltung sind Engländer, von der britischen Königin berufen und der Regierung in London verantwortlich.

Die *closed camps* in Hongkong haben die Briten nicht ihrer Einwanderungs- und Flüchtlingsbehörde unterstellt, sondern der Gefängnis-Verwaltung. In voller Absicht: Als nämlich die Aufnahmebereitschaft für vietnamesische Flüchtlinge in anderen Ländern drastisch zurückging, fand sich die Kronkolonie plötzlich nicht mehr als Zwischenstation, als Durchgangsland, sondern als Endstation für die »boat people«. Da wollte – oder mußte – man ein Zeichen setzen durch die »human deterrent«, wie die Engländer das nennen, die menschliche Abschreckung. Ken Woodhouse, ein hoher Verwaltungsbeamter der Briten, erläutert das so:

»Wir haben die Flüchtlinge nach Hongkong überhaupt nur deshalb reingelassen, weil sie später in andere Länder umgesiedelt werden sollten. Wir drängen die internationale Gemeinschaft, ihr Versprechen auch einzuhalten, aber ob und in welchem Maß die Umsiedlung tatsächlich stattfindet, darauf hat die Regierung Hongkongs keinen Einfluß.

Als die Niederlassungsrate in anderen Ländern drastisch zurückging, haben wir – sehr widerstrebend – die geschlossenen Lager errichtet. Das war im Jahr 1982. Wir hatten damals Umsiedlungsziffern von 2000 und 3000 im Monat, und plötzlich ging diese Zahl zurück auf etwa 700. Weil aber der Zustrom von Flüchtlingen *nach* Hongkong gleichblieb, ist ihre Zahl *hier* sprunghaft gestiegen. Da hatten wir keine andere Wahl als das zu tun, was alle anderen Länder in der Region getan haben, nämlich *closed camps* einzuführen.

Die Absicht war, Menschen davon abzuhalten, überhaupt nach Hongkong zu flüchten. Und die Tatsache, daß die Zahl der Neuankömmlinge auch prompt zurückgegangen ist — und zwar deutlicher als in allen anderen Ländern Südost-Asiens —, zeigt uns, daß dieser Abschreckungseffekt der *closed camps* tatsächlich funktioniert.«

Thailand, Malaysia, Indonesien und Singapur sind die anderen Ziele vietnamesischer Flüchtlinge in Südost-Asien. Doch Hongkong stand länger an erster Stelle. In den Jahren, bevor es dort die geschlossenen Lager gab, seien 24 Prozent aller »boat people« in der Kronkolonie gelandet, sagt die Regierung Hongkongs; seither sei die Zahl der Neuankömmlinge auf 13 Prozent gefallen, also fast um die Hälfte.
Einer der diesen Statistiken nicht recht über den Weg traut, ist der Norweger Poul Hartling, der für seine Arbeit als Flüchtlings-Kommissar der Vereinten Nationen — ein Amt, das er bis 1985 innehatte — mit dem Friedens-Nobelpreis ausgezeichnet wurde.
Hartling hält nichts von *closed camps*, aber das kann er nur diplomatisch formulieren. Einen Ausweg aus dem Flüchtlingsdilemma sieht er in Europa. Asien allein wird mit dem Problem nicht fertig, sagt er. Wenn nur ein Land damit vorangänge, wieder mehr Vietnamesen aufzunehmen, würden andere folgen:
»Man kann vieles gegen die *closed camps* anführen. Ich will nur sagen: Da, wo es keine geschlossenen Lager gibt, ist die Zahl der Neuankömmlinge nicht gestiegen, und ich bestreite auch, daß die *closed camps* in Hongkong abschreckend gewirkt haben, verglichen mit der Zeit, bevor es sie gab . . . Aber das ist eine Sache Hongkongs, und meine Aufgabe ist es nicht, Regierungen zu kritisieren. Ich will andere Länder vielmehr ermutigen, alles, was in ihrer Macht steht, für die Flüchtlinge zu tun, und ich denke, da sollte Großbritannien die Initiative ergreifen. Wenn England es über sich brächte, die strengen Bestimmungen zu mildern und ein paar mehr

hereinzulassen – nicht nur die allerengsten Familienangehörigen, sondern einfach hundert mehr: Solch ein Beispiel könnte dazu führen, daß andere Länder genauso verfahren, und dann hätten wir einen Schneeball-Effekt ...

Von hier aus, im tropischen Klima Asiens, würde ich einen solchen Schneeball gern ins Rollen bringen.«

Hongkong war mit den vietnamesischen Flüchtlingen viel früher konfrontiert als jedes andere Land der Erde: Bereits 1974, ein Jahr, bevor die Amerikaner sich aus Vietnam zurückzogen, kam das erste Boot, ein winziges Segelschiff mit über hundert Menschen an Bord, die den Kriegswirren in ihrer Heimat entkommen wollten. Doch die Regierung in Hongkong wußte nicht, was sie mit ihnen anfangen sollte, und so wurden die Flüchtlinge heimlich in ein Flugzeug gesetzt und kurzerhand nach Saigon zurückgeflogen. Um Mitternacht, in aller Verschwiegenheit, startete die Maschine in Hongkong – und am nächsten Morgen stand es in allen Zeitungen. Die Sache war nicht unentdeckt geblieben. In der Öffentlichkeit gab es einen Proteststurm ohnegleichen, und die Hongkong-Regierung zog Lehren daraus: Nie wieder wurden in der Kronkolonie vietnamesische Flüchtlinge abgewiesen, die übers Meer, in einem Boot dort ankamen.

Nach dem Fall von Saigon waren es einmal dreitausendsiebenhundert, die an Bord eines einzigen Frachters eintrafen. Der Strom von Menschen, die in Hongkong die Freiheit sahen, riß nicht mehr ab. Auf dem Höhepunkt der Flüchtlingswelle, Mitte 1979, kamen manchmal tausend an einem Tag.

Viele der Flüchtlinge der ersten Stunde waren Vietnamesen chinesischer Abstammung. Die wollten die Machthaber in Hanoi als erste loswerden, und so wurden sie – freilich unter der Hand – vor die Wahl gestellt, sich für umgerechnet einige tausend Mark entweder eine Fluchtpassage zu kaufen oder in ländliche Arbeitslager umgesiedelt zu werden. Die Eingliederung dieser ethnisch verwandten – und zudem auch relativ wohlhabenden – Menschen in die chinesische Gesellschaft

Hongkongs machte den Behörden der Kronkolonie weniger Kopfzerbrechen; schwierig wurde es, als mehr und mehr gebürtige Vietnamesen kamen, ohne jede Habe und ohne Sprachkenntnisse, einfache Leute, Bauern und Fischer zumeist. Sie machten in den Jahren ab 1980 98 Prozent aller »boat people« aus.
Bis heute sind insgesamt mehr als 110 000 Vietnamesen auf dem Wasserweg nach Hongkong gekommen. Über die Jahre haben die meisten von ihnen Aufnahme in einem Drittland gefunden, konnten also weiterreisen. Zwölftausend aber sind noch in Hongkong, und von diesen zwölftausend leben die Hälfte in offenen Lagern, das heißt, die Regierung Hongkongs gewährt ihnen Unterkunft und Verpflegung und ein Minimum an sozialer Unterstützung. Darüber hinaus können sie ihren Lebensunterhalt aufbessern, wenn sie Arbeit in der Stadt finden.
In den offenen Lagern oder *open camps* sind aber nur Menschen, die *vor* dem 2. Juli 1982 angekommen sind. Die danach kamen, die anderen sechstausend, leben in *closed camps*.

»Bowrie Camp«

»Bowrie« ist ein aufgelassenes Armeelager. Es ist viel kleiner als eine Kaserne und längst nicht so wuchtig, doch stabiler, als man sich ein militärisches Feldlager vorstellen würde. Keine Zelte, sondern schon festere Bauten. Baracken ist das richtige Wort.
»Bowrie« liegt auf dem Festland gegenüber der Felseninsel Hongkong, von der die Kronkolonie ihren Namen hat.
Von der Insel fährt man durch den Hafentunnel und dann durch endlose Vorstädte, bei denen man nie weiß, wo die eine aufhört und die nächste anfängt. Mittendrin in einer dieser Vorstädte, von der Hauptstraße rechts weg, gibt es eine versteckte, holprige Abfahrt. Auf der geht es zwei Kilometer ins hügelige Gelände, und da ist es dann: plötzlich hohe Gitter-

zäune, Wachtposten, Kontrollen. Wer es nicht weiß, oder nicht hingebracht wird, würde es nicht finden: »Bowrie Camp«.
Als ich durch zwei Eisentüren durch und an bewaffneten Kontrollposten vorbei war, bin ich als erstes in ein großes Besucherzimmer geführt worden. Darin ein Tisch, ein paar Stühle und an der Wand ein Bild der britischen Königin. Durch die Fenster sieht man die Silhouette der Stadt und davor den Zaun. Zwei Reihen hintereinander, 7 Meter hoch und aus solidem Eisengeflecht, Stacheldraht-Rollen obenauf. Die Gitterstäbe vor den Fenstern kommen noch hinzu. Der Zaun und die Gitterstäbe sind für die 1042 Menschen in »Bowrie Camp« eine ständige Erinnerung daran, daß sie hier − in der britischen Kronkolonie Hongkong − nicht willkommen sind.
Im Besucherzimmer können die Insassen des Lagers Freunde oder Verwandte sehen, die schon vor dem 2. Juli 1982 da waren und deshalb in *open camps* leben. Mehr ist nicht drin. Wenn Menschen, die sich womöglich Jahre nach ihrer Flucht aus Vietnam wiedergefunden haben, zusammenziehen wollen, gibt es dafür nur eine Möglichkeit: Die Angehörigen oder Freunde müßten ins *closed camp* ziehen − und von dort gibt es kein Zurück. Einmal drin, kommt keiner mehr raus. Nicht mal für einen Besuch, nicht mal für eine Stunde . . .
Und Drill herrscht in den *closed camps*. Die Insassen unterliegen strikter Disziplin und Kontrolle. Sie dürfen »keinen Ärger verursachen«, heißt es in der Lagerordnung, und »keine Schimpfwörter« gebrauchen. Sie müssen jeder Anweisung »gehorchen« und sollen das Aufsichtspersonal »respektieren«. Auf Fehlverhalten steht Einzelhaft bis zu einem Monat.
Für die Briten ist das keine einfache Sache, die *closed camps* der Öffentlichkeit plausibel zu machen. Wahrscheinlich sind deshalb Foto- oder Filmaufnahmen innerhalb des Geländes strikt verboten.
Pearl Tong ist eine chinesische Kollegin, die mich in Hongkong begleitet und für mich gedolmetscht hat: Kantonesisch und Mandarin. Weil sie auch vorzüglich Englisch spricht, ist sie eine der wenigen chinesischen Journalisten, die für britische

Medien arbeiten. Ich habe Pearl gefragt, wie *sie* über die *closed camps* denkt:

»Das ist ein wirklich großes Dilemma ...

Wir können die Flüchtlinge nicht schlecht behandeln, denn sie haben ja nichts verbrochen, aber mehr von ihnen können wir einfach nicht mehr aufnehmen! Ich bin nur zu froh, daß ich nicht persönlich mit ihnen zu tun habe, weil das alles so furchtbar traurig ist.

Hongkong ist nur ein winziger Fleck, aber was ist mit dem Westen? Wenn bloß die westlichen Länder eine gewisse Zahl von Flüchtlingen aufnehmen würden, wäre Hongkongs Problem gelöst!«

Ein »Fall« unter 6000 andern: Mr. Yeu

Mr. Yeu hatte einen kleinen Laden in Saigon. Er war Soldat in der südvietnamesischen Armee, und nach der Machtübernahme der Kommunisten mußte er — wie Tausende andere auch — in ein Umerziehungslager.

Als seine Frau schwanger wurde, entschlossen sie sich zur Flucht. Sie wollte nicht, daß ihr Kind in Vietnam aufwächst, Australien sollte es sein. Monatelang warteten sie auf eine Gelegenheit, und als sie schließlich auf einem Flüchtlingsschiff mitkamen, hatte Frau Yeu ihre Niederkunft auf dem Boot, mitten im Südchinesischen Meer.

Ihr zweites Kind haben die Yeus in Hongkong bekommen. Dort landete ihr Schiff — und sie landeten im Lager. Da leben sie nun schon mehr als fünf Jahre, und Mr. Yeu hadert mit dem Schicksal: Australien scheint in unerreichbarer Ferne. Warum er da nicht hin darf, weiß er nicht. Für eine Verweigerung geben die Australier — anders als die USA — keine Gründe an.

»Wir wünschten, wir könnten den Leuten sagen, warum sie für eine Umsiedlung nicht genommen wurden — ob es mangelnde berufliche Fähigkeiten sind oder medizinische Gründe oder was immer. Das zu wissen, würde den Leuten helfen«, erklärt ein Beamter der Lagerleitung, »aber nicht einmal uns sagt man, warum.«

Mr. Yeu tröstet sich mit anderen, die nicht im Lager leben und denen es nicht besser geht. Manche, sagt er, warten schon seit sieben oder acht Jahren und haben noch immer kein Aufnahmeland gefunden: »Selbst viele, die Verwandte in Übersee haben, dürfen nicht ausreisen! Oder wer straffällig geworden ist, kann nicht weg. Aber wenn Sie nicht straffällig geworden sind, können Sie auch nicht weg! Ich versteh' das nicht. Ob wir die Flucht bedauert haben? Nein. Keineswegs. Wir wollten weg von Vietnam – und jetzt überlassen wir es dem Schicksal.«

Ein Rundgang durch »Bowrie Camp«. In einer großen und ansonsten völlig leeren Halle liegen Kinder auf dem Bauch auf dem Steinfußboden und konzentrieren sich auf zwei Fernsehgeräte, die man auf übereinandergestapelte Kisten gestellt hat, einen an jeder Stirnseite des Raumes. Da laufen von Video-Cassetten amerikanische Comics. Wenn die Cassette leer ist, wird sie umgedreht und läuft von vorn, immer wieder, Stunde um Stunde ...

In einem Workshop nebenan beschäftigen sich Mädchen mit Strickwaren, die sie an Händler außerhalb des Lagers verkaufen. Das bißchen Geld, das sie dafür bekommen, können sie in einem kleinen Kiosk im Lager ausgeben, für Süßigkeiten, Getränke oder Zigaretten. Am Kiosk ist auch ein großes Werbeplakat angeheftet, für Touristen, die Großbritannien besuchen wollen: Ein Zug ist darauf abgebildet, der durch eine frische, grüne Landschaft der englischen Provinz fährt, und dazu die Inschrift: »*See Britain by Train*« – Entdecken Sie Großbritannien per Eisenbahn. Wie die Leute von »Bowrie Camp« *das* anstellen sollen, steht nicht auf dem Plakat ...

Es gibt auch eine Krankenstation und einen Gefängnisbau. In der Krankenstation mahnen Poster zur Empfängnisverhütung. Ein Drittel aller Insassen in »Bowrie Camp« sind Kinder unter 14, und die Hälfte davon ist im Lager geboren. Die Geburten-

rate in den *closed camps* ist dreimal so hoch wie die von Hongkong, und noch mehr Flüchtlinge sind hier unerwünscht – »ob sie per Boot kommen oder im Mutterleib«, wie es ein Beamter der Lagerleitung entsprechend taktvoll formuliert.
Vom Feingefühl der Behörden zeugt auch das Gefängnis: Gitter hinter Gittern sozusagen. Als ich in »Bowrie« zu Besuch war, wurden dort zweiundsechzig Flüchtlinge in Einzelhaft gehalten, wegen Nichtbeachtung der Lagerordnung: 2 Männer, 58 Frauen, 2 Kinder.
Die Wohnhäuser im Camp haben keinerlei sanitäre Einrichtungen. Gemeinschafts-Toiletten sind in einem Extrabau und Waschbecken und Duschen hinter einer Bambuswand, im Freien. Winterkälte wie bei uns gibt es in Hongkong nicht . . .
Innen sehen die Wohnhäuer alle gleich aus: Ein einfaches Gestell aus Eisenrohr trägt dürftige Sperrholzplatten, neben- und übereinander: 1 Meter 80 lang und 1 Meter 20 breit, für je zwei Personen; einfaches Holz, wie gesagt, ohne Matratzen. »Matratzen brauchen wir hier nicht«, erklärt unser Begleiter, »die haben daheim – (und mit »daheim« meint er wohl Vietnam) – die haben da auch keine Matratzen gehabt . . .« In einem Raum, der 16 Meter lang ist und 6 Meter breit, sind 40 solche Holzplattformen drin. Das heißt: 80 Menschen leben da auf 96 Quadratmetern, das ist die Fläche einer 3½-Zimmer-Wohnung. Es gibt keine Zwischenwände und nicht einmal Sichtblenden. Keiner kann dem anderen entrinnen, denn die Nachbarn nebenan und die darunter und die darüber leben, wohnen, existieren ebenso.
Hundertachtzig Zentimeter lang und sechzig Zentimeter breit, das sind 1,08 Quadratmeter für einen Alleinstehenden und 2,16 für ein Ehepaar. 1,08 Quadratmeter: da schlafen sie, da träumen sie, und da bringen sie auch ihre Habseligkeiten noch unter – ein Radio oder eine Nähmaschine, noch in der Originalverpackung Pappe und Styropor. Ein weiterer Pappkarton für Toilettenartikel und sonstige Habe; am Eisenrohr, auf vier oder fünf Drahtbügeln, ist die Kleidung aufgehängt.
Immer wieder geht mir durch den Kopf, daß die vier Winterrei-

fen fürs Auto und der Gartenschlauch in der Garage bei uns mehr Platz wegnehmen als diese Menschen Raum zum Leben haben.
Um zu beschreiben, was man eigentlich nicht beschreiben kann, fällt mir das Wort »Besenkammer« ein: Die Hälfte einer Besenkammer für einen ausgewachsenen Mann, für eine Frau, für ein Kind . . .

Auch der Flüchtling braucht ein Minimum an Privatsphäre

Ich bin auf den Steinstufen vor dem Kindergarten gesessen und habe versucht, den Blicken und den Stimmen der Kleinen auszuweichen, die mir nicht von den Fersen gingen und die ständig auf mich eingeredet haben, vietnamesisch natürlich. Ich habe zu den Hochhäusern hinübergeschaut, und ich sehe sie, in der Erinnerung, noch vor mir: den Stacheldraht, 50 Meter weg, und die Häuser, zwei Kilometer weg. Und hier der Junge, der an meinen Schuhbändern nestelt, weil er Schuhe noch nie gesehen hat und erst recht keine Schuhbänder, denn die Welt da draußen – über dem Zaun – ist ihm verschlossen . . .
Und da sitze ich, mit dem Besucherausweis am Hemd, dieser blöden Plastikkarte, mit der ich nicht nur rein-, sondern vor allem auch wieder rausdurfte aus dem Lager . . . Ich hatte die »Story«, wie man unter Journalisten so sagt, und ich weiß noch: Damals, in jenem Augenblick, war mir zum Heulen zumute.

Als in Hongkong die *closed camps* eingerichtet wurden, ist auch Cliff Westigan hierhergekommen, ein amerikanischer Pastor, der das Flüchtlingselend in Südost-Asien aus eigener Anschauung seit mehr als zwanzig Jahren kennt. Er hat in Lagern der Roten Khmer in Kambodscha gearbeitet und in Thailand, und er hat auch die Sprache der Menschen dort gelernt, er kann mit ihnen in ihrem eigenen Dialekt reden:

Vietnamesisch, Khmer und Thai. Diese Sprachkenntnisse vor allem sind es, die ihm einen guten Einblick in die Sorgen und Nöte der Flüchtlinge erlauben. »Schauen Sie: Ich und die meisten anderen Menschen auch, denke ich, können die Trennung von unseren Angehörigen ertragen, wenn wir wenigstens wissen, wo sie sich aufhalten. Aber wenn ich völlig im dunkeln bin über den Verbleib meines Sohnes oder meiner Tochter, wenn ich keinerlei Informationen habe, wo meine Frau oder meine Eltern sind – mit dieser Ungewißheit zu leben, ist sehr, sehr schwer... Ja, und dann die Enge der Räumlichkeiten, in denen sie leben. Mir brauchen Sie nicht zu sagen, daß Hongkong überbevölkert ist, das weiß ich selber, ich bin lange genug hier gewesen. Aber da gibt es eine Grenze, ein Limit, unter das wir nicht drunter können, ein Minimum an Privatsphäre, das wir Menschen einfach brauchen. Doch die Flüchtlinge sind so einander auf den Leib gedrängt, so zusammengepfercht auf engstem Raum... mit Menschen, wohlgemerkt, die sie sich nicht aussuchen können... Das ist eine Qual, die Tag um Tag andauert und von der sie nie loskommen!«

Bei den Vereinten Nationen findet das System der *closed camps* keine Billigung. Doch die britische Regierung anzuprangern – und damit die Behörden in Hongkong –, ist eine zweischneidige Sache, denn die Kronkolonie ist nicht der einzige Ort in Südost-Asien, wo vietnamesische Flüchtlinge in geschlossenen Lagern gehalten werden. Tatsächlich gibt es solche Camps auch in anderen Ländern, in Malaysia zum Beispiel, in Thailand und Indonesien. Zehntausende erleiden dort ein ähnliches Schicksal, und doch gibt es Unterschiede.
»Die Gegebenheiten sind anders«, sagt der Diplomat Peter Mayor, stellvertretender Direktor der UN-Flüchtlingskommission in Hongkong. »Es ist wahr: *closed camps* sind leider die Norm in Südost-Asien. Der Unterschied ist freilich, daß die Lager in Hongkong wirklich geschlossen sind. Angefangen von der Essensausgabe bis in alle anderen Bereiche des täglichen Lebens, ist der Tagesablauf hier strikt reglementiert, und die

Flüchtlinge können kaum etwas selber in die Hand nehmen. In anderen Ländern Südost-Asiens leben sie auch in sogenannten geschlossenen Lagern, durchaus richtig, aber im Unterschied zu Hongkong haben die Menschen dort viel mehr Platz, viel mehr Bewegungsfreiheit und mehr Eigenverantwortung. Sie können sich ihr Essen selber kochen, sie wohnen in abgeschlossenen Hütten, der Zusammenhalt der Familie bleibt erhalten.
Und das ist das Hauptproblem mit den *closed camps*: Wenn Sie Menschen in einer Art Gefängnis unterbringen, wie hier in Hongkong, dann geht über kurz oder lang das Familienleben kaputt, die Familie fällt auseinander. Das sehen Sie nirgendwo sonst in Südost-Asien!
Mag sein, daß es den Menschen dort schlechter geht als hier in Hongkong, wo für alle Dinge des täglichen Lebens – Essen, Kleidung und so weiter – wirklich gut gesorgt ist, wahrscheinlich sogar besser, als in den Lagern anderer Länder. Aber dort, das ist unser Eindruck, leben sie einfach menschenwürdiger, die Familie bleibt intakt. Wie gesagt, materiell mag es ihnen dort schlechter gehen, aber ich bin sicher, sie führen ein glücklicheres Leben als in den *closed camps* hier in Hongkong.«

Umgerechnet bald 200 Millionen Mark hat die Regierung Hongkongs seit 1979 für die vietnamesischen »boat people« aufgebracht, und der größte Teil davon ging in den Betrieb der *closed camps*.
400 000 vietnamesische »boat people« sind nach einer Schätzung der Vereinten Nationen in den letzten fünf Jahren im Südchinesischen Meer ums Leben gekommen . . .
Zuerst die Angst, von der vietnamesischen Küstenwache entdeckt zu werden, dann die Furcht vor Naturgewalten und die Furcht, von Piraten überfallen zu werden. Tag und Nacht, manchmal wochenlang zusammengepfercht auf den kümmerlichen Booten – in Wahrheit, fürchte ich, kann ich doch nicht so beurteilen, was diese Menschen durchgemacht haben. Aber Cliff Westigan kann es, der Amerikaner:

»Die meisten dieser Menschen haben ihre Angehörigen entsetzlich leiden oder gar sterben sehen – und das direkt vor ihren Augen! Sie waren dabei, unmittelbar dabei, und darüber kommen sie nicht weg.
Sie erzählen das nicht jedermann, aber wenn Sie näher mit ihnen zu tun haben, dann reden sie drüber. Und dann werden sie – Jüngere wie Ältere – mit den tiefliegenden Ängsten wieder konfrontiert, und sie haben, ganz plötzlich, nochmal lebendig vor Augen, was sie durchgemacht haben. Das ganze Grauen erleben sie wieder und wieder – und das ist eine Last, die sie immer mitschleppen. Manche werden nicht fertig damit. Ich habe Kinder im Arm gehalten, die nur noch geweint und geweint und geschluchzt haben, bis sie schließlich eingeschlafen sind. Und es gab nichts, was ich sagen oder tun konnte – nicht mal in ihrer eigenen Sprache – das ihnen geholfen hätte: Schmerz und Kummer saßen einfach viel, viel zu tief . . .«
Der Vietnamese Tran Van Suy ist achtzehn, und ein Viertel seines Lebens hat er in »Bowrie Camp« verbracht.
Sein Boot kam am 3. Juli 1982 an, einen Tag, nachdem die *closed camps* eingerichtet waren. Wäre das Boot zwei Tage früher da gewesen, wären er und die anderen achtundzwanzig frei.
Sein Tag im Lager beginnt um halb sechs. Kein Wecker klingelt, er müßte nicht so früh aufstehen. »Aber ich bin es nicht anders gewohnt«, sagt er. Bis sieben sitzt er über Wörterbüchern und versucht, ein paar neue Brocken Englisch zu lernen. Unterrichtskurse gibt es nicht, und seine Selbstlernmethode hat ihn über die Jahre nicht weit gebracht: Sein Englisch ist grauenhaft und meist nicht zu verstehen. Und das seines Freundes, der ihm manchmal dolmetschen hilft, ist auch nicht viel besser.
Um sieben Uhr Morgenappell. Wie auf dem Kasernenhof, oder besser wie im Gefängnis, wird abgezählt, ob noch alle da sind. Um halb acht stellen sie sich an, und jeder nimmt eine Portion Reis in Empfang: ihr Frühstück.
Bis zum Mittagessen läuft Tran Van Suy dann durchs Camp,

unterhält sich mit Freunden. Worüber? »Über unsere Zukunftsaussichten«, sagt er. Sie kannten sich nicht vorher, er und seine Freunde, sie haben sich im Lager kennengelernt. Es sind überwiegend Menschen aus dem vormaligen Südvietnam, die hier in »Bowrie« zusammengefaßt sind und in Ji Ma Wau, einem anderen *closed camp* auf einer Insel im Hafen.
Die Flüchtlinge aus dem Norden Vietnams hat man separiert von denen aus dem Süden, nachdem es zu Reibereien gekommen ist zwischen den beiden Bevölkerungsgruppen, die in ganz unterschiedlichen Gesellschaftssystemen geboren und herangewachsen sind. Der Norden Vietnams war immer kommunistisch, die Menschen im Süden dagegen haben kommunistische Herrschaft erst im letzten Jahrzehnt erfahren, nach 1975.
Wenn Tran Van Suy nicht mit Freunden tratscht oder über seinen Englischbüchern sitzt, versucht er zu schlafen. Auch tagsüber. Da ist nichts, was er und die anderen sonst tun könnten. Keine Arbeit, keine sinnvolle Beschäftigung – wenn man davon absieht, daß sie Puppen für Hongkongs Spielwaren-Industrie ausstopfen könnten.
Für Tran Van Suy ist das keine Alternative. Für die Mehrheit der anderen Lagerinsassen auch nicht. Sie würden gern einer geregelten Arbeit nachgehen, die ihnen ein Einkommen verschafft, so daß sie für sich und ihre Angehörigen selber sorgen könnten. Aber aus dem Lager dürfen sie nicht raus, folglich sitzen sie untätig herum. Stunde um Stunde. Tag um Tag. Essen. Schlafen. Essen. Englisch lernen. Ein bißchen Sport treiben vielleicht . . .
Ihre ausweglose Situation treibt viele in noch größere Isolierung, sagt Tran Van Suy. Sie ziehen sich von der Lagergemeinschaft zurück, nehmen nicht mal mehr das Essen gemeinsam mit anderen ein; sie holen es vielmehr in der Kantine, tragen es zu ihrer Bettstelle oder in sonst eine Ecke, wo sie sich verkrümeln können, und essen allein.
Tassen und Teller im »Bowrie Camp« sind einfache Plastikware, ein paar Pfennige wert. Aber auf der Unterseite ist das Geschirr numeriert, wie im Gefängnis . . .

Nach dem Abendessen das gleiche wie nach dem Mittagessen: Nichtstun. Abends können sie dann nicht einschlafen, sagt Tran Van Suy, dann spielen sie Fußball oder Volleyball. In der Dunkelheit? »Da sind doch die Scheinwerfer rings um das Lager«, erklärt Tran. »Sie brennen die ganze Nacht. Viele von uns würden eher nach Vietnam zurückkehren, als noch lange in diesem Lager zu bleiben«, sagt er. »Aber einen Weg zurück gibt es auch nicht . . .«

Tran Van Suys ganzes Denken war jahrelang auf die USA gerichtet, er wollte in die Vereinigten Staaten, hatte gehofft, daß die ihn aufnehmen würden. Er hat zwei Brüder und eine Schwester dort. Vor einem Jahr wurde er zu einem Test zugelassen, ein Ausleseverfahren, das jeder durchlaufen muß, der in die USA will, nach Kanada oder nach Australien. Tran Van Suy hat diesen Test nicht bestanden. Die Amerikaner haben ihn zurückgewiesen.

Ihr Leben ist ein Leben auf Zeit, sagt Cliff Westigan über die Menschen in den *closed camps*, ein Leben ohne jeden Ausblick:

»Sie können nicht mehr umkehren, und sie wissen nicht, wohin die Reise morgen geht. Jeder Aspekt ihres Lebens ist temporär – und da ist nichts, worauf sie bauen könnten. Sie haben keine Vergangenheit mehr und keine Zukunft, sie können weder vor noch zurück. Es ist das Gefühl, von allen verlassen zu sein. Dabei möchten sie einfach irgendwo dazugehören, wie andere Menschen auch. Wir alle lieben doch unsere Heimat, haben oder sehnen uns nach einem Fleck, wo wir hingehören – wo immer das sein mag!«

Seit dem Kriegsende in Vietnam haben nicht weniger als eineinhalb Millionen Menschen das Land verlassen. »Ein historisches Ereignis, von dem in den Geschichtsbüchern noch in Jahrhunderten die Rede sein wird«, wie der Friedensnobelpreisträger Poul Hartling sagt. Eine Rückkehr in die Heimat wäre für viele Flüchtlinge heute das Beste, meint er, doch das war nie eine wirkliche Option: »Soweit ich weiß, sind nur

vierzehn heimgekehrt – in vielen, vielen Jahren. Also, eine reelle Möglichkeit ist es nicht, denn erstens wollen sie nicht zurück, und zweitens will Vietnam sie gar nicht wiederhaben. Dennoch: wenn Flüchtlinge zurückkehren dürften – ungefährdet und aus freien Stücken! – wäre das die beste Lösung.«
Eine simple Tatsache macht schon deutlich, wie wenig der Regierung Vietnams an den Flüchtlingen und an ihrer Verbindung nach Hause gelegen ist: Mitte 1985 betrug das Porto für einen einfachen Luftpostbrief von Vietnam nach Übersee 24 Dong oder umgerechnet knapp 6 Mark. Bei einem durchschnittlichen Monatseinkommen von 300 Dong (oder 75 Mark) war das schon hoch genug: 8 Prozent des Monatseinkommens für einen Luftpostbrief. Seitdem freilich hat die Regierung das Porto drastisch erhöht, und zwar auf 159 Dong – nicht weniger als ein halbes Monatseinkommen, um ein paar Zeilen nach den USA oder in die Bundesrepublik Deutschland zu schreiben!

In letzter Minute

Am 3. Juli 1986 Pressekonferenz in der Bonner Bundeshaus-Bannmeile. Die ungewöhnliche Hitze von bis zu 33 Grad im Schatten hat sich lähmend auf das Gemüt und die Aktivität der Bonner Journalisten gelegt. Sie interessieren sich nur für den Bundeshaushalt, die »Trümmerfrauen«, die neue glorreiche Epoche von noch nie dagewesener deutscher Steuergerechtigkeit für deutsche Mütter, wenn einmal – so höre ich am Morgen dieses Tages aus dem Autoradio den Bundesarbeitsminister Norbert Blüm reden – die Geschichte der Rentenversicherung geschrieben werden sollte.
Die dramatische Nachricht des Komitees: Es sind schon 358 Menschen vor dem sicheren Tode von unserem Schiff CAP ANAMUR II gerettet. Während ich in Südafrika war und dort Winnie Mandela gesprochen und interviewt habe (und das mitten im für uns Weiße verbotenen Township Soweto), hat das Schiff weitere Rettungsaktivitäten durchgeführt.
Am 24. Juni sehr früh morgens, bei rauher See und Windstärke sieben, konnte das Schiff 60 vietnamesische Bootsflüchtlinge, darunter viele Kleinkinder retten. »Sie hatten die Flucht in einem kleinen Fischerboot über das Meer versucht.« Sehr optimistisch schreibt Christel Neudeck in die Meldung an die Presseagenturen:
»In diesem Fall sind die Aufnahmeplätze durch die Zusage des kanadischen Staates Quebec gesichert.«
Dabei wissen wir bisher nur etwas über die mündliche Zusicherung, die Bernard Kouchner, Chef der »Médecins du Monde«, in Paris von dem befreundeten Minister Mac Donald

und der Staatssekretärin Louise Gagné bekommen hat. Ich habe unsere spontanen Freunde in Paris gebeten, uns doch bitte ein offizielles Papier zu besorgen. Solche Fragen empfinden die französischen Partner immer als Zumutung, als ob es nicht reicht, die Plätze zu haben ... Aber als guter Deutscher weiß ich natürlich, daß Zusagen ohne eine wirkliche schriftliche Form null und nichtig sind, ich kann noch so sehr in meine libertär-anarchistischen französischen Brüder und Schwestern verliebt sein. Ich bekomme die Vietnamesen an Bord unseres Schiffes – denen ich wirklich nicht gönnen möchte, noch einige Wochen länger an Bord bleiben zu müssen –, ich bekomme sie nicht runter, wenn wir nicht diesen formvollendeten Brief von der Regierung in Quebec/Kanada haben. Denn nur mit diesem Papier kann ich unser Auswärtiges Amt überzeugen, daß es diese Plätze gibt. 25 Familien will das kanadische Bundesland mit dem französischen Namen Quebec wirklich aufnehmen. Mit Joelle Eisenberg von den »Médecins du Monde« berate ich mich am Abend des Tages der Pressekonferenz: Wir brauchen das Papier!

Weitere Rettungsaktionen gab es am 25. Juni 1986:
Um 14.30 Uhr wurden bei Position 09.11 Nord/107.36 Ost neun Männer, sieben Frauen und vierzehn (!) Kinder aus einem offenen Flußboot von 14 Meter Länge und 2,8 Meter Breite gerettet. Das Wetter war ein ganz klein wenig besser, statt Windstärke 6/7 gab es jetzt nur 5/6, dennoch war die Bergung schwierig, weil eben die Cap Anamur II nicht so schwer und sicher im Wasser eines bewegten Meeres liegt wie unsere alte Cap Anamur I.
Nur eine Stunde später, um 15.30 Uhr, fand das Schiff bei Position 09.14 Nord und 107.26 Ost ein weiteres Fluchtboot von ähnlich bescheidenen und lebensgefährlichen Ausmaßen: Diese neuangekommenen »boat people« sind mit einem Boot von 7,5 Meter Länge und nur 2 Meter Breite auf das Meer hinausgefahren, dreißig Personen samt ein wenig Proviant, den nötigsten Habseligkeiten, einem kleinen Motorraum und einem

kleinen Dieselfaß – wie verzweifelt müssen diese Menschen sein, sich auf so eine Unternehmung einzulassen.
Ja, das sind dann schon 342, dazu kommen am 27. Juni 1986, also schon am Samstag der Woche, die ich noch in Johannesburg verbringe, 16 Flüchtlinge – interessanterweise wieder alles Männer –, die um 11.30 Uhr bei etwas beruhigter See aufgenommen werden. Die Position: 9.27 Nord und 107.78 Ost. Jeder Leser wird unschwer erkennen, daß die CAP ANAMUR II systematisch das sogenannte Suchgebiet abfährt und die Boote auf ähnlichen Positionen findet. Doch auf der Fahrt in das Suchgebiet hinein stieß sie schon wieder völlig unerwartet auf die ersten Flüchtlinge.
Am Tag vorher, am 26. Juni, hat es den schon eine Woche lang in Hamburg liegenden Film von Ulrich Wickert über eine Nachtrettungsaktion in den »Tagesthemen« gegeben. Nach Auskunft aller war das ein hochmotivierender und sehr dramatischer Nachrichtenfilm, der nur den Schönheitsfehler hatte, daß ihm ein Gespräch mit dem rheinland-pfälzischen Ministerpräsidenten Bernhard Vogel folgte. Wie oft haben wir Bernhard Vogel schriftlich und mündlich schon erklärt, daß es nicht unsere persönliche Bosheit oder Durchtriebenheit ist, die uns Retter auf dem Schiff CAP ANAMUR II veranlaßt, diese geretteten Seenotflüchtlinge in westeuropäische Länder zu bringen. Wieder – zum wievielten Male seit sechs Jahren eigentlich? – hat der Rheinland-Pfalz-Premier öffentlich erklärt, diese Vietnamesen sollten doch besser in ihrem Kulturkreis angesiedelt werden. Wie oft haben wir Bernhard Vogel schon mitgeteilt: Der einzige Kulturkreis, in dem man sie, die Bootsflüchtlinge, ansiedeln könnte und wo sie das auch schon aus Eigeninitiative tun müssen, ist der Boden des Südchina-Meeres, wo sie nämlich unweigerlich landen, wenn sie von den Meereswogen oder bei Piratenangriffen massakriert und über Bord geworfen werden oder in einem lecken Boot das Zeitliche segnen müssen ...
Der Bundestagsabgeordnete Volker Neumann aus Bramsche in Niedersachsen hat sofort dem Ministerpräsidenten von Rheinland-Pfalz einen Brief geschrieben, der in dieser Form ehrlich

gemeint war. Neumann war wirklich überzeugt, Bernhard Vogel hätte da neue Informationen gehabt:
»Sehr geehrter Herr Ministerpräsident,
aus den Tagesthemen habe ich entnommen, daß Sie zu der Rettungsaktion der CAP ANAMUR ausgeführt haben, daß die Flüchtlinge im asiatischen Raum angesiedelt werden sollen. Ich bitte Sie, mir als Mitglied im Unterausschuß Humanitäre Hilfe mitzuteilen, welches südostasiatische oder asiatische Land sich bereit erklärt hat, die boat-people aufzunehmen und welche Initiativen gegebenenfalls das Land Rheinland-Pfalz unternommen hat, um Länder in der Region dazu zu bewegen, Bootsflüchtlinge aufzunehmen.
Ich wäre Ihnen sehr dankbar, wenn Sie mir die Antwort möglichst bald zukommen lassen, damit ich diese auch an den Hohen Flüchtlingskommissar weitergeben kann.
Volker Neumann.«

Unterstützung gab es für unsere Rettungsaktivität auch von der Wochenzeitung »Die Zeit«. »Ausgebootet« heißt der kleine Einspalter auf der ersten Seite, von Matthias Nass mit sehr viel Wärme und Sympathie geschrieben:
»Bayern, Rheinland-Pfalz, Bremen und Hamburg haben bisher keine Plätze angeboten. Solange die Bundesländer jedoch die Aufnahme verweigern, erteilt Bonn keine Visa. Die 1982 von Bund und Ländern verabredeten Verfahrensgrundsätze verlangen ein gemeinsames Vorgehen aller Landesregierungen. Darauf wollten die Not-Ärzte nicht warten. Für das Komitee zählt allein: Im Südchinesischen Meer ertrinken Menschen, werden Flüchtlinge von Piraten überfallen, ausgeraubt, vergewaltigt und verschleppt – ohne Rücksicht auf deutsche Verfahrensgrundsätze.«

Dr. Peter Gauweiler, Kreisverwaltungsreferent in München und der kommende Nach-Kronawitter-Mann, hat angerufen. Er ist mittlerweile von der Not dieser Bootsflüchtlinge fest überzeugt und hat sich für München starkgemacht, 30 »boat-people« aufzunehmen. Nur: Der Staat Bayern will es ums Verrecken nicht auf seine Kappe nehmen, nachdem er sich bundesweit zum Vorreiter aller Miesmacher in Sachen Abschaffung der Schein-Asylanten gemacht hat. Und Schein-Asylanten sind im Zweifel alle Asylanten – man muß manchmal nur genau hinsehen. Also sollen wir bei einer gutbefreundeten Landesregierung die Erlaubnis einholen, die 30 Bootsflüchtlinge über eben dieses andere Bundesland nach Bayern »einzuschleusen«. Ich halte das natürlich für einen furchtbaren Fehler, denn wieso sollen wir uns im Komitee auf so eine hahnebüchene Methode einlassen, nur weil die Bayern nicht einmal zu einer Fingerkrümmung bereit und in der Lage sind? Wir werden Handelsschiffen, die es geschafft haben, Bootsflüchtlinge zu retten, eine Prämie von 5000 DM geben. Das soll Mannschaften – Seeleute, Offiziere, Matrosen – einfach animieren, während der zwei bis sechs Tages Seefahrt auf der Singapur-Hongkong- oder der Singapur-Bangkok-Linie einen Ausguck einzurichten. Vielleicht kann auch das eine gute Wirkung haben, man wird das abwarten müssen. Was immer noch nicht geklärt ist: ob Hessen nun auch schon die 50 Plätze souverän auf sein eigenes Ticket geschrieben hat.

Die Südafrika-Erfahrung, die ich gemacht habe, hat mich in der Absicht bestärkt, niemals etwas aufzugeben, weil es vielleicht zu schwierig scheint. In den von den Mordkommandos der Südafrika-Polizei und Armee durchzogenen Townships der Schwarzen müssen wir etwas tun. Die Schwarzen zittern. Sie wissen, daß Soldaten eines ihrer Kinder abknallen können und dann sagen dürfen – in öffentlicher Unschuld: Sorry, wir haben uns geirrt, wir hatten das Bündel dort für einen Hund gehalten. Winnie Mandela sagt:

»Wir haben den Eindruck, daß die westliche Welt nicht voll informiert ist über das, was in unserem Lande vor sich geht. Zudem gibt es neue Entwicklungen und Probleme, die von unserer Regierung produziert werden, zumal durch die Zensur über die Medien. Die Medien werden dadurch gehindert, die Wahrheit über Südafrika zu berichten. Nun kommt zu einer großen Unkenntnis über die Lebensbedingungen in unserem Land noch die Zensur hinzu. Wir sind konfrontiert mit einem Kriegszustand. Das scheint der Rest der Welt nicht zu wissen. Die südafrikanische Regierung, also das Pretoria-Regime, ist in den letzten fünf Jahren zu einer Art Militärstaat entartet. Gerade jetzt, in diesen Tagen, sind wir mit einem Polizeiregime konfrontiert. Und die südafrikanische Armee ist voll mit unseren Townships, also den Siedlungen der Schwarzen, beschäftigt. Der Ausnahmezustand beweist, daß die Regierung die Kontrolle über die sich ständig verschärfende Krise des Landes verloren hat. Gewalt ist ständig an der Tagesordnung, sie wird von Pretoria ausgeübt. Und diese Gewalt ist die direkte Folge dieser Krise. Wir sind jetzt unter militärischer Herrschaft.«

Ein Kapitän Eric G. Walfiord von der M.V. T.S.S. »Pioneer 5« – er ist auf der Ölplattform Udang Natuna stationiert – schreibt uns aufgrund eines Artikels in der »Herald Tribune« vom 9. Juni:

»Diese Ölplattform hat ein Nachtlicht (aufgrund des abgefackelten Öls), das die Plattform für vietnamesische Bootsflüchtlinge in dem Umkreis von 30 Seemeilen sichtbar macht. Es kommen bei uns fast regelmäßig Bootsflüchtlinge an, in den letzten sieben Wochen hatten wir fünf Boote mit insgesamt 250 Männern, Frauen und Kindern. Alles, was wir tun können, ist, sie mit Wasser, Nahrungsmitteln und Treibstoff zu versorgen. Und sie dann zu instruieren, doch weiterzufahren bis zu unserer Basis in Matak, Anambas Inseln, 43 Meilen weiter. Denn wir sind das Sicherheits- und Versorgungsschiff und können das Feld nicht verlassen. Alle Boote haben in der Regel Matak erreicht.

Dennoch, die Haltung der indonesischen Regierung beginnt sich zu verhärten. Und ich würde Ihnen empfehlen, mit ihrem Schiff auch in dieser Gegend zu operieren, das heißt in einem Gebiet etwa 04.00 Nord/106.25 Ost. Ich bin ganz sicher, daß nicht nur die Firma Conoco, sondern auch die

indonesische Regierung gern das Problem ihrer Flüchtlinge gelöst haben will. Unsere Pflicht ist es leider, diese Boote vom Anlegen an einer der Plattformen oder der Lager-Tanker zu hindern und abzuhalten. Wenn es Ihnen nicht erlaubt sein sollte, das Schiff hier zu stationieren, dann geben Sie uns bitte die Radio-Frequenz von der CAP ANAMUR II, damit wir eine Nachricht dorthin geben können, wann immer ein Fluchtboot hier ankommt.
Die kommerziellen Schiffe, die hier vorbeikommen, werden Flüchtlinge *nicht* aufnehmen wegen der extremen Schwierigkeiten, die sie haben, wenn sie in einem Hafen ankommen. Jetzt gerade ist wieder die Saison für Massen-Fluchten aus Vietnam. Letztes Jahr hatten wir andauernd Fluchtboote in dem Areal, und dieses Jahr wird es kaum besser sein. Ich weiß nur, daß die Menschen, die jetzt herausgehen wollen, von ihren Vorgängern den Rat bekommen, zu diesen Ölfeldern und Plattformen zu kommen, um dort um Unterstützung zu bitten.«

Das Wochenende verlief ruhig. Vietnamesen rufen an, unter anderem die kluge Schülerin Kim vom Ursulinen-Gymnasium in Dorsten/Westfalen; sie will am 12. Juli 1986 eine große Veranstaltung der Vietnamesen-Vereinigung in Dorsten organisieren. Für den 19. Juli haben die Vietnamesen in Oberhausen den Wunsch, einen Komiteeler bei sich zu haben, möglichst einen von denen, die sie an Bord des Schiffes kennenlernen konnten.
Ulrich Wickert erzählt mir die abenteuerliche Geschichte des bisher einzigen Nachrichtenfilms über die CAP ANAMUR II. Die Geschichte ist gepflastert mit Schwierigkeiten:
1. Das deutsche Komitee muß den französischen Ein-Mann-Kameramann Christoph Bayadere nach Singapur und auf das Schiff bringen, weil sich von den beiden deutschen TV-Studios (ARD: Winfried Scharlau und ZDF: Heinz Metlitzky) niemand für das Schiff interessiert. Eher kommt das Singapur-Fernsehen an Bord als das deutsche.

2. Der französische Kameramann hat mit seiner Video-Kamera die dramatische Nachtaktion mit den 62 Menschen gefilmt; das Material ist entwickelt und eine Sendung wert.
3. Ich rufe Ulrich Wickert, den ARD-Korrespondenten in Paris, an.
4. Wickert besorgt sich das Material, es wird für gut befunden.
5. Wickert meldet das Thema in Hamburg bei den Tagesthemen an; man akzeptiert es; es wird für Donnerstag, den 19. Juni, eingeplant.
6. Ich treffe Wickert am Mittwoch, dem 18. Juni, in Köln am Flughafen, wir besprechen noch mal die letzten News vom Schiff: daß dieses Schiff eine Gemeinschaftsaktion ist; daß es auch von Vietnamesen unterhalten wird; daß das Komitee allein von Spenden dabei unterstützt wird ...
7. Der Filmbeitrag wird von Donnerstag, auf Montag, den 23. Juni, verschoben. Am Montag wird diskutiert, ob überhaupt, man habe schließlich schon so viel und so oft etwas über CAP ANAMUR gebracht. Und außerdem könne man das Stück dramatische Rettungsaktion nicht so stehenlassen, es müsse ein Ministerpräsident her. Man kundschaftet Bernhard Vogel aus, der nur an wenigen Tagen präsent sein kann, z. B. am Dienstag, dem 24. Juni. Nicht das Thema der Rettungsaktionen auf dem Südchina-Meer gibt den Ausschlag, sondern die Frage: An welchem Abend kann Vogel live in das ARD-Studio Mainz kommen?
9. Noch einmal wird der Versuch gemacht, die Sendung zu kippen, weil man sagt: Wenn Bernhard Vogel schon mal im Studio ist, muß man ihn dann ausgerechnet zu CAP ANAMUR fragen, sollte man dann nicht ein anderes Thema nehmen?
10. Das »TT«-Stück von Ulrich Wickert läuft, danach interviewt Ulrike Wolf, Moderatorin der Woche, den Ministerpräsidenten. Leider ist Frau Wolf über die Rettungsaktion und ihre Implikationen nicht informiert. Sie kann deshalb nicht *eine* Gegen- oder Nachfrage stellen, und Bernhard Vogel kann ungehindert sein Statement abgeben, daß man die Vietnamesen »in ihrem Kulturkreis ansiedeln« soll. Außerdem sei ja das,

was da unter dem Titel CAP ANAMUR II, abläuft, keine international abgestimmte Aktion.
Stunde der Wahrheit: wieviel Plätze haben wir denn nun genau? Der hessische Ministerpräsident Holger Börner macht uns die ganze Sache durch sein Beharren auf ein Verfahren, das es gar nicht mehr gibt, noch schwieriger. In dem Brief aus Wiesbaden – von Börner persönlich – heißt es in diesen juristisch ausgetüftelten Formelsätzen:
»Die Landesregierung ist nach wie vor bereit, 50 Aufnahmeplätze für die von der CAP ANAMUR II geretteten Vietnamflüchtlinge zur Verfügung zu stellen.« So weit, gut, aber jetzt kommt es: »Sie ist allerdings der Auffassung, daß auch der Bund seine humanitäre Verpflichtung wahrnehmen und sich alle Länder an der Aufnahme im Rahmen dieser besonderen Rettungsaktion beteiligen sollten. Eine für Bund und Länder befriedigende Lösung ist daher nur im Rahmen der Verfahrensgrundsätze erreichbar.«
Er, Holger Börner, Ministerpräsident des Bundeslandes mit den Grünen in der Mit-Regierung, habe sich deshalb noch mal in Richtung Bonn gewandt und gebeten, »zu den in den Verfahrensgrundsätzen festgelegten Voraussetzungen Stellung zu nehmen und ggf. das Aufnahmeverfahren einzuleiten.« Sein Schreiben an den Bundeskanzler ist zu meiner Unterrichtung beigefügt.
An den Bundeskanzler schreibt Börner mit einem anderen Ton, den ich politisch sehr gut verstehe. Die Bundesregierung soll Farbe bekennen und sagen, »ob sie der Auffassung ist, daß sich die von der CAP ANAMUR II geretteten Flüchtlinge in einer Notsituation befinden, es sich angesichts der Teilnahme anderer europäischer Länder um eine internationale Aktion handelt und sich die Bundesrepublik aus politischen und moralischen Gründen nicht entziehen kann«. Nach seiner, Börners, Meinung sind diese Voraussetzungen erfüllt. Deshalb bittet Börner in dem Brief die »Bundesregierung, ihren bisher eingenommenen Standpunkt aufzugeben und das Aufnahmeverfahren einzuleiten«. Und: »Es ist nicht ausgeschlossen, daß es nach

diesem in den Verfahrensgrundsätzen festgelegten Vorgehen auch auf Länderebene zu einer anderen Einschätzung der Aufnahmeaktion der Cap Anamur II kommt ...«

Ich muß heute, 8. Juli, etwas tun, damit unsere miese Situation klar wird. Völlig ungeklärt aus rein formalen Gründen ist die Frage, welches Land wieviel Flüchtlinge aufnimmt. Die Cap Anamur II ist zu einer menschenrettenden Aktion aufgebrochen. Das Komitee Cap Anamur und die Pariser »Médecins du Monde« haben europaweit Unterstützung bekommen für diese neue humanitäre Aktion: Frankreich hat 300, Belgien 30, Quebec, das Bundesland in Kanada, nun Plätze für 25 Flüchtlingsfamilien von unserem Schiff gegeben. Nur das eigene Land, dessen Flagge dieses Schiff Cap Anamur II führt, dreht und wendet sich aus formalistischen Gründen hin und her.

13. Juli 1986

Heute ist der letzte Tag, an dem ich etwas für das Buch aufschreiben kann, so will ich diesen letzten Moment nutzen, etwas zu sagen für den Leser, der das Buch frühestens in den ersten Oktober-Tagen in der Hand hat. Im Oktober wird die Aktion längst zu Ende sein – das Problem der »Verdammten des Meeres« wird natürlich andauern. Wie wird die Aktion zu Ende gegangen sein?
Ich fliege selbst am 19. Juli nach Singapur, um dort am 20. Juli das Schiff zu erreichen, das weiter mit 358 Flüchtlingen in sehr rauhem, schlechtem Wetter die Fluten des Suchgebiets 100 bis 150 Seemeilen südwestlich des Mekong-Deltas durchpflügt. Wir haben wegen des Taifuns Peggy in den letzten zehn Tagen wieder niemanden retten können. Am 22. Juli wird das Schiff – so hoffe ich heute noch – nach Puerto Princesa weiterdampfen, um dort am 26. Juli anzulanden. Wieviel Flüchtlinge es dann dort an Land geben kann, weiß ich nicht: Es werden aber gut 200 sein. Wir haben bereits mit dem Kapitän eine vierte Rettungsfahrt in den Golf von Thailand abgesprochen, die dann mit der Fahrt zurück nach Hamburg enden soll.

Im Sozialausschuß des Bayerischen Landtages ist es am 10. Juli zu einer Auseinandersetzung gekommen. Die CSU hat den Antrag der SPD-Landtagsfraktion auf Aufnahme eines der Größe Bayerns entsprechenden Kontingents an Flüchtlingen von der CAP ANAMUR II abgelehnt. Der CSU-Abgeordnete Gustl Schön berief sich dabei auf die »Verfahrensgrundsätze von 1984« (muß heißen: 1982!), wonach der Bund nur in Krisensituationen die Länder zur Aufnahme von Flüchtlingen auffordere. Das Außenministerium habe aber eine Stabilisierung der politischen Situation in Vietnam festgestellt. Weiter heißt es in dem dpa-Telex von München, Titel: »Bayern nimmt keine Boat-People auf«: Die Verhältnisse seien mit denen in Osteuropa zu vergleichen und eine Krisensituation liege derzeit offensichtlich nicht vor. Zudem sei die humanitäre Situation zweideutig, denn durch die Anwesenheit des Not-Ärzte-Schiffes würden erst ›Menschenmassen zur Flucht animiert‹. Diese ›Lockung durch die Cap Anamur‹ wolle seine Partei nicht unterstützen.

Dieser Meinung wurde widersprochen. Im Sozialausschuß des Landtages hat die SPD-Abgeordnete Gerda-Maria Haas erläutert: Der Hohe Flüchtlingskommissar der UN habe eindeutig festgestellt, daß keiner der Vietnamesen vor der Flucht von der CAP ANAMUR wisse. Das evangelische Hilfswerk ›Collegium Augustinum‹ habe sich bereit erklärt, 20 vietnamesische Flüchtlinge aufzunehmen. Nachdem das Saarland, Baden-Württemberg, Hessen, Nordrhein-Westfalen und Niedersachsen bereits ihre Bereitschaft bekundet hätten, stünde es einem reichen Bundesland wie Bayern ebenfalls an, Flüchtlinge zu beherbergen.

Den Vogel an Unzumutbarkeit schießt der Vertreter des Bayrischen Innenministeriums ab. Er sagt doch tatsächlich in jener Sitzung des Ausschusses: Man trage Skepsis gegenüber den Initiativen des Not-Ärzte-Schiffes. Keine humanitäre Organisation, wie etwa amnesty international, habe sich bisher bei der Staatsregierung für eine Unterstützung der CAP ANAMUR II eingesetzt. Derzeit leben rund 31 000 Vietnamesen in der Bundes-

republik, und der Bund werde sich auch künftig an den Lagerräumungsaktionen des Flüchtlingskommissars beteiligen. Bayern wäre das einzige Land, das derzeit neue Zusagen machen würde, da die anderen Bundesländer die Aufnahmeplätze schon vor Jahren versprochen hätten.
Liegt Bayern eigentlich in Deutschland? In der Bundesrepublik? Als der Kollege Michael Stiller von der »Süddeutschen Zeitung« mir diese Meldung vorliest, kann ich es kaum glauben. Fast alles an der CSU-Begründung ist alt, überholt, falsch, die Lage im kommunistischen Vietnam ist alles andere als stabilisiert.
Ob wir das noch schaffen, diese Haltung der Bayerischen Staatsregierung sowie der CSU zu ändern? Wir müssen Einspruch einlegen. Hoffentlich gibt es einige Verbündete. Also: die erste Enttäuschung ist Amnesty International. Ich rufe gleich nach Bekanntwerden der Tickermeldung Brigitte Erler an, um ihr zu sagen, daß Franz Josef Strauß und die Bayerische Staatsregierung nur auf ihre A.I.-Erklärung warten, um sofort grünes Licht zu geben für eine neue Aufnahmeaktion und ein bayerisches Kontingent zugunsten von CAP ANAMUR II. Doch Brigitte Erler ist bedächtig: Das gehört nicht in ihr »Mandat«. Als ob sie nicht die Aufnahmebereitschaft durch eine Amnesty-International-Erklärung stärken könnte, daß es in Vietnam sehr wohl politische Flüchtlinge gibt, die über das Land und den Seeweg hinausgehen. Schließlich haben wir – zusammen mit Brigitte Erler – noch an einem der letzten Abende mit Udo Janz, dem Vietnam-Vertreter der Londoner Amnesty-Zentrale zusammengesessen und über die humanitären Zustände in diesem Land gesprochen.
Ich hoffe, eine Kampagne zugunsten der von uns Geretteten und noch zu Rettenden starten zu können. Beim ersten Test – in Dorsten in der Volkshochschule an einem Samstagnachmittag – merke ich: Die Haltung der CSU versteht niemand.
Am Sonntag vormittag geben wir eine Telex an Münchner Zeitungen und die Agenturen:

»Komitee CAP ANAMUR: CSU und Staatsregierung beleidigen Flüchtlinge.

Zu den Beratungen im sozialpolitischen Ausschuß des Landtages am vergangenen Donnerstag stellt das Komitee CAP ANAMUR wörtlich fest:
1. Nicht das Auswärtige Amt, sondern das Bundesinnenministerium hat den leichtfertigen Satz fabriziert und von ›Stabilisierung in Vietnam‹ gesprochen. H. D. Genscher hat dem Komitee am 4. 4. bescheinigt, daß unsere Rettungsaktion ›gute Gründe humanitärer Art‹ hat.
2. Daß die Bayer. Staatsregierung pünktlich ihren Antikommunismus an der Garderobe abgeben und ein Land wie Vietnam für ›stabilisiert‹ erklären kann, steigert nicht unsere Bewunderung für derlei Politiker. Wir können sie nur von Ferne bewundern.
3. Das Schiff CAP ANAMUR II, behauptet der Abg. Gustl Schön, ›animiert erst Menschenmassen zur Flucht‹. Leider hat das Komitee nicht Geld genug, um eine so furchtbare Beleidigung aller Flüchtlinge gerichtsmäßig aus der Welt zu schaffen. Die Menschen, die einer Lebensgefahr entfliehen, auf dem Meer in kleinen mickrigen Fluchtbooten ums Überleben kämpfen, dabei meist von Piraten geschnappt werden, werden sich für eine derartige christliche Politik bedanken.
4. Pikant die Bemerkung der Staatsregierung: Keine humanitäre Organisation wie ›amnesty international‹ habe sich bisher bei F. J. Strauß für ›boat people‹ eingesetzt. Wir wußten bis heute nicht, daß ›a.i.‹-Erklärungen einen solchen Effekt in München auslösen. Aber so was kann die Staatsregierung kaum noch kriegen.«

Mal sehen, wie weit es hilft. Ich habe gestern noch von Jürgen Escher, dem Fotografen, der alle Fotos in diesem Buch gemacht hat, dessen Bordtagebuch bekommen. Zu der dramatischen Nacht-Rettungsaktion heißt es da:

Pfingstsamstag, 16. 5 1986
»Wir haben heute den ganzen Tag schlechtes Wetter gehabt. Mir ist kotzübel, ich halte es am besten liegend aus. Die meisten im vorderen Schiff sind ebenfalls seekrank. Die Stimmung ist entsprechend! Wir haben am Abend Windstärke 8 erreicht, die leere CAP ANAMUR II (ohne schwere Materialfracht) kämpft sich durch die schwere China-See. Hoffentlich sind bei dieser mörderischen See keine Flüchtlinge unterwegs – schießt es mir durch den Kopf. Bis jetzt sind wir nachts immer getrieben (ohne Motor), doch heute können wir das nicht riskieren. Die CAP ANAMUR II wurde zum Spielball der Wellen, da sie ja fast keine Ladung hat, also zu leicht ist.
– Um 21.30 Uhr (ich liege schon in der Koje, seekrank natürlich) klingelt die Alarmglocke 7 mal kurz, einmal lang. Als ich mit meinen hastig zusammengeschraubten Kameras nach draußen renne, ist meine Seekrankheit vergessen. Mein Gott, bei diesem Wetter ein Boot zu bergen, wird die Hölle werden. Das Boot ist schon gut zu sehen. Jemand gibt ein Zeichen mit einer Fackel. Wir können das Schlauchboot nicht zu Wasser lassen, deswegen versucht unsere Dolmetscherin Phuong, mit dem Megaphon die Leute zu benachrichtigen und zu beruhigen. Es dauert unendlich lange, bis wir etwas dichter an dem Boot sind. Es liegt noch immer vor Anker, die Maschine ist kaputt. Das Boot tanzt auf den Wellenbergen auf und ab, aber es ist noch stabil. In dem Scheinwerferkegel können wir erkennen, daß das Boot vor Menschen überquillt.
Wenn wir näher an das Boot heranwollen, müssen sie den Anker lichten. Als sie das geschafft haben, fängt das Boot gefährlich an zu schaukeln. Mein Gott, hoffentlich schlägt es nicht einfach um! Als wir endlich neben dem Boot sind und die Leine zugeworfen haben, beginnt die dramatischste Rettungsaktion, die ich auf dieser Fahrt mitgemacht habe. Auf dem Boot sind circa 50 Menschen eingepfercht. Sie sind größtenteils sehr schwächlich und können ohne fremde Hilfe

nicht mehr stehen, geschweige denn klettern. Tycho Heitmüller, der Zweite Steuermann, ist auf das Boot geklettert, das immer wieder gegen die Bordwand schlägt. Später sehen wir, daß das Boot eine Menge Bruchstellen aufweist. Es hätte nicht viel gefehlt, und es wäre auseinandergebrochen. Das Boot schwankt gefährlich auf den Wogen. Manchmal tragen es die Wellen zwei, drei Meter höher, was wiederum für die Bergung sehr gefährlich ist. Die ersten klettern jetzt unter Leitung von Tycho die Lotsentreppe hoch. Tycho birgt einige Kinder, die er in einer Art Rucksack hochträgt. Zum Glück bricht keine Panik aus. Viele liegen inzwischen flach auf dem Boot und halten sich mit letzter Kraft fest. Jetzt wird zur Bergung eine Art Rettungsschlinge benutzt: Das Tau wird unter die Arme geklemmt, dann werden die Kinder und die Jugendlichen damit hochgezogen. Manche kommen mit letzter Kraft (angefeuert von Tycho) die Lotsentreppe heraufgeklettert. Oben, in den Armen der Helfer, klappen sie dann zusammen.

Was Tycho geleistet hat, ist mit Worten nicht zu beschreiben! Ich mag das Wort nicht besonders, aber er ist wohl ein Held oder etwas ähnliches. Als endlich alle geborgen sind, werden erstmal alle in warme Decken gehüllt. Es wird ihnen die erste warme Mahlzeit gereicht — von den schon vorher geretteten Bootsflüchtlingen, der erste warme Tee, die ersten Zigaretten. Sie konnten wegen der rauhen See die letzten Tage nichts essen. Seit einem Tag lagen sie hier schon mitten im Meer vor Anker, weil der Motor defekt war. Das Medical Team, Uda Shibata, Marlies Winkler und Francis Callot, haben in dieser Nacht alle Hände voll zu tun. Inzwischen sind die provisorischen Nachtlager (Matte, Strohmatte, Decke) schon hergerichtet, und die Flüchtlinge sinken erschöpft auf die Matten.«

Mit dem Bericht über diese Rettungsaktion will ich dieses Buch abschließen. Das Ertrinken geht (noch!) — wir hoffen, nicht mehr lange — weiter, das Retten hört erst mal wieder auf.

Unserem Bundespräsidenten werde ich den Bericht von dieser Nachtaktion schicken und ihn bitten, das Bundesverdienstkreuz wieder dadurch aufzuwerten, daß er es dem jungen Tycho Heitmüller gibt – für dessen persönliche Leistung und die der ganzen Crew der CAP ANAMUR II.

Zum ersten Mal hat der Verband deutscher Reeder in einer öffentlichen Erklärung zugegeben, daß VTG-Schiffe, das heißt also Versorger-Schiffe, an der Rettung von vietnamesischen Bootsflüchtlingen in nicht unbeträchtlicher Zahl beteiligt sind. In der Erklärung der VDR vom 10. 7. 1986 wird neben den pauschal 1000 von deutschen Schiffen geretteten Bootsflüchtlingen auch erwähnt, daß diese zu den Oil-Rics, also den Ölbohrinseln, fahrenden und diese versorgenden Schiffe der VTG in Bremen andauernd vietnamesische Flüchtlinge retten und unterbringen, und zwar – wie es sensationellerweise heißt – »in Kooperation zwischen den Anrainerstaaten und den Charterern«. Ich habe das Auswärtige Amt gebeten, uns doch Auskunft zu geben über diese Möglichkeit der Flüchtlingsrettung, und ob wir uns nicht bei dieser Form der Flüchtlingsrettung anschließen können, wenn es denn eine richtige ist.
Der vietnamesische Parteichef Le Duan ist gestorben, Herzinfarkt vor wenigen Tagen. Das geschieht nur wenige Wochen vor dem nächsten Parteitag der Vietnamesischen Kommunistischen Partei. Acht Minister seien bereits im Vorgriff auf die große Kritik und Selbstkritik entlassen worden, die für den Parteitag aufgrund der fatalen wirtschaftlichen Situation zu erwarten ist. Aber – wie Verena Stern aus Singapur in der »Süddeutschen Zeitung« schrieb: es sind alles Minister »zweiter oder dritter Garnitur«. Die knochen- und eisenharte Dogmatiker-Garde der Parteiführung, die nie vergessen kann, daß sie nur aufgrund ihrer Disziplin den Krieg gewonnen hat, diese alte Garde wird niemals freiwillig abtreten.
Außenminister Co Thach hätte in Stockholm gesagt, befragt zur außenpolitischen Situation, er könne sich alles vorstellen! Auch einen Wechsel der Allianzen, den Verrat und das *chan-*

ging of the guards ... So sagt man es uns, Christel Neudeck und mir, bei einem kleinen Abendessen, das die Vietnamesin Phuong Doan zu Ehren des neuen, frisch akkreditierten Botschafters Broudré-Groeger veranstaltet, zu dem auch Brigitte Erler, der vormalige Botschafter Claus Vollers und Udo Janz von Amnesty International gekommen sind. Es soll den vietnamesischen Kommunisten sehr heftig bewußt geworden sein, daß auch sie nur Spielball in der Hand der jeweiligen Supermächte sind. Die beginnenden Verhandlungsperioden zwischen Moskau und Peking haben ihnen signalisiert: Es kann im Interesse der Großen auch mal einen Interessenausgleich geben zwischen China und Moskau.
Und dieser Ausgleich könnte wie folgt aussehen: Moskau respektiert die Einflußzone Rotchinas in Kambodscha, das es auf Dauer mit Hilfe der Vietnamesen sowieso nicht halten kann. Moskau respektiert etwaige künftige Militärbasen der Chinesen in Kambodscha – China hinwiederum wird die Militärbasen der Sowjetunion in Vietnam respektieren...
Dies hat wohl die Führung in Hanoi furchtbar erschreckt. Die Folge sind bestimmte konkrete Fühler nach draußen, auch in die feindliche Welt des Westens, des – theologisch gesprochen – »bösen Feindes«. Die Abkommen mit den beiden deutschen Fernsehanstalten sind Sympton. Aber auch die Tatsache, daß es wirklich Interessenten aus dem Kreis der deutschen Wirtschaft und des Ostausschusses der deutschen Wirtschaft gibt.

Die allerletzte Meldung: Die bayerische SPD will sich, wie wir über Ticker erfahren, noch einmal ganz stark machen und »alle Hebel in Bewegung setzen, damit Bayern mindestens 50 Vietnamesen aufnimmt«. Karl-Heinz Hiersemann hat gestern gesagt: »Weigerung und Begründung dokumentieren einen unglaublichen Akt der Unmenschlichkeit, Bayern soll 50 boat people übernehmen.« Hiersemann wird in der Pressemeldung zitiert: »Will die Staatsregierung allen Ernstes diesen ärmsten aller Flüchtlinge entgegentreten und ihnen sagen, sie seien vergeblich geflohen und es habe für ihre Flucht überhaupt keinen Grund gegeben?« Und: »Jetzt muß Bayern seinen Beitrag leisten. Die Begründungen für die Ablehnung – wie sie am vergangenen Donnerstag im sozialpolitischen Ausschuß von der CSU und der bayerischen Staatsregierung auf einen entprechenden SPD-Antrag gegeben wurden – sind unter menschlichen Gesichtspunkten nicht vertretbar.« Mal sehen. Das Komitee Cap Anamur ist klug und nüchtern genug, um nicht zu berücksichtigen, daß Parteien jeweils die Schwäche ihrer Gegenseite ausnutzen. Wenn das in diesem Fall so geschieht, daß ein wirklicher humanitär-politischer Skandal von der SPD in München ausgenutzt wird, ist uns das ja recht. Es würde mich nur so interessieren, schon heute das zu wissen, was der Leser Anfang Oktober weiß: wie nämlich der Kampf ausgegangen ist und ob er zu dem Ergebnis führte: Bayern nimmt »boat people«.

Literatur-Empfehlungen zum Thema Vietnam/Indochina/Flüchtlinge/ »boat-people«

In deutscher Sprache gibt es nur wenig, in englischer und französischer Sprache weit mehr an guter informativer Literatur, die sich ohne weiteres empfehlen läßt:

Peter Scholl-Latour: *Der Tod im Reisfeld. Dreißig Jahre Krieg in Indochina,* Deutsche Verlags-Anstalt, Stuttgart 1980.
Das Buch Scholl-Latours darf weiterhin als das Buch zur Zeitgeschichte Indochinas gelten. Man sollte als Leser allerdings wissen, daß der Autor, lange Jahre Chefreporter der ARD, dann des Zweiten Deutschen Fernsehens, immer ein wenig aus der Perspektive des den anderen Rassen und Kontinenten vermeintlich überlegenen Europäers schreibt. Scholl-Latour beschreibt ehrlich und ohne Schminke seine erste Begegnung mit diesem Land als Soldat der französischen Armee, als Rekrut im Kommando des Obersten Ponchardier.
Zitat S. 28: »Beim nächsten Überfall hatte das Kommando einen Toten und zwei Verwundete. Dafür trieben die Leichen von zehn roten Partisanen im fauligen Wasser des nahen Irrigationsgrabens. In einem größeren Gehöft fand die Lagebesprechung statt. Ober Ponchardier, von seinen Soldaten Paschen genannt, war mißmutig. ... Das Commando Ponchardier galt als rauhe Truppe von Abenteurern und Schlägern. Aber auch brave Söhne aus sogenannten guten Familien waren dabei, die der Enge ihrer bürgerlichen Umgebung entfliehen wollten. An Originalen fehlte es nicht: ein China-Experte mit

einem riesigen Adler auf der tätowierten Brust, zwei Pariser Titis, die dem Zuhälter-Milieu entsprungen zu sein schienen und denen man zutraute, daß sie von dem Plünderungsrecht, das dem Commando im Kampfgebiet zugestanden war, Gebrauch machten ...«
Das war Cochinchina, Anfang 1946, der große Weltkrieg war gerade vorbei. Das Buch umfaßt alle leidvollen und quälenden, für die Menschen Vietnams qualvollen Perioden eines 30jährigen Krieges. Eine Chronik des Indochina-Krieges schließt dieses 384 Seiten starke Buch ab, das man nebst der Karte im Anhang dem kritischen Leser empfehlen kann.

Karl Markus Kreis: *Großbritannien und Vietnam. Die britische Vermittlung auf der Genfer Indochina-Konferenz 1954,* Mitteilungen des Instituts für Asienkunde, Hamburg 1973.
Eine sehr hölzern geschriebene akademische Studie, für den interessierten Leser dennoch ein Gewinn.

Barry Wein: *The Refused. The Agony of the Indochina Refugees,* Dow Jones Publishing Company, New York 1981.
Barry Wain hat das beste Buch über die Tragödie der Bootsflüchtlinge geschrieben. Wain war als Korrespondent des »Asian Wall Street Journal« all die Jahre mitten im Geschehen, an den Schauplätzen der Katastrophen. Die Schilderung der Flüchtlingstragödie ist die spannendste, die ich kenne. Meine Versuche, für dieses aufregende Buch einen deutschen Verleger zu finden, sind bisher gescheitert. Es wäre wichtig, daß eine – um ein deutsches Kapitel ergänzte – Übersetzung bei uns erscheinen würde.

Robert Guillian: *L'Orient Extrême. Une vie en Asie,* Editions Le Seuil, Paris 1986.
Das Erinnerungsbuch eines passionierten Journalisten. Der Reporter, erst für die Agentur Havas (1937), als er den chinesisch-japanischen Krieg coverte, dann für die Agentur AFP tätig, dann für »Le Monde«, hat den südostasiatischen Raum

wie kaum ein anderer durchrast und durchreist. Das Buch darf als eines der aufschlußreichsten und bestrecherchierten über dieses Gebiet gelten und enthält neben vielen anderen Kapiteln natürlich auch eines über »Dien Bien Phu – 1954« und den »Zweiten schmutzigen Krieg in Vietnam – 1966«.

Nhat Tien/Duong Phuc/Vu Thanh Thuy: *Pirates of the Golf of Siam. Report from Vietnamese Boat People Living in the Refugee Camp in Songhkla/Thailand,* published by Van Moch Graphics San Diego, California/USA 1981.
Diese Broschüre enthält den Augenzeugenbericht der 157 Flüchtlinge, die von Thai-Piraten auf der dem thailändischen Festland vorgelagerten Insel Ko Kra für Wochen und Monate festgehalten, malträtiert, vergewaltigt und dann (die Frauen zumindest) weiterverschachert wurden. Die drei Autoren gehören zu den 157 Opfern der Piraten-Grausamkeiten auf der Insel Ko Kra. Die Broschüre wurde von dem verdienstvollen SOS-Boat-People-Committee in San Diego und dessen Leiter Dr. Nguyen Huu Xuong herausgegeben.

Vietnamese Boat People. Pirates Vulnerable Prey, veröffentlicht vom US Committee for Refugees. Die Broschüre erschien in Millionenauflage und ist auch von Deutschland aus zu beziehen: US Committee for Refugees, 20 West 40th Street, New York, N. Y. 10018/USA

Henry Kissinger: *Memoiren.* Band I/II/III, Goldmann Verlag, München 1981.
Besonders interessant für den deutschen Leser dürfte Band II sein mit dem Titel: 1970 bis 1971 – Vom Aufruhr zur Hoffnung. Am Schluß steht das Kapitel »Vietnam 1970/1971 – Hanoi im Zugzwang«:
1. Die 8 Punkte der Madame Binh/2. Eine Strategie wird entwickelt/3. Die Operation Laos/4. Lam Son 719: Die militärische Operation/5. Die Märsche auf Washington/6. Die Verhandlungen werden wieder aufgenommen/7. Die Präsident-

schaftswahlen in Süd-Vietnam/8. Die Geheimverhandlungen werden bekannt.

Franz Nuscheler: *Nirgendwo zu Hause. Menschen auf der Flucht,* Signal Verlag, Baden-Baden 1984.
»Flüchtlinge hat es zu allen Zeiten gegeben. Aber unser Jahrhundert hat mit seinen 200 Millionen Flüchtlingen den traurigen Ruf als Jahrhundert der Flüchtlinge erhalten. Dieses Buch will beschreiben, was es für Millionen von Menschen bedeutet, nirgendwo zu Hause zu sein.« Der Autor hält, was er verspricht. Dazu hat das Buch den großen Vorzug, daß es in einer gediegenen, allgemeinverständlichen Sprache geschrieben ist und der Autor so gut wie nichts an Wissen über das Problem voraussetzt. Deshalb kann das Buch vor allem auch für Schulkinder und zur Arbeit in Schulen und Jugendgruppen empfohlen werden. Die einzelnen Kapitel befassen sich jeweils mit einem Komplex. So erfährt man z. B., daß es im letzten Jahrhundert schon die »irischen boat-people« gegeben hat; weitere Kapitel behandeln u. a. die Flüchtlingskatastrophe des Zweiten Weltkriegs, Flucht und Vertreibung aus dem geteilten Palästina, um dann, in Kapitel VII, auf die Flüchtlingstragödien in Asien zu kommen und dabei mit großer Sachkenntnis und menschlichem Einfühlungsvermögen die Probleme von Flüchtlingen aus und innerhalb Indochina und Vietnam zu schildern. Franz Nuscheler: »Dies ist kein lustiges Buch, das Geschichten oder Abenteuer erzählt. Dies Buch ist kein spaßiges Buch, weil nicht spaßig ist, was es erzählt. Es ist ein grausames Buch, weil es über Flucht und Elend von Millionen berichtet.«

Rupert Neudeck: *Ein Schiff war gekommen, aber nicht da,* in: Gerhard Müller-Werthmann, *Die Geschäfte des Roten Kreuzes,* Hohenheim-Verlag, Hamburg 1984 und Moewig, Rastatt 1986.
Rupert Neudeck berichtet in dem Beitrag zu diesem DRK-Buch über die Geschichte des Hilfsschiffes des DRK, MS »Flora«, das fast zeitgleich zur CAP ANAMUR I ins Südchina-Meer beor-

dert wurde, aber in fast zwei Jahren nie mit der einzig dringlichen Aufgabe befaßt war: der Rettung von Seenotflüchtlingen.

Rupert Neudeck: *Die letzte Fahrt der* CAP ANAMUR I. Rettungsaktionen 1979 bis 1982, Herder-Bücherei Nr. 1058, Herder Verlag, Freiburg 1983.
Das Buch beschreibt im Prisma der letzten großen Fahrt der CAP ANAMUR I die Geschichte dieser ersten Rettungsaktivität des Komitees CAP ANAMUR/Not-Ärzte. Es beginnt mit der letzten Fahrt, dem Moment am 24. Juni 1982, als bei einer internen Besprechung im Bundesinnenministerium die Bundesregierung das Komitee darüber in Kenntnis setzt, daß sie die 284 Menschen, die noch an Bord des Rettungsschiffes sind, nicht aufnehmen wird, sondern das Schiff die Fünf-Wochen-Fahrt nach Hamburg machen muß, um die Flüchtlinge vor den Hafentoren abzugeben und die Fahrt des Rettungsschiffes damit ein für allemal zu beenden.

Rupert Neudeck (Hrsg.): *Radikale Humanität. Not-Ärzte in der Dritten Welt,* Rowohlt Taschenbuchverlag, Reinbek 1986.
Das Buch gibt einen Überblick über die verschiedenen Aktivitäten des Komitees CAP ANAMUR/Not-Ärzte. Es enthält Beiträge von den Ärzten, Krankenschwestern und Technikern, die vor Ort die Arbeit tun oder getan haben.

Rupert Neudeck (Hrsg.): *Wie helfen wir Asien? oder Ein Schiff für Vietnam,* Rowohlt-Taschenbuchverlag, Reinbek 1980.
Dieses kleine Buch hat den Charme der publizistischen Erstgeburt. Freimut Duve, Förderer vieler Komitee-Aktivitäten, hatte die Idee zu solchem Buch, das u. a. Beiträge enthält von dem holländischen Journalisten T. D. R. Thomason (Flüchtlingsprotokolle), André Glucksmann und Bernard Kouchner (»Über die Philosophie der Ambulanz«), Gernot Müller-Serten (»Die Kinder Kambodschas sind gestorben«), Peter Weiss und Heinrich Böll.

Jacques Raphael-Leygues: *Ponts de lianes. Mission en Indochine* 1945 bis 1954, Hachette, Paris 1976.
Eine wichtige Darstellung Indochinas mehr aus kolonial-französischer Sicht.

John Kennth Galbraith: *Leben in entscheidender Zeit. Memoiren,* C. Bertelsmann Verlag, München 1981. (Englisches Original: *A life in our time,* Houghton Company, Boston).
Das Buch eines wirklichen Kenners der Politik aus der doppelten sich gegenseitig befruchtenden und befördernden Perspektive: einmal des Harvard-Wissenschaftlers und Politik-Professors und dann des politischen Praktikers, der jahrelang als Botschafter der USA in Indien Dienst tat. Das Vietnam-Kapitel wie alle Reflexionen und Aufzeichnungen aus der Zeit des Krieges und des Kampfes gegen den Krieg sind von allerhöchstem Interesse für den an Vietnam-Fragen Interessierten.

Rupert Neudeck,
in Danzig am 14. 5. 1939 geboren, als 6jähriger mitsamt der Familie (ohne Vater) auf einem eiskalten Kohlendampfer, der im Hafen von Gdingen auslaufen sollte. Seine Mutter nahm ihn und die Geschwister intuitiv von Bord: Das Schiff ging unter. Neudeck studierte in Bonn, Salzburg, Münster, Berlin und wurde 1972 mit einer Arbeit über »Die Politische Ethik bei Jean-Paul Sartre und Albert Camus« promoviert. Erste journalistische Position im Katholischen Institut für Medieninformation Köln, ab 1977 Redakteur im Politik-Programm des Deutschlandfunk.

Im April 1979 unter dem bedrängenden Eindruck der Bilder von ertrinkenden Bootsflüchtlingen Gründung mit Heinrich Böll, Franz Alt, Matthias Walden u. v. a. des »Deutschen Komitees Ein Schiff für Vietnam«. Im August 1979 von Japan Auslaufen des Frachters Cap Anamur, der für drei Jahre zum großen Ärger der Regierungen in Südostasien wie in der Bundesrepublik (Ausnahmen bestätigen dieses Urteil) – im Süd-

chinesischen Meer kreuzte. Das Schiff rettete 9507 Menschen vor dem Tode.
Parallel dazu andere Nothilfe-Unternehmungen mit Ärzten, Krankenschwestern, Technikern in Krisengebieten: Thailand/Kambodscha, Afghanistan, Somalia, Uganda, Tschad, Libanon, Äthiopien, Mosambik, Sudan, Nicaragua. Das »Komitee CAP ANAMUR/Deutsche Not-Ärzte e.V.« arbeitet seit 1979 ausschließlich mit Freiwilligen, die kein Gehalt bekommen und die Nothilfe neben ihrem Brotberuf machen. Einziges Prinzip: Menschen in Not zu helfen, wo immer sie in Not sind, völlig unabhängig von der Politik und Ideologie der Regierung, unter der diese Menschen leben (müssen).
Im Oktober 1984 übergab Heinrich Böll in Holstebro/Dänemark an Rupert Neudeck für das Komitee Not-Ärzte den Jens-Bjørneboe-Preis des Odin-Teatret. Im Februar 1985 erhielt Neudeck die Medaille des Theodor-Heuss-Preises gemeinsam mit Karlheinz Böhm (»Menschen für Menschen«). Im März 1986 gelang es dem Komitee, erneut ein Schiff in das Südchina-Meer zu schicken.

KOMITEE CAP ANAMUR

Initiativen Deutscher Not-Ärzte

Vorstand: Dr. Rupert Neudeck,
Dr. Barbara Krumme, Dr. Hans-J. Rüber

Das Komitee CAP ANAMUR
sucht für seine Einsätze in der sog. Dritten Welt erfahrene Ärzte, Schwestern/Pfleger, MTA's und Techniker, die bereit sind, mindestens ein halbes Jahr in einem Projekt mitzuarbeiten; zur Zeit in Uganda, in Somalia oder im Tschad, demnächst auch Südafrika.
Mindestens drei Jahre Berufserfahrung, gute Sprachkenntnisse in Englisch oder Französisch und der unbedingte Wille, mit den Einheimischen zusammenzuarbeiten und sie anzulernen – aber auch von ihnen zu lernen –, sind Bedingung für den Einsatz.
Das Komitee übernimmt die Kosten für den Flug, eine Zusatzversicherung und die Unterbringung vor Ort. In der Bundesrepublik zahlen wir monatlich DM 900,– für Versicherungen und Miete. Die Mitarbeiter in Deutschland arbeiten ehrenamtlich (bis auf eine Sekretärin beim Schatzmeister). Das Komitee ist ein eingetragener Verein, will allerdings nur soviel Verein sein wie unumgänglich notwendig. Das bedeutet z. B. auch, daß wir in den Hauptstädten der Länder, in denen wir arbeiten, keine Büros haben.
Zur Zeit suchen wir besonders dringlich erfahrene Ärzte und Techniker. Letzterer sollte Autos reparieren und überhaupt im technischen Bereich gut improvisieren können.
Wir können nur Personen einsetzen, die selbständig sind und im Team arbeiten können. Jeder Mitarbeiter muß physisch und psychisch gesund sein.
Wenn Sie sich einen solchen Einsatz zutrauen, würden wir Sie gern kennenlernen. Für Rückfragen sind wir erreichbar unter der Nr. 0 22 41/4 60 20 oder schriftlich: Kupferstraße 7, 5210 Troisdorf.
Ohne persönliches Kennenlernen ist kein Einsatz möglich.

KOMITEE CAP ANAMUR/Deutsche Not-Ärzte e.V. Kupferstraße 7, 5210 Troisdorf/Köln, Tel. 0 22 41/ 4 60 20, Telex 886 314, GESCHÄFTSSTELLE: Komödienstraße 48, 5000 Köln 1, Tel. 02 21/12 21 66. Vereins-Register Amtsgericht Köln: 43 VR 7768. KONTO: Stadtsparkasse Köln, Kto.-Nr. 2 222 222, BLZ 370 501 98. Postscheckamt Köln, Kto.-Nr.: 308 08-507.

Sachbuch

Als Band mit der Bestellnummer 60132 erschien:

Auf unserem Nachbarkontinent Afrika bedrohen Wüste, Dürre, Wasserknappheit und Nahrungsmangel die Menschen ebenso sehr wie Bürgerkriege, Unruhen, Mißwirtschaft und Mißstände. Rupert Neudeck war in vielen Ländern Afrikas unterwegs, hat Hilfsprojekte und Hungerregionen besucht, hat Menschen sterben und wieder gesund werden sehen. Eindrucksvoll und informativ berichtet er von den Geschehnissen »vor Ort« und zeigt Wege für eine sinnvolle Hilfe.

Mit 8 Karten und vielen Fotos　　　　　　Originalausgabe

Franz Alt über Rupert Neudeck
»Afrika – Kontinent ohne Hoffnung?«

»Es stirbt hier alles leise weg«

Dieses Buch ist seinen zur Zeit 44 Mitarbeitern in Ländern der Dritten Welt, seinen inzwischen unzähligen Mitarbeitern in der Bundesrepublik und seiner fünfköpfigen Familie gewidmet. Ohne seine Familie wäre Rupert Neudecks rastlose Arbeit in Äthiopien und Somalia, in Uganda und im Tschad, im Sudan und Mosambik, früher auf der »Cap Anamur« und jetzt auch in Nicaragua nicht zu verstehen. Der Name Neudeck steht für die Phantasie und Unerschrockenheit einer Familie, die in den letzten sechs Jahren Zehntausenden in der Dritten Welt das Leben gerettet hat.
Am Anfang waren alle entsetzt. Die Politiker wußten nicht, wohin mit den Flüchtlingen der »Cap Anamur«, und viele Kollegen haben naserümpfend gefragt: Darf ein Journalist das? Dürfen wir nur über Ertrinkende schreiben oder ihnen auch mal eine Hand reichen? Intellektuelle sind ja immer in Gefahr, sich durch kluge Gedanken vom Handeln ablenken zu lassen. Rupert Neudeck wußte, was er zu tun hatte – und hat es einfach getan.
Als er im Mai 1979 mit seiner Idee eines Rettungsschiffes für Vietnam-Flüchtlinge in die »Report«-Redaktion kam, war bezeichnenderweise meine erste Frage, wie er eine solche Aktion finanzieren wolle. »Das weiß ich nicht, aber ich weiß, daß wir helfen müssen.« Eine solche Haltung ist ein Schlüsselerlebnis. Im Lande der Theoretiker war dieser Praktiker eine Provokation und eine Ermutigung für viele. Sie haben nur darauf gewartet, daß einer vormacht, was ja schon immer alle für richtig hielten, wozu sie aber zuwenig Phantasie und praktische Vernunft hatten.

Heinrich Böll ermutigte ihn von Anfang an, aber auch Matthias Walden und Norbert Blüm, Ernst Albrecht und Rudi Dutschke. Der viele Jahre gegen die US-Bombardements in Vietnam engagierte Dutschke hat mit dazu aufgerufen, die Opfer des neuen Regimes, die hilflos im Meer umhertrieben (und auch heute treiben!), mit der »Cap Anamur« zu retten. 9507 konnten gerettet werden. Es war Dutschkes letztes öffentliches Engagement. Ohne die Familie Neudeck wäre diese große Koalition der Hilfe nicht zustande gekommen. Am Schluß trommelten alle mit — von »Bild« bis zum SPIEGEL. Bundesbürger spendeten 22 Millionen Mark. Ein starker Beweis gegen eine generelle deutsche Ausländerfeindlichkeit.
Es waren Politiker, nicht spendenfaule Bürger, die der »Cap Anamur« ein Ende setzten. Der Grund: Sie rettete zu viele Menschen. Ein paar sind ja immer gut, aber müssen es gleich Tausende sein? Wer Neudeck und seine Helfer erlebte, als die »Cap Anamur« im Juli 1982 im Hamburger Hafen einlief, spürte: Die geben nicht auf.
Inzwischen arbeiten Ärzte und Krankenschwestern, Techniker und Handwerker unentgeltlich für die »Deutschen Notärzte — Komitee Cap Anamur« in sieben Ländern der Dritten Welt. Sie heilen und helfen, sie retten Menschenleben. Ich habe es gesehen. Zuletzt hat sich Richard von Weizsäcker von der Arbeit der Notärzte im Sudan beeindruckt gezeigt. Jeder, der »Afrika, Kontinent ohne Hoffnung?« liest, erlebt es mit — nicht ohne Erschütterung: Wir brauchen nicht hilflos zu sein. Dieses Buch ist auf Knien geschrieben, im Flugzeug und in Nomadenzelten, in Flüchtlingslagern und Krankenstationen.
Rupert Neudeck sah viele verhungern, denen hätte geholfen werden können. Der Querbalken auf dem Buchtitel »Unsere Hilfe hilft« ist konkrete Erfahrung. Helfer, Spender und unterstützende Journalisten vertrauen dem Familienunternehmen Christel und Rupert Neudeck. Das ist ihr entscheidendes Kapital. Die Notärzte helfen meist dort, wo staatliche und kirchliche Organisationen nicht mehr weiterkommen oder noch nicht da sind.

Diplomatisch verklausulierte Rücksicht auf Politiker zu Lasten der Armen ist Neudecks Sache nicht: »Diese neuen Regimes sind oft die ärgsten Gegner Afrikas, die sich insgeheim einen Dreck um Hunger, Unterernährung, Verfall der Böden, Dürre, ökologische Katastrophe, Erosion kümmern, denn schließlich leben sie mit ihren Familien in London, Genf, Paris und Athen, verzehren ihre Aufschläge und Steuern, mit denen sie ihre Monopol-Importe und Verkaufsagenturen belasten.«
Neudecks Träume sind so konkret und praktisch, daß sie immer wieder wirklich werden. »Konkret« und »praktisch« sind die Lieblingswörter des ehemaligen Jesuitenzöglings, Sartre-Freundes und Camus-Verehrers. Der Journalist beim Deutschlandfunk und Fernsehkritiker hat inzwischen so viel Erfahrung in Krankenstationen der Dritten Welt, daß er von deutschen Chirurgen-Kongressen als Redner angefordert wird. Ich kenne nur wenige Menschen, die ihr inneres Feuer so sehr in lebensrettende Hilfe umzusetzen und darüber hinaus noch andere anzustecken vermögen wie Rupert Neudeck. Der Autor ist ein großer Anstifter – die »FAZ« hat ihn respektvoll einen »Rebellen« genannt.
In mehreren Bonner Ministerien weiß man exakt, was damit gemeint ist. Neudeck versteht auch andere Journalisten »rebellisch« zu machen, wenn die Bürokratie Paragraphen wieder einmal wichtiger nimmt als Lebensrettung.
Sein Schreibstil ist zugleich sensibel und hoffnungsvoll. Über die himmelschreiende Not im vergessenen Tschad: »Der Westler erlebt hier etwas so elementar, wie er es in Mitteleuropa trotz Waldsterbens und dramatischer Bilder nicht erleben kann, nicht so sinnlich. Hier legt sich dieses Erlebnis der untergehenden und sterbenden Natur auf das Gemüt, auf die Sinne, auf die Seele. Man lebt hier mit dem Tod, mit dem Sterben nicht nur der lebendigen Kreatur, sondern mit dem Absterben der Böden und der Landschaft. Es stirbt hier alles leise weg.«
Nach soviel Trauer schon im nächsten Satz der Hinweis auf das, was geschehen muß: »Aufforstung, Bodenkonservierung,

Terrassierung und Graspflege«. Hoffentlich vergessen die Bonner Entwicklungspolitiker ihre geplanten technologischen Großprojekte in der Dritten Welt, die zwar einer kleinen Oberschicht nützen und vielleicht noch Arbeitsplätze hierzulande schaffen, aber die Armen nur noch weiter in Abhängigkeit stoßen.
Und die Nahrungsmittelhilfe, auf die wir uns soviel einbilden? Am Beispiel Tschad beschreibt Neudeck eine westliche »Hilfe«, die noch mehr in die Katastrophe führte: 1983 hatte der Süden des Landes eine gute Hirse-Ernte. Die Regierung bat die internationalen Hilfsorganisationen, die Überschüsse vom Süden aufzukaufen und in die Hungergebiete des Nordens zu transportieren. Die Antwort: Nein! Die Überschüsse aus Europa, Kanada und den USA müßten aufgekauft und transportiert werden.
Ergebnis dieser »Hilfe«: Die Bauern im Süd-Tschad bauten 1984 weniger an — warum sollten sie auch mehr? —, und nun gibt es Hunger auch im Süden. Neudeck: Häufig wird in der Entwicklungspolitik das Gegenteil dessen getan, was getan werden müßte. Der entwicklungspolitische David verweist die Goliathe auf Chinas erfolgreiche Bekämpfung des Hungers: Nicht Großindustrie, »die Bauern sind die Helden der Revolution«. Die nützlichsten Investitionen sind die in die kleinen, überschaubaren landwirtschaftlichen Projekte, wo Menschenarbeit mehr zählt als Maschinen.
Anrührend beschreibt der Autor den manchmal lebensgefährlichen Einsatz einiger Mitarbeiter, stille Helden unserer Zeit, Vorbilder. »Für ein Land wie die Bundesrepublik Deutschland, das sich so gern und so anspruchsvoll als christlich versteht, sind solche Menschen Beispiel für das, was das Neue Testament die ›Freiheit der Kinder Gottes‹ nennt. Für nichtchristliche Leser ist diese Haltung auch beschreibbar und nicht minder imponierend. Sie bedeutet, daß jemand in einer Zeit auf alle Sicherheit und Versicherung verzichtet, in der wir moralisch und juristisch von Kindesbeinen und mit Drohgebärden darauf verpflichtet werden, zuallererst unsere und unserer

Kinder Lebens-, Krankheits-, Auto-, Wetter- und sonstige Versicherung zu suchen — als ob es in diesem allerchristlichsten Abendland nie gehört oder gelesen worden wäre, was da steht: ›Suchet zuerst das Reich Gottes — und alles andere wird euch hinterhergeschmissen.‹«
»Hinterhergeschmissen«, das steht so natürlich in keiner seriösen Bibelübersetzung. Aber eine treffendere Interpretation der christlichen Intention habe ich nie gelesen.
Vor über einem Jahr hat Hoimar von Ditfurth im SPIEGEL gefragt, ob man die hungernden Kinder in der Dritten Welt nicht doch lieber verrecken lassen sollte. Die Menschen vermehrten sich ja sonst noch schneller. In Rupert Neudecks Armen sind verhungernde Kinder schon gestorben. Zweijährige Vier-Pfund-Kinder, die mit großen Augen um Hilfe flehten.
Ich hoffe, daß Ditfurth nach Neudecks Buch seine menschenverachtende Theorie noch einmal überdenkt und sein zynisches Essay nicht das letzte Wort war. Es bedarf schon einiger intellektueller Klimmzüge, um zum gequälten Schluß zu kommen: Am besten hilft, wenn man gar nicht hilft. Aber kann man nicht verzweifeln angesichts der weltweiten Not? Man kann — und das auch noch als sehr bequeme Ausrede vor sich selbst benutzen.
»Der neue Name für Faschismus ist Gleichgültigkeit und Gedankenlosigkeit«, schreibt Hans de Boer in seinem Dritte-Welt-Buch »Entscheidung für die Hoffnung«. Auch Zynismus kann faschistisch sein. Es ist menschlicher, einem einzigen Kind das Leben zu retten, als ein Leben lang über die Schlechtigkeit der bösen Welt zu lamentieren.
Es ist nicht zuletzt Neudecks politischer Klugheit und praktischer Nächstenliebe anzurechnen, daß heute Bundeswehrsoldaten in afrikanischen Ländern lebensrettende Hilfsflüge durchführen. Nach sechs Jahren Entwicklungshilfe kommt Neudeck zum Schluß: Es gibt keine Alternative zur Hilfe.
Man muß Menschen »mögen«, sonst kann man ihnen überhaupt nicht helfen. Das ist die Philosophie der Notärzte. Sie

wollen sich gemein machen mit den Schmuddelkindern unseres Planeten. Zum »Mögen« gehört das Verständnis der Religionen Afrikas, was vielen Entwicklungshelfern schwerfällt. Ein deutscher Arzt antwortete einem Somali auf die Frage, was er glaube: »Nichts.« Dieser Helfer war durchgefallen. Sinn für Religion kann man nicht befehlen. Aber: Haben wir es mit unserer modernistischen Religion, unserem Technologie-Klimbim nämlich, wirklich so weit gebracht, daß wir auch noch ehrfurchtslos die für viele Menschen in der Dritten Welt wichtige Frage nach der Religion gleichgültig beantworten dürfen? Ehrfurcht vor der Tradition und gegenüber dem religiösen Empfinden ist wichtigere Entwicklungshilfe als technische Großprojekte, die vielleicht das zerstören, was den Armen oft wichtiger ist als Reichtum. Vor allem die »Gebildeten unter den Verächtern des Evangeliums« (Neudeck) schlukken schwer an dieser Einsicht. Es gibt Bereiche, in denen wir Reichen in den Augen der Armen ganz erbärmlich aussehen. Ich habe mich nach manchem Gespräch mit Menschen aus der sogenannten Dritten Welt als Entwicklungshilfe-Empfänger gefühlt. »Ihr Abendländer wißt alles, aber ihr begreift nichts«, sagte mir einmal ein Armer in Indonesien.
Neudecks Buch ist auch Entwicklungshilfe für deutsche Leser. Es ist nicht nur geschrieben mit Kraft und Mitgefühl, es mobilisiert auch im Leser Kraft und Mitgefühl. Der Autor lebt eine Erkenntnis, die urchristlich und zugleich urmarxistisch ist: Ich muß die Wahrheit tun.

Rupert Neudeck, »Afrika − Kontinent ohne Hoffnung?«,
Bastei-Lübbe-Taschenbuch
Nr. 60132, DM 7,80

hat das vielseitige Programm

Bestseller, unterhaltende und literarische Romane, Erzählungen,
Heiteres, Anthologien, Geschenkbücher. Interessante
Sachbücher zur Geschichte, Archäologie,
Zeitgeschichte, Politik und Naturwissenschaft.
Fesselnde Biographien, nützliche Ratgeber,
Berufsbücher, Kochbücher,
Pop & Rock, Neue Medien.
Spannende Western,
Krimis, faszinierende
Science Fiction
und
Fantasy.

Für jeden Leser das richtige Taschenbuch

Bei Einsendung des Coupons schicken wir Ihnen gern kostenlos unser Gesamtverzeichnis.

Bitte senden Sie mir kostenlos das neue Gesamtverzeichnis

Name: _____

Anschrift: _____

**An den BASTEI-VERLAG Gustav H. Lübbe GmbH
Scheidtbachstraße 23–31 · 5060 Bergisch Gladbach 2**